大学生
心理健康教育教程

主　编　胡　兰　姚智军
副主编　余　莎　秦　倩

扫码申请资源

南京大学出版社

图书在版编目(CIP)数据

大学生心理健康教育教程 / 胡兰,姚智军主编. —
南京:南京大学出版社,2022.12
ISBN 978 - 7 - 305 - 26324 - 8

Ⅰ. ①大…　Ⅱ. ①胡…　②姚…　Ⅲ. ①大学生－心理
健康－健康教育－高等学校－教材　Ⅳ. ①G444

中国版本图书馆 CIP 数据核字(2022)第 226710 号

出版发行　南京大学出版社
社　　址　南京市汉口路 22 号　　　　邮　编　210093
出 版 人　金鑫荣

书　　名　**大学生心理健康教育教程**
主　　编　胡　兰　姚智军
责任编辑　武　坦　　　　　　编辑热线　025 - 83592315
照　　排　南京开卷文化传媒有限公司
印　　刷　南京人文印务有限公司
开　　本　787 mm×1092 mm　1/16　印张 13.25　字数 290 千
版　　次　2022 年 12 月第 1 版　2022 年 12 月第 1 次印刷
ISBN 978 - 7 - 305 - 26324 - 8
定　　价　39.00 元

网　　址:http://www.njupco.com
官方微博:http://weibo.com/njupco
微信服务号:njuyuexue
销售咨询热线:(025)83594756

前　言

习近平总书记在党的二十大报告中寄语青年"立志做有理想、敢担当、能吃苦、肯奋斗的新时代好青年"。将青年大学生培养成才,是高校的首要任务。加强大学生心理健康教育是培养造就高级专门人才的重要途径,是全面贯彻党的教育方针、全面落实教育规划纲要、建设人力资源强国的重要举措,是全面提高高等教育质量、促进学生健康成长、加强和改进大学生思想政治教育的重要任务。

大学生心理健康教育课程是集知识传授、心理体验与行为训练为一体的公共必修课程。通过大学生心理健康教育课程教学,增强大学生自我心理保健意识和心理危机预防意识,切实提高大学生心理素质,促进大学生全面发展。

本教材以中华人民共和国教育部2011年印发的《普通高等学校学生心理健康教育课程教学基本要求》为指导进行编写,具有如下特点:

第一,政治方向明确。在内容上,全面贯彻习近平新时代中国特色社会主义思想和党的二十大精神,深入贯彻落实全国教育大会精神,切实体现社会主义核心价值观。

第二,内容系统性全面。教材共十章,主要内容涵盖大学生心理健康概述、大学生自我认知、大学生人格心理、大学生人际心理、大学生情绪心理、大学生学习心理、大学生恋爱心理、大学生积极心理等,内容系统全面。

第三,理论和实际相统一。教材在阐述大学生心理健康基本理论的基础上,加入了大学生案例、心灵便利贴、心理拓展知识和训练、心理小测试等板块,不仅切合大学生的实际,而且大大增加了教材的阅读性。

教材第一章~第三章由秦倩、胡兰编写,第四章~第七章由姚智军、胡兰编写,第八章~第十章由余莎、胡兰编写。

本教材编写过程中参阅、引用了不少专家、学者的研究成果以及部分同类教材的内容,没有一一注释标出,敬请原谅,并谨向原作者致谢!

由于编者水平和时间等因素的限制,本教材难免存在的一些问题和疏漏,我们诚恳地希望听到广大学生和教师的意见、建议,并敬请同行专家、学者批评指正。

本教材得到南京大学出版社等的大力支持,在此,谨表谢忱!

编　者
2022年10月

目　录

第一章　初识心理，探索健康 ……………………………………………………… 001
　第一节　心理与心理健康 ………………………………………………………… 002
　第二节　心理问题识别 …………………………………………………………… 006
　第三节　心理咨询 ………………………………………………………………… 013
　第四节　心理知识拓展 …………………………………………………………… 019

第二章　了解自我，悦纳自我 ……………………………………………………… 021
　第一节　自我意识概述 …………………………………………………………… 022
　第二节　大学生自我意识发展的特点 …………………………………………… 027
　第三节　大学生自我意识的培养 ………………………………………………… 034
　第四节　心理知识拓展 …………………………………………………………… 041

第三章　大学生人格与塑造 ………………………………………………………… 043
　第一节　人格概述 ………………………………………………………………… 044
　第二节　大学生常见的人格缺陷与人格障碍 …………………………………… 052
　第三节　大学生健康人格的塑造 ………………………………………………… 057
　第四节　心理知识拓展 …………………………………………………………… 061

第四章　人际交往，沟通心灵 ……………………………………………………… 063
　第一节　大学生人际关系 ………………………………………………………… 064
　第二节　网络时代的大学生人际交往 …………………………………………… 069
　第三节　大学生常见人际交往困惑 ……………………………………………… 072
　第四节　大学生人际交往与沟通技能培养 ……………………………………… 074
　第五节　心理知识拓展 …………………………………………………………… 082

第五章　大学生情绪与调节 ………………………………………………………… 085
　第一节　情绪与情感概述 ………………………………………………………… 086
　第二节　大学生情绪管理 ………………………………………………………… 093

第三节　心理知识拓展 ·· 110

第六章　科学用脑,有效学习 ·· 112

第一节　学习及学习心理概述 ·· 112

第二节　学习策略 ·· 115

第三节　大学生学习心理问题与调适 ·· 125

第四节　心理知识拓展 ·· 134

第七章　正视爱情,助力成长 ·· 136

第一节　爱情的真谛 ·· 137

第二节　大学生恋爱观 ·· 141

第三节　大学生恋爱心理调适 ·· 144

第四节　素质拓展培养实践 ·· 152

第八章　积极心理,幸福人生 ·· 154

第一节　积极心理学概述 ·· 155

第二节　积极心理学的主要内容 ·· 158

第三节　大学生积极心理品质的培育 ·· 168

第四节　心理知识拓展 ·· 174

第九章　大学生心理素质拓展训练 ·· 175

第一节　心理素质拓展概述 ·· 175

第二节　心理素质拓展训练实施过程 ·· 178

第十章　素质拓展训练项目 ·· 182

第一节　热身游戏汇编 ·· 182

第二节　破冰项目汇编 ·· 185

第三节　素质拓展项目汇编 ·· 188

参考文献 ·· 205

第一章

初识心理,探索健康

人之幸福,全在于心之幸福

——歌德

案例导入

我怎么了?

小 A 同学自从进入大学,状态就一直没有调整过来,走在校园里无所适从。他一想到高中时成绩和自己不相上下的同学都考上了自己喜欢的学校和专业,而自己的学校只是个普通二本,专业还是被调剂的,心里就无比失落。小 A 平时也不太爱说话,经常一个人独来独往,在教室或者图书馆看书直到很晚才回到寝室,但回到寝室又会受到寝室同学打游戏和聊天的影响,所以不能马上入睡。他看到班上其他同学都开心地参加学校各种活动,而自己一点都不开心,心里总觉得堵得慌,有时甚至透不过气来,常常无端地感到忧伤,觉得自己很差劲。最近,他感觉自己越来越孤独,心情很不好,经常失眠,不知道自己究竟怎么了。

案例分析

小 A 的问题是典型的因心理原因引起的环境适应和人际关系问题,原因有以下几点:远离亲人求学,和家人以及原来的好友沟通减少;不喜欢所读学校和所学专业,理想与现实巨大的落差;尚未适应社会支持系统的改变,新环境中的交际面变窄;自身性格原因,难以快速融入新的环境;对于自身的消极情绪没有及时缓解,进而影响了心理健康水平和日常生活。如果长期调整不好,可能会引发厌学和抑郁。

第一节　心理与心理健康

一、心理

人的心理是人脑对客观现实的主观的能动的反映,是客观现实在人脑中的主观映象。人的心理由心理过程和个性心理两部分组成。心理过程和个性心理是人的心理活动的基本形式,也是人的心理活动表现的重要方面。只要人处于清醒状态,这一精神现象随时在外界现实的影响下,通过感觉器官和大脑不断地产生和发展。

(一) 心理过程

心理过程是指心理活动的动态过程,即人脑对客观事物的反映过程。人的心理过程就其性质和功能的不同,可分为认识过程、情感过程和意志过程。认识过程是在大脑作用下人们输入、储存、加工和编码各种信息的过程,即人脑对客观事物的现象和本质的反映过程,包括感觉、知觉、记忆、想象、思维等过程。人们在认识客观事物的过程中,总是持有一定的态度和倾向,产生着某种主观的体验。例如,我们对祖国名山大川的赞美;对外国侵略者的刻骨仇恨;对取得成绩的喜悦等。这些在认识基础上产生的喜、怒、哀、乐等态度体验,心理学上称之为情感过程。人们不仅能对客观事物进行感知和认识,产生相应的情绪和情感体验,还能在此基础上进行有意识地改变客观环境的活动。人类不仅能认识客观世界,还能改造客观世界,在改造世界的过程中,人总会遇到各种各样的困难。为达到预定的目标,人们必须有实现目标的坚定信念和决心,有战胜困难与挫折的顽强毅力和胆识。意志过程就是人们制订计划、采取行动、克服一定困难达到目的的心理过程。

(二) 个性心理

个性心理是指表现在个体身上比较稳定的心理特征的总和。不同个体均表现出鲜明的个性特点,正所谓"人心不同,各如其面"。由于每个人所处的社会环境、生活条件以及所受的教育程度不同,人与人在心理风格和面貌上存在差别,形成了个性心理的差异。人的个性心理的差异主要表现在个性倾向性和个性心理特征两个方面:

(1) 个性倾向性是指一个人具有的意识倾向和对客观事物的稳定态度。个性倾向性是个体从事各项活动的基本动力,决定着人的行为方向,主要包括需要、动机、兴趣、理想、信念和世界观等。在个性倾向性的成分中,需要是基础,对其他成分起调节支配作用;信念、世界观居于最高层次,决定着一个人总的思想倾向。心理倾向在个性倾向中,会随着一个人的成熟与发展产生变化。在儿童期,支配个体心理活动与行为的主要心理倾向是兴趣；在青少年期，理想上升到了主导地位；到中年期，人生观和世界观支配着人的整个心理和行动，成为个体主导的心理倾向。

（2）个性心理特征是一个人身上经常表现出来的本质的、稳定的心理特征，这种稳定的心理特征是个性倾向性稳定化和概括化的结果。个性心理特征包括能力、气质和性格。

心理学是以人的心理活动规律为研究对象，揭示人的心理活动发生、发展及其变化规律的科学。因此，学习心理学，有助于教师在教育活动中，掌握不同学生的心理特征，有的放矢地进行教育、转化和培养工作，可以不断提高学生的思想觉悟和道德水平，帮助学生更好地掌握科学文化知识和技能。

二、心理健康

健康是个体在身体上、精神上的完满状态，以及良好的适应力，更是一种积极的、能够使人们不断进步的心理状态。心理健康包括两层含义：一是无心理疾病，这是心理健康的最基本条件，心理疾病包括各种心理与行为异常的情形；二是具有一种积极发展的心理状态，即能够维持自己的心理健康，主动减少问题行为和解决心理困扰。

个体能够适应发展着的环境，具有完善的个性特征，且认知、情绪反应、意志行为处于积极状态，并能保持正常的调控能力；在生活实践中，能够正确认识自我，自觉控制自我，正确对待外界影响，从而使心理保持平衡协调。这些是个体心理健康的基本特征。

三、大学生心理健康的标准

美国人本主义心理学家马斯洛和米特尔曼在20世纪50年代初提出了心理健康者的10条标准：① 有充分的安全感；② 充分了解自己；③ 生活的目标切合实际；④ 与现实环境保持接触；⑤ 能保持人格的完整与和谐；⑥ 具有从经验中学习的能力；⑦ 能保持良好的人际关系；⑧ 适度的情绪表达与控制；⑨ 在不违背社会规范的条件下，恰当地满足个人的基本需要；⑩ 在不违背团体的要求下，能有限度地发挥个性。

我国学者王登峰、张伯源在《大学生心理卫生与咨询》中提出了大学生心理健康的8条标准：① 了解自我，悦纳自我；② 接受他人，善于与人相处；③ 正视现实，接受现实；④ 热爱生活，乐于工作；⑤ 能协调和控制情绪，心境良好；⑥ 人格完整和谐；⑦ 智力正常，智商在80分以上；⑧ 心理行为符合年龄特征。

综合国内外专家学者的观点，根据我国大学生的年龄特征和角色特征等实际情况，心理健康的大学生应符合以下标准。

（一）智力正常

智力正常是大学生心理健康的标志，是大学生正常学习和生活的基本心理条件，也是适应周围环境变化所必需的心理基础。心理健康的大学生能在学习中保持强烈的求知欲，并且有明确的学习目标，乐于接受新鲜事物和勇于迎接挑战。衡量大学生的智力是否正常，关键在于其是否能正常、充分地发挥自我效能，即有强烈的求知欲，能够积极参与学习活动，乐于学习。

（二）自我意识明确

明确的自我意识是大学生心理健康的重要条件。心理健康的大学生了解自己，对自己的认识比较接近于现实，有自知之明，能摆正自己的位置，善于自我接纳；既不妄自尊大而做力所不及的工作，也不妄自菲薄而甘愿放弃可能发展的机会；自信乐观，生活目标与理想切合实际，不苛求自己，能扬长避短。

（三）情绪健康

情绪影响人的健康，影响人的工作效率，影响人的人际关系。心理健康的大学生对生活和未来充满希望，愉快情绪多于负性情绪，乐观开朗、富有朝气，对生活充满希望；情绪较稳定，虽然也有悲、忧、哀、愁等消极体验，但能主动调节，既能克制又能合理宣泄自己的情绪，情绪的表达既符合社会的要求又符合自身的需要；情绪反应与环境相适应，在不同的时间和场合能恰如其分地表达情绪。

（四）意志健全

心理健康的大学生有独立的生活能力，具有坚强的意志力和承受挫折的能力，能够有意识地锻炼和培养自己良好的意志品质，并具有克服困难、锲而不舍、勇往直前的精神。无论在情感上，还是在实际生活中都较少有依赖心理，自主性强；不管处于什么社会生活环境下都能主动同社会保持接触，让自己融入社会，自觉用社会规范来约束自己，使自己的行为符合社会的要求。

（五）人格完整

人格是指人的整体精神面貌，人格完整指构成人格的要素（如气质、能力、性格和理想、信念、人生观等）各方面平衡发展。心理健康的大学生所思、所做、所言协调一致，具有积极进取的人生观，并以此为中心能把自己的需要、愿望、目标和行为统一起来。

（六）人际关系和谐

心理健康的大学生在人际交往中，不仅能接纳自我，还能接纳他人，能用尊重、信任、友爱、宽容、理解的态度与人相处；能分享、接受和给予别人爱和友谊，与集体保持协调关系，能与他人同心协力，合作共事，乐于助人。在交往中具备良好的沟通能力和技巧，能构建和谐的人际环境。

（七）有正常的社会适应能力

社会适应正常是指个体能够面对现实，接受现实，并能主动适应社会。心理健康的大学生在环境改变时能面对现实，对环境做出客观分析，以有效的方法应对环境中的各种困难，使个人行为符合新环境的要求；能和社会保持良好的接触；对生活现状有清晰的认识，能及时修正自己的需要和愿望，使自己的思想、行为与社会协调一致。

（八）心理行为符合年龄特征

心理健康的大学生其行为表现符合大学生的特点和性格特征，或充满朝气和活力，精力充沛；或勤学好问，反应敏捷。相反，如果一个大学生总是显得老气横秋、心事重重、喜怒无常，这就是心理不健康的表现。心理健康的大学生还应接纳自己的性别特征，以社会对自身性别角色的要求，来调整自己的行为，使自己的性别特征符合社会的要求。

心灵便利贴

心理健康的几种认知误区

误区一：只要身体健康就健康

这是对健康的一种典型误解。身体健康是指一个人无躯体疾病，但这并不等于健康。世界卫生组织（WTO）指出，健康包括身体健康、心理健康和良好的社会适应能力。

误区二：只要不是心理变态就是心理健康

心理变态是心理不健康的极端形式。人的心理可以分为三个区：白色区、灰色区、黑色区。白色区是健康的心理，黑色区是不健康的心理，而介于两者之间的就是灰色心理。如果灰色心理调节得好就能变回白色心理。但是，如果不能排除烦恼，灰色则会越来越灰，甚至变成不健康的黑色心理。

误区三：有心理问题是不正常的

有的同学对"心理问题"这一词十分敏感，认为有心理问题是不正常的。人们经常会有心理困惑，如果困惑不排除则可能会演变成为心理问题，心理问题得不到较好的解决则很容易产生心理疾病。大学生处于一个渴望独立却不能完全独立的心理断乳期，学习的压力、人际交往的烦恼、生活上的琐事都会给他造成一定的压力，所以有这样那样的烦心事是正常的，有一些心理困惑也是在所难免的。

第二节　心理问题识别

生活中每个人实际上都有各种各样的心理问题,每个个体都会遇到挫折,会产生烦恼,积压久了,就可能产生心理问题。但是,心理问题并不等于心理障碍或者心理疾病。一个人正常还是不正常,主要看他是否能够进行正常的学习、工作、生活、社会交往等。

一、心理问题

在大学生中,一般的心理问题很常见。比如,刚进入大学,生活和学习都不适应,心里很不开心;好朋友无缘无故冲自己发了一通火,心里很委屈;自己一向学习不错,但是高考发挥失常,没有考入自己想去的学校而感到失落;等等。以上这些都属于心理问题,只不过问题的大小不同,持续时间的长短不同,给人带来的影响不同。然而,有心理问题和心理不健康是不同范畴的概念。

心理健康与不健康之间并没有一条绝对的分界线,而是一种连续过渡、不断变化的状态。长期以来,人们习惯于把人的精神正常与否看作黑白分明的事情:要么正常,要么就是精神病患者,这是一种误解。对此,著名心理学家岳晓东博士提出"灰色区"理论(见图1.1)。

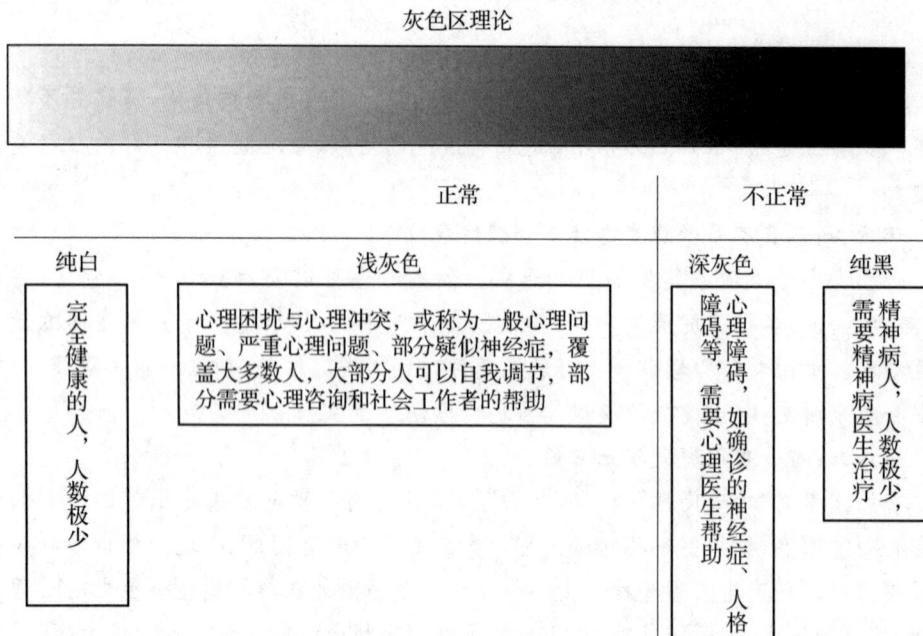

灰色区理论

正常		不正常	
纯白	浅灰色	深灰色	纯黑
完全健康的人,人数极少	心理困扰与心理冲突,或称为一般心理问题、严重心理问题、部分疑似神经症,覆盖大多数人,大部分人可以自我调节,部分需要心理咨询和社会工作者的帮助	心理障碍等,如确诊的神经症、人格障碍等,需要心理医生帮助,人数极少	精神病人,人数极少,需要精神病医生治疗

图1.1　灰色区理论

灰色理论认为：人的心理正常与异常没有一个明确的界限，而是一个连续变化的过程。如果把心理正常比作白色，把精神病比作黑色，那么，在白色与黑色之间有一个巨大的"灰色区"。灰色区又可进一步划分为浅灰色区和深灰色区；浅灰色区只有心理冲突而无人格变态，其突出表现为失恋、丧亲、人际关系失调、学习工作不顺心等生活矛盾带来的心理不平衡与精神压抑，是心理咨询的对象；深灰色区是各种变态人格和神经症，如强迫症、恐惧症、癔症、性别倒错等症状，是心理治疗的对象。

所有人的心理健康状况都可以从这一"健康图谱"中找到自己的位置。完全健康，即处于白色区的人非常少，大部分的人处于灰色区。

这四种区域没有明显的界线，是渐进的，如果浅灰色人群不能及时得到帮助，会发展进入深灰色状态。人生是一个连续变化的过程，从个体来说，一个人的心理健康与否并非恒定不变。从群体来说，人类的心理健康不是黑白分明，而是两极小，中间大。因此，人们不要忽视灰色区域的存在，应该及时对心理问题进行矫正。

二、心理问题的分类

根据灰色区理论，我们按照心理问题严重程度可将人分为纯黑、深灰、浅灰三个区域，各区包括的主要心理障碍如下。

（一）纯黑区

纯黑区域的人主要指精神病患者，即"精神功能受损程度已达到自知力严重缺乏，不能应付日常生活要求或保持对现实的恰当接触"[1]。临床常见的精神病有精神分裂症、情感性精神病、反应性精神病等。

精神疾病主要有三个方面的异常表现：第一，病人的反应机能受到严重损害，对客观现实的反映是扭曲的，可能出现精神失常现象，如幻觉、妄想、思维混乱、行为怪异、情感失常等，因而丧失正常的言行；第二，社会功能严重受损，如不能正常处理与他人的关系，不能正常参与社会活动，甚至对公众生活产生危害；第三，不能正确理解自身的现状，不承认自己有病，对自己的处境完全丧失自知力，不主动寻求医生的帮助。致病因素有多个方面：先天遗传、个性特征及体质因素、器质因素、社会环境因素等。大学生中常见的有精神分裂症、双相情感障碍等。该类型的疾病已经超过单纯的心理治疗范围，患者需要到专门的心理科或精神科进行治疗。

（二）深灰区

深灰区主要包括各种类型的神经症、人格障碍、心身疾病、行为障碍等。神经症也称神经官能症，它是一组没有查出任何器质性原因的大脑神经机能失调类的心理

---

① 《国际疾病分类》(ICD-9)，1977 世界卫生组织发布。

障碍。患者有强烈的心理冲突，并感到精神痛苦，力图摆脱却又无能为力。

需要指出的是，神经症并非神经上有病，而是心理障碍。另外，神经症与精神病不是一回事。精神病是一种因大脑功能紊乱而突出表现为精神失常的心理障碍，症状多为感觉、知觉、记忆、思维及行为发生异常的状态，出现妄想、幻觉等症状，具体表现为精神分裂症、躁动症等。与神经症相比较，精神病的心理障碍表现程度严重，患者思维、情绪异常，不能自知，没有精神痛苦且无求治要求，不能正常生活、学习和工作。而神经症程度轻，能自知，并感到精神痛苦，有求治要求，能正常工作、生活和学习，但效率较低。常见的神经症有以下几种。

1. 强迫症

强迫型神经症是一种以强迫症状为主要临床表现的神经症。其特点是有意识的自我强迫和自我反强迫同时存在，二者的冲突使病人焦虑和痛苦。常见的有强迫观念、强迫意向和强迫行为。例如，有的人反复思考动物为什么有雌雄；见到汽车就联想到车祸时恐怖的情景，感到非常焦虑；有的人反复检查门窗是否关好，煤气是否关紧；有的人害怕不洁而不厌其烦地洗手或洗衣服。患有强迫症的人通常无安全感，无完善感，无确定感。他们的行为与生活习惯刻板，墨守成规，享乐能力低下，活动能力差，工作与学习效率低，性格往往有缺陷，如缺乏自信、过于谨慎、保守、主动性差等。

强迫症的发病一方面是由于患者的性格缺陷造成的，也有可能和遗传因素有关。有研究显示，强迫症在同卵双生子中的同病率高于异卵双生子；另一方面也与以往的生活经历、精神打击和童年时期的遭遇有关。强迫症的根治需要药物治疗、心理治疗和行为治疗相互配合，其中行为治疗对强迫症有一定效果，心理治疗对增强患者自信心、缓解症状也有重要作用。

2. 焦虑症

焦虑症是一种以焦虑反应为主要症状的神经症，是个体在面临不良刺激或预感到会出现挫折情境时所产生的一种复杂的消极或不愉快的情绪状态。该症以焦虑情绪为主要症状。这种焦虑并非由实际威胁所引起，不针对具体的人或事，紧张焦虑程度与现实情况不符，表现为难以言说的紧张感，混合着担心着急、坐立不安、害怕惶恐，好像灾难即将降临似的。同时伴有躯体症状：头晕、胸闷、心悸心慌、呼吸困难、口干、尿频尿急、内分泌失常、运动性不安、睡眠障碍等。焦虑症在临床上可分为急性焦虑(惊恐发作)和慢性焦虑(广泛性焦虑)。

(1)急性焦虑：患者常出现无明显原因的、突然发作的强烈紧张、极度恐惧、濒临死亡感，同时伴有剧烈的心慌、心悸、气急、呼吸困难、胸闷胸痛，失控地发抖，出大汗等，发作时间通常可持续数分钟。当一个人反复出现无预期的惊恐发作，并且开始持续地担心再次发作的可能性时，急性焦虑的诊断就成立了。

(2)慢性焦虑：患者主要表现为长时间无明显原因、无固定内容的恐惧和提心吊胆或精神紧张，总预感会发生什么不幸而处于警觉状态。同时伴有坐卧不宁、心惊肉跳、心慌、头痛、背痛、全身颤抖等躯体反应。患者常因不明原因的惊恐感而意志消沉、忧虑不安,夜间入睡困难。

3. 抑郁症

抑郁症又称抑郁障碍,以显著而持久的心境低落为主要临床特征,是心境障碍的主要类型。临床症状表现为认知效能下降,注意力不集中,记忆力下降,思维变得不活跃;动力缺失,对事物的兴趣下降,萎靡不振,常感精力不足,对什么事情都提不起精神,没有热情;消极的情感活动,自觉心情不畅、心境不好,容易哭泣、消沉、悲观沮丧;自我评价下降,常感自卑,对前途悲观失望,有的产生自罪自责倾向,甚至自杀意图。

关于抑郁 ···

情绪低落、兴趣减退、思维迟缓、自责、饮食睡眠差等都属于抑郁的表现,抑郁症一直受到众多的关注,一部分原因是因为抑郁症的治疗过程缓慢,容易反复,并且中度以上的抑郁症患者可能产生自杀倾向。引起抑郁症的原因多种多样,学生更容易因为学习压力而抑郁,青年人可能因为失恋而抑郁,中年人可能因为家庭生活问题而抑郁,初入职场者也可能因为工作压力而抑郁。短暂的情绪低落是正常的表现,但是如果悲观失望的情绪持续两周以上,并且影响了正常的工作和生活时,就需要小心了。抑郁情绪长期得不到改善,有可能发展到抑郁症,所以应及早识别轻度抑郁的表现,尽快地恢复身心健康。

《2022 年国民抑郁症蓝皮书》报告全国抑郁症患者超 9 500 万。18～24 岁青年人的发病率为 35.23%,在所有年龄段中占比最高。我国每年大约有 28 万人自杀,其中 40% 患有抑郁症。另外,根据国内的数十项研究估计,每 1 000 名中国人中,有 16 个人患有重度抑郁障碍;在一年之内,每 1 000 名中国人中,会有 23 个人患抑郁症。在我们周围 15 个人中,就大约有 1 位抑郁症患者。抑郁症已然成为心理健康问题"重灾区"之一。

···

4. 人格障碍

人格障碍是指人格的畸形发展,形成了一种特有的、明显的、偏离所处的社会文化背景及多数人认可的认知行为模式。人格障碍患者具有明显偏离正常且根深蒂固的行为方式,其人格在内容上、性质上或整个人格方面异常。由于这个原因,不仅病人遭受痛苦,也可能使他人遭受痛苦。他们给人以与众不同的特异感觉,在待人接物方面表现尤为突出。

人格障碍通常开始于童年、青少年或成年早期,并一直持续到成年乃至终生。人格障碍一旦形成即具有恒定和不易改变性,人格障碍患者的智力并不低下,但人格的某些方面非常突出和过分地发展,而且本人对自己人格缺陷缺乏正确的判断。如具备以上特征,又能排除器质性疾病和精神病所致的人格改变,则确定人格障碍并不困难。人格障碍的类型有偏执型人格障碍、反社会型人格障碍、冲动型人格障碍、强迫型人格障碍、焦虑型人格障碍、表演型人格障碍等(详见第三章)。

（三）浅灰区

浅灰区代表的是正常人在成长过程中遇到的一些心理冲突，如失恋、丧亲、夫妻纠纷、离异、人际冲突、工作压力、学业问题等生活矛盾而带来的心理失衡与情绪困扰，是每个人在成长过程中都可能遇到的、暂时的、程度比较轻的心理问题，不伴随人格变态，也没有严重的临床症状，是一种心理的亚健康状态。通常出现该类型的心理问题，可以通过自身的调节加以解决，也可以通过心理咨询解决。

1. 严重心理问题

在生活中有部分人长期处于内心困惑与冲突之中，或者遭到比较严重的心理创伤而失去心理平衡，心理健康遭到不同程度的破坏，尽管他们的精神仍然是正常的，但心理健康水平却下降许多，出现了严重程度不同的心理问题，甚至达到"可疑神经症"的状态，痛苦情绪持续时间较长，在两个月以上，半年以下。内容已经充分泛化，即与最初刺激相类似相关联的刺激，也会引起他们的痛苦。在咨询师的帮助下，他们能够走出困境，恢复社会功能和生活的信心。

2. 一般心理问题

一般心理问题是由现实因素（如现实生活、工作压力、处事失误等因素）激发的内心冲突，并因此体验到不良情绪（如厌烦、后悔、沮丧、自责等），这种不良情绪不间断地持续一个月，或不良情绪间断地持续两个月仍然不能自行化解，情绪反应能在理智控制之下，不影响正常的生活、学习和社会交往，但效率有所降低，情绪反应尚未泛化。

有一般心理问题的人数众多，大部分能够自愈，或在咨询师的帮助下，能够迅速恢复心理健康。但是，如果没有经过心理疏导，有的可能会发展为严重的心理问题，甚至发展为心理障碍。

知识链接

	一般心理问题	严重心理问题
情绪反应强度	由现实生活、工作压力等因素引起的不良情绪反应，有现实意义，有的带有明显的道德色彩	由较强烈的、对个体威胁较大的现实刺激引起心理障碍，**体验着痛苦情绪**
情绪体验持续时间	情绪体验时间不间断地持续1个月或者间断地持续2个月	情绪体验**超过2个月，未超过半年，不能自行化解**
行为受理智控制程度	不良情绪反应在理智控制下，不失常态，基本维持正常生活、社会交往，但效率下降，没有对社会功能造成影响	遭受的刺激越大，反应越强烈。多数情况下，**会短暂失去理智控制**，难以解脱，对生活、工作和社会交往有一定程度影响
泛化程度	情绪反应的内容对象没有泛化	情绪反应的**内容对象被泛化**

另外，精神正常心理健康的人群，在现实生活中同样会面临许多问题，如恋爱、婚姻家庭问题，择业求学问题，社会适应问题等。他们面对上述自我发展问题时，需要做出理智的选择，以便顺利度过人生各个阶段。这时候，心理咨询师可以从专业的角度，向他们提供帮助，这类咨询叫作发展性咨询。大学生正处于青春迷茫期，在面对情感、人际交往和择业就业等诸多问题时，会不知所措，甚至做出不理智的行为和选择。如果这时候求助于心理咨询，在心理咨询师的帮助下，了解自我、相信自我，做出最理智的选择和行为，能够顺利地渡过难关、解决困惑。

三、大学生常见心理问题

一些调查研究表明，我国大学生心理卫生状况令人担忧，心理健康状况不良者比例颇高，而那些心理状况不佳的大学生，除少数因患有严重的心理疾病无法坚持学习，不得不退学、休学外，多数仍在继续学习。然而，他们的学习效率、生活质量、健康状况已受到严重影响。不同程度的心理卫生问题（如抑郁、焦虑、紧张、无聊、空虚、偏执等）或多或少地影响着大学生的学习和生活。大学生厌学、恐学、考试恐惧等，与他们的心理健康状况不良有直接关系。大学生常见的心理困扰表现在以下几个方面。

（一）入学适应方面的心理困扰

这一问题在刚入大学的新生中较为常见，特别是在一些适应能力较差的大学生身上表现得尤为明显。远离父母和熟悉的生活环境的大学生，面对陌生的校园、生疏的面孔开启全新的大学生活与学习，通常会产生不同程度的压力和心理上的不适应，部分新生会感到焦虑、苦闷和孤独，且往往伴有食欲不振、失眠、烦躁及注意力不集中等症状，个别严重者甚至不能坚持学习以致退学。

（二）自我意识方面的心理困扰

自我意识是大学生认识自我、发展自我、完善自我的重要条件，但由于自我意识认知与建构过程相对漫长，大学生在发展中遇到各种冲突和矛盾时，往往会出现意识偏差，甚至陷入认知矛盾的状态，如理想自我和现实自我的矛盾，满足感和空虚感的矛盾，独立性和依赖性的矛盾，理智和情感的矛盾等。这些矛盾解决不好，会造成大学生不良的心理反应。

（三）学习方面的心理困扰

大学的学习与高中有明显的差异，大学生必须改变高中的学习模式，调整学习目的，掌握学习策略，学会科学用脑，掌握自学方法，以适应全新的大学学习生活。部分大学生由于学习目标不清，学习动力不足，学习方法不当，或对专业缺乏兴趣等，导致成绩不佳，同时引发考试焦虑、厌学、弃学等问题。

（四）人际交往方面的心理困扰

"踏着铃声进出课堂，宿舍里面不声不响，互联网上述说衷肠。"这句顺口溜实际上反映了相当一部分大学生的交际现状。现代大学生由于缺乏与人交往的技巧与经验，在交往中往往会遇到各种困难与挫折，从而产生人际交往焦虑、恐惧等心理问题，进而影响他们的身心健康。

（五）恋爱与性方面的心理困扰

由于性生理逐渐发育成熟，性意识的觉醒与性心理的发展使大学生渴望了解异性，向往爱情。但由于缺乏经验与指导，有些大学生在恋爱中出现了单相思、三角恋爱、失恋等问题。也有一些大学生因对性知识和性行为的不恰当理解与认识，造成诸多心理压力，如因对性压抑、性自慰的错误认知而产生羞耻感、自责感和恐惧感等。

（六）情绪情感方面的心理困扰

良好的情绪情感状态是大学生心理健康的重要标志。良好的情绪情感状态应以稳定、乐观的心态为主，对于不良情绪应具有调节和控制能力。但由于大学生的情绪情感具有两极性和矛盾性的特点，情绪易波动、易冲动，自制力不强，一旦遇到挫折，往往容易产生抑郁、焦虑、恐惧、紧张、妒忌等不良情绪。

（七）个性方面的心理困扰

个性发展不良导致的心理问题，是大学生中常见的心理问题。遗传素质、教育、早期成长环境和成长经历等因素均会影响大学生的个性发展。相当一部分大学生在性格方面存在不同程度的问题，主要表现为自卑、怯懦、猜疑、偏激、孤僻、抑郁、自私和任性等，严重的甚至发展为人格障碍。

（八）求职择业方面的心理困扰

大学生毕业前夕，最大的心理压力来自求职择业。大学生在求职择业过程中，由于缺乏经验与准备，导致职业渠道不畅，有的脱离社会发展需要盲目择业，导致难以找到合适的工作；有的自我评价过高，造成就业困难等。这些问题往往会引发毕业生的心理问题。

心灵便利贴

敌意中长大的孩子，学会了争斗；虐待中长大的孩子，学会伤害别人；
支配中长大的孩子，学会了依赖；干涉中长大的孩子，被动和胆怯；
娇宠中长大的孩子，学会了任性；否决中长大的孩子，他反对社会；

忽视中长大的孩子，他情绪孤僻；专制中长大的孩子，他喜欢反抗；

民主中长大的孩子，领导能力强；鼓励中长大的孩子，学会了自信；

公平中长大的孩子，抱有正义感；宽容中长大的孩子，学会了耐心；

赞赏中长大的孩子，学会喜欢自己；爱之中长大的孩子，会爱人如己。

四、大学生常见心理问题的原因

（一）早期经验和家庭环境

大学生的早期经验对其心理发展有着十分重要的作用。有研究表明，儿童早期与父母的关系以及父母对儿童的态度是影响个体心理健康的重要因素。患有焦虑症、抑郁症、强迫症、恐怖症的大学生其父母更少表现出情感温暖，可能存在较多的拒绝态度、过分的保护或者过度的惩罚。在个体的早期发展中，父母的支持和鼓励更容易使个体建立对最初接触者的信任感和安全感，这种信任感和安全感保证了子女成年后与他人顺利交往。

（二）生活事件

生活事件是人们在日常生活中遇到的各种社会生活的变动，如搬家、升学、父母离异、分离、亲人亡故等。研究表明，即使中等强度的应激事件，如果连续发生，对大学生抵抗力的影响则会累加，最终导致心理障碍。在慢性压力累积为应激障碍中较为常见。

（三）个性特征

每个人都有自己独特的人格特点，并形成不同的应激方式和归因特点。因此，特殊的人格往往成为导致某种心理问题或心理障碍的内在因素之一。例如，强迫症患者可能具有强迫型人格特征，表现为谨小慎微、追求完美、责任心过重、自我克制、优柔寡断、敏感多疑等。因此，培育健全的人格特征是预防心理障碍的重要任务。

第三节 心理咨询

为提高大学生心理健康水平，促进大学生全面发展，高校教育工作者需要全面了解大学生的心理健康状况，切实做好大学生心理健康教育、咨询和辅导工作。

一、心理咨询的定义

咨询一词,译自英语 counseling,也有的译为"咨商"或"辅导"。《美国精神病学语汇表》将心理咨询定义为:"一种谈话和讨论的治疗方法,其中咨询师向来访者就一般或特定的个人问题提供建议或辅导。"朱智贤将心理咨询定义为"对心理失常的人,通过商谈的程序和方法,使其对自己与环境有一个正确的认识,以改变其态度与行为,并对社会生活有良好的适应。"虽然学者们对心理咨询下过多种定义,但结合心理咨询的发展历史和我国的实际情况,可以对其定义为:心理咨询是指由受过心理学专门训练的专业人员运用心理学知识、理论和技术,针对来访者的各种适应与发展问题,通过与来访者协商、交谈、启发和指导的过程,帮助来访者达到自立自强、增强心理健康水平和提高社会适应能力的目的。

二、心理咨询的基本原则

(一) 保密性原则

心理咨询师保守来访者的内心秘密,妥善保管咨询记录、测试资料等材料。如因工作需要不得不引用咨询事例时,应对材料进行适当处理,不得公开来访者的真实姓名、单位或住址。

心理咨询中的保密分为几个层次:

(1) 完全保密例外,需要全盘托出。

当心理咨询内容涉及法律范畴,司法机关介入时,不能保密。当心理咨询中发现来访者有威胁自身生命安全或者别人的生命安全时,不能进行保密。

(2) 只交接可识别的信息。

在咨询师之间进行转介时,会交接来访者的个人信息,但是对来访者的咨询内容会进行保密,因为不能干扰新咨询师的判断。

(3) 隐藏身份信息,只阐述咨询中的问题。

在咨询师进行督导时,在遇到咨询中难以解决的问题时,需要向督导师求助,要向督导师隐去来访者基本个人信息,只阐述咨询中的问题。

(4) 改变关键信息,只阐述不可识别的案例。

例如,教师在讲课或交流时,要用到一些咨询案例,应将年龄、专业等关键信息隐去或者改变,使来访者的信息不可识别,保护来访者的隐私。

(二) 理解支持原则

咨询师对来访者的语言、行动和情绪等要充分理解,不得以道德的眼光进行评判,要帮助来访者分析原因并寻找出路。

（三）积极心态培养原则

咨询师的主要目的是帮助来访者分析问题的所在,培养来访者积极的心态,树立自信心,让来访者的心理得到成长,自己能找出解决问题的方法。

（四）时间限定原则

心理咨询必须遵守一定的时间限制。咨询时间一般规定为每次50分钟左右(初次受理时咨询时间可以适当延长),原则上不能随意延长咨询时间。

（五）自愿原则

原则上讲,来访者必须出于完全自愿,这是确立咨访关系的先决条件。没有咨询愿望和需求的人,咨询师不会去主动找他(她)并为其咨询。只有来访者愿意找咨询师诉说烦恼以寻求心理援助,才能够解决问题。

（六）感情限定原则

咨访关系是咨询师和来访者心理的沟通和接近,咨访关系的确立是咨询工作顺利开展的关键,但也应是有限度的。面对来访者的劝诱和要求,即便是好意,在终止咨询之前也应该予以拒绝。个人之间接触过密,来访者过于了解咨询师内心世界和私生活,会影响他们的自我表现,从而影响咨询师判断的客观性。

（七）重大决定延期原则

心理咨询期间,如果来访者情绪过于不稳和动摇,原则上咨询师应劝导其不要轻易做出诸如退休、调换工作、退学、转学、离婚等重大决定。咨询结束后,来访者的情绪稳定之后做出的决定,往往不容易后悔或反悔的概率较小。此项事宜应在咨询开始时予以告知。

三、心理咨询基本理论基础

（一）精神分析理论

精神分析理论是奥地利精神科医生弗洛伊德于19世纪末20世纪初创立。精神分析理论是现代心理学的奠基石,它的影响不局限于临床心理学领域,对于整个心理科学乃至西方人文科学的各个领域均有深远的影响。该理论是阐述人的精神活动,包括欲望、冲动、思维、幻想、判断、决定、情感等,会在不同的意识层次里发生和进行。不同的意识层次包括意识、前意识和潜意识三个层次,好像深浅不同的地壳层次而存

图1.2 弗洛伊德(1856—1939),奥地利精神病医师、心理学家、精神分析学派创始人,著有《梦的解析》,开创了潜意识研究的新领域

在,故称之为精神层次。人的心理活动有些是能够被自己觉察到的,只要我们集中注意力,就会发觉内心不断有一个个观念、意象或情感流过,这种能够被自己意识到的心理活动叫作意识。而一些本能冲动、被压抑的欲望或生命力却在不知不觉的潜在境界里发生,因不符合社会道德和本人的理智,无法进入意识层面被个体所觉察,这种潜伏着的无法被觉察的思想、观念或痛苦的感觉、意念、回忆常被压存在潜意识这个层次,一般情况下不会被个体所觉察,但当个体的控制能力松懈时,比如醉酒、催眠状态或梦境中,偶尔会暂时出现在意识层次里,让个体觉察到。在意识与潜意识之间则是前意识,如同冰山与水面起伏接触的地方,需要通过某些特定的事件或行为才能被唤醒。主要心理咨询方法有催眠、自由联想、释梦等。

(二) 行为主义理论

行为主义是美国现代心理学的主要流派之一,也是对西方心理学影响最大的流派之一,创始人华生。其观点是心理学不应该研究意识,而应该研究行为,把行为与意识完全对立起来。行为主义的心理咨询是以学习理论和行为疗法理论为依据,认为人的问题行为、症状是由错误认知与学习所导致的,主张将心理治疗或心理咨询的着眼点放在来访者当前的行为问题上,注重当前某一特殊行为问题的学习和解决,以促使问题行为的变化、消失或新的行为的获得。主要心理咨询方法有系统脱敏法、强化法、厌恶疗法等。

(三) 人本主义理论

人本主义心理学家认为,人应该对自己的行为负责任,人们有时会对环境中的刺激自动地做出反应,有时会受制于本能,但人有自由意志,有能力决定自己的目的和行动方向。在各派人本主义疗法中,以罗杰斯开创的来访者中心疗法影响最大,是人本主义疗法中的一个主要代表。来访者中心疗法认为,任何人在正常情况下都有着积极的、奋发向上的、自我肯定的无限成长潜力。如果人的自身体验受到闭塞,或者自身体验的一致性丧失、被压抑、发生冲突,使人的成长潜力受到削弱或阻碍,就会表现为心理病态和适应困难。如果创造一个良好的环境使他能够和别人正常交往、沟通,便可以发挥他的潜力,改变不良行为。

（四）认知主义理论

认知疗法是 20 世纪 60～70 年代在美国心理治疗领域中发展起来的理论和技术。认知理论认为，人的情绪来自人对所遭遇的事情的信念、评价、解释或哲学观点，而非来自事情本身。情绪和行为受制于认知，认知是人心理活动的决定因素，认知疗法就是通过改变人的认知过程和由这一过程中所产生的观念来纠正本人适应不良的情绪或行为。认知疗法的策略在于帮助来访者重新构建认知结构，重新评价自己，重建对自己的信心，改变认为自己"不好"的认知。治疗的目标不仅仅是针对行为、情绪这些外在表现，而是分析来访者的思维活动和应付现实的策略，找出错误的认知加以纠正，达到消除不良情绪和行为的心理治疗方法。其中有代表性的是埃利斯的合理情绪疗法，贝克和雷米的认知疗法以及梅肯鲍姆的认知行为疗法。

上述四种理论被称为心理学的四大流派，随着科技提高，心理学家通过多种方法和途径不断探索心理咨询的方法和途径，并取得了一系列的进展，如目前在个体心理咨询中经常使用的认知行为技术、沙盘疗法、森田疗法等。同时，我们也应注意到很多心理问题的病因、起源和治疗方法依然有待进一步探索。

四、个体心理咨询流程

心理咨询可分为团体咨询和个体咨询。个体心理咨询的步骤一般分为开始阶段、指导与帮助阶段、巩固与结束阶段。

（一）开始阶段

美国咨询心理学家沃尔斯指出，心理咨询不好的开头会阻碍有效的相互影响。开始阶段需要完成的任务有三项，即建立咨询关系、掌握来访者的资料以及分析和评估。

1. 建立咨询关系

咨询师与来访者必须建立起信任、真诚、接纳的咨询关系。这是心理咨询的起点和基础，这种关系有助于咨询师了解来访者真实的情况，确定咨询目标并有效达到目标；对来访者而言，基于这种积极的关系，才会与咨询师积极合作，对心理咨询抱有热情和信心，从而有助于提高咨询效果。此外，这种积极的关系也给来访者提供了一种良好的人际关系的范例，使其能在咨询环境之外加以运用，提高人际交往的能力。

2. 掌握来访者的资料

收集与来访者有关的各种资料，通过会谈、观察、倾听、心理测验等方式，了解对方的基本情况及可能存在的心理问题。来访者的基本情况包括姓名、年龄、班级、家庭及社会生活背景、自身的生活经历、兴趣爱好、学习生活近况及有无心理咨询经验等。通过对基本情况的了解,掌握其过去、现在等各方面的情况。对来访者基本情况的掌握,有助于对来访者主要心理问题的把握。

3. 分析和评估

在收集资料的同时,分析、评估就已相伴出现。分析、评估是在收集资料的基础上,进一步明确心理问题的实质、程度及原因,并对其做出正确的评估。包括确定心理问题的类型及性质,决定咨询的适应性;分析心理问题的程度,以区分对待;寻找心理问题产生的原因。

(二) 指导与帮助阶段

这一阶段主要完成的任务有三项:制定咨询目标,选择咨询方案,实施指导与帮助。

1. 制定咨询目标

心理咨询的目标,就是心理咨询所追求的结果与所要达到的目的,咨询目标的确立,在咨询过程中有重要的价值。它使咨询双方都清楚地意识到努力的方向,有助于咨询双方的积极合作。

2. 选择咨询方案

选择咨询方案,包括咨询方法的选定以及为实施这些方法而制订的具体计划。解决来访者的心理问题有许多咨询方法可供利用,如"支持与安慰""内省与领悟""训练与学习""疏导与宣泄""暗示"等。每种咨询方法对解决心理问题均有一定的针对性,并有相应的实施过程。

3. 实施指导与帮助

实施指导与帮助,不同的咨询方法有不同的要求与做法,可灵活运用。对来访者的积极方面给予真诚的表扬、鼓励和支持,增强来访者的自信,促进他们积极行为的增长;可以直接指导来访者做某件事、说某些话,或以某种方式行动;可以通过解释,使来访者从一个全新、全面的角度面对自己的问题,重新认识自己及周围的环境,从而提高认识能力,促进问题的解决和来访者人格的完善。

(三) 巩固与结束阶段

经过前两个阶段咨询双方的共同努力,基本达到既定的咨询目标后,即进入心理咨询的巩固与结束阶段。这一阶段心理咨询的工作主要是巩固效果和追踪调查。

1. 巩固效果

咨询师向来访者说明来访者已经取得的成绩与进步,已达到的咨询目标;和来访者一同就来访者的心理问题和咨询过程进行回顾总结；重新审视来访者心理问题的前因后果，以及据此确定咨询过程中出现的问题和进展等，对前两个阶段进行总结；最后，指导来访者巩固已有的进步，帮助来访者将获得的经验运用到日常生活中去，并逐步稳定、内化为来访者的观念、行为方式和能力，使来访者能独立地适应环境。

2. 追踪调查

为了了解来访者能否运用获得的经验适应环境，进而最终确定整个咨询过程是否成功，咨询师必须对来访者进行追踪调查。追踪调查应在咨询基本结束后的数月至一年间进行。

第四节　心理知识拓展

一、电影"心"赏——《心理游戏》

尼古拉斯·万·奥托继承父业成为一企业集团的总裁，他的父亲在他小的时候跳楼自杀身亡，他也一直活在父亲自杀的阴影下。在 48 岁生日这天，他忽然接到久未谋面的弟弟康拉德所赠送的"消费者娱乐服务中心"（简称 CRS）的会员卡作为生日礼物。CRS 的负责人吉姆·范戈德热情接待了尼古拉斯，并告知他将成为一场"游戏"的参与者。一连串的怪事接连发生在尼古拉斯的周围：穿着考究的他莫名其妙地被墨水弄脏了衬衫；与下属发生冲突却无法行使自己的权力；在高级餐厅进餐，女侍两次将酒打翻在其身上。在此后的"游戏"中，尼古拉斯不仅多次受到了财产和生命的威胁，而且与弟弟反目。他决心要搞清 CRS 的真相，夺回自己的财产，通过不断的努力，他最终准备和父亲一样，选择跳楼身亡。结果却发现这一切都是弟弟和 CRS 帮助自己摆脱自杀阴影而设计的一系列游戏。

二、心理训练营

（一）两人一组自我介绍

目的：初步相识。

时间：约 10 分钟。

准备：纸和笔；足够的空间，可以挪动的椅子（如折叠椅）。

操作：指导者先让团体成员在房间里自由漫步，见到其他成员，微笑着握握手。给一定的时间让成员自然相遇，鼓励成员尽可能地与其他人握手。当指导者说："停"，每个成员面对的或正在握手的人就成了朋友。两人一组，席地而坐，或拿折叠椅面对面坐下。指导者发给每人一张纸,写下自己的姓名、院系、班级等信息,分别写下三项自己喜欢的和不喜欢的东西或事。每人 3 分钟自我介绍,然后漫谈几分钟。当对方自我介绍时,倾听者要全身心地投入,通过语言与非语言的观察,尽可能多地了解对方。

(二)四人一组他者介绍

目的:扩大交往圈子,拓展相识面。

时间:约 10 分钟。

操作:刚才自我介绍的两个组合并,形成 4 人一组,每位成员将自己刚才认识的朋友向另外两位新朋友介绍,每人 2～3 分钟。

(三)八人一组自我介绍

目的:进一步扩大交往范围,引发个人参与团体的兴趣。

时间:约 8～10 分钟。

操作:两个 4 人小组合并,8 人围圈而坐。从其中一个人开始,每人用一句话介绍自己。一句话中必须包含三个内容:姓名、所属院系、自己与众不同的特征。规则是:当第 1 个人说完后,第 2 个人(左边)必须从第 1 个人开始讲起,第 3 个人一直到第 8 个人都必须从第 1 个人开始讲起,即

A:我是来自○○学院,性格○○的○○。

B:我是来自○○学院,性格○○的○○左边的来自◎◎学院,喜欢◎◎的◎◎。

C:我是来自○○学院,性格○○的○○左边的来自◎◎学院,喜欢◎◎的◎◎左边的来自□□学院□□的□□。

第二章

了解自我，悦纳自我

> 人的一生很短暂，生命很脆弱，我们还需要不断地克服困难，完善自己，绝不能放弃努力寻求生命的意义。
>
> ——阿德勒

案例导入

曾经有这样一个实验，请被试尽可能用详细的语言描述自己，擅长绘画的专家在看不见被试的情况下，为被试画肖像画。然后再请被试推荐的一个认为比较了解自己的人描述自己，绘画专家仅仅根据描述画出另一幅肖像画。结果，将两幅肖像画进行对比，差距非常明显。被试一般都是以描述自己的缺点为主，所以肖像画也比较难看，但是了解被试的人大多使用积极客观的语言描述，最后的肖像画也更加美观。被试看到两幅画的对比，表示很不可思议，自己在镜子中看了千万遍的缺点，如眼角那颗难看的痣，被朋友描述为"美人痣，让眼睛看起来更有精神和灵气"。

案例分析

德国作家约翰·保罗曾说："一个人真正伟大之处，就在于他能够认识自己。"人们对自己的认识，很多时候是带有个人感情色彩的，其中有人出现认知偏差，产生自负或自卑。自负让人自大，忽视自己的缺点，自卑却阻碍人们感受幸福。毕淑敏在《破解幸福密码》一书中介绍，幸福有一个敌人叫自卑，因为自卑者主要的误区，在于认为自己不配享有真正的幸福。正确的自我意识是自我成长的标志。

第一节 自我意识概述

一、自我意识的内涵

古希腊时期,苏格拉底提出了"认识你自己"的口号,这标志着人类自我意识的觉醒,开始将目光从神的光彩转向人类自身。人类对自我意识的真正研究始于文艺复兴运动,人文主义者针对中世纪神学对人性的扼杀、对个性自我的否定进行了尖锐的批判,并喊出了"我是凡人,我有凡人的要求"的人性解放之声。此后,法国哲学家笛卡儿最先使用了"自我意识"这一概念,提出了"用心灵的眼睛去注意自身"的精辟论断,揭示了对自我意识的发现途径。笛卡儿之后,有关自我的研究开始得到空前的发展。

自我意识是个体对自己的身心状况以及自己与别人和周围世界关系的认识,是人格结构的核心部分。自我意识是一个具有多维度、多层次的复杂心理系统,包含认知、情感、意志等多种心理机能,具有目的性、能动性、社会性等特点,对个性的形成和发展起着调节、监督及矫正的作用。

二、自我意识的发展

人的自我意识并不是生来就有的,而是个体在生活环境中通过与客体的相互作用逐渐形成与发展的,并随着语言和思维的发展而发展。

(一)自我意识萌芽时期(0—3岁 生理自我形成发展期)

刚出生的新生儿没有自我意识,他们处在一种混沌状态,只有一些简单片段的感觉、动作和本能的反射,他们意识不到自己的存在。婴儿在成长过程中,由于不断与外界事物接触,身体器官、神经系统随之不断发展和完善。

1岁左右的婴儿开始能把自己的动作和动作对象区别开来,初步意识到自己是动作的主体。例如,手里抓着玩具的时候,他不再把玩具当作自己身体的一部分,咬自己的手和脚时能感觉到和咬其他东西不一样,儿童生理的自我形成了。

1岁半左右的婴儿,从成人那里学会使用自己的名字,表明他们能把自己和别人相区别。2岁以后,婴儿逐渐学会用代词"我"来代表自己,从把自己当作客体转化为把自己当作一个主体的人来认识,由此实现了自我意识发展的第一次飞跃,而"我"的使用是儿童自我意识萌芽的主要标志。例如,孩子在玩玩具,妈妈问孩子:"你拿的是谁的玩具?"孩子会回答:"我的玩具。"对儿童而言,掌握人称代词比掌握名词困难得多，他要完成人称代词运用中的内部转换，能区别自我与他人、自我与他物。

3岁左右的儿童，自我意识有了新的发展，开始出现羞愧感与疑虑感，出现了占有欲和忌妒感。"我"的使用频率提高并开始有了自我独立的要求。

这一时期的儿童表现出来的行为是一种自我为中心的行为，认为世界以他为中心，外部世界因他而存在，因而也被称为"自我中心期"。这个时期的儿童还没有关于自己内心的意识，不会像成人一样进行深入思考。

🌴 **心灵便利贴** ++

什么时候婴儿知道镜子中的那个人是自己？

个体在早期不具备自我意识，也就是说，个体在早期无法区分自己与外界的事物。最直观的证据就是婴儿会把自己身体的某个部位当作玩具，经常抱着自己的小脚吮吸脚趾。阿姆斯特丹（B. Amsterdam）运用点红实验证明什么时候婴儿能识别镜中的人是不是自己（见图2.1）。

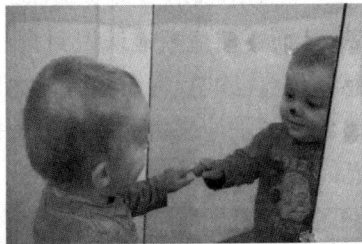

图2.1 点红实验

被试是88名3—24个月大小的婴儿。实验开始时，在婴儿毫无察觉的情况下，主试在婴儿鼻子上涂一个无刺激红点，然后观察婴儿照镜子时的反应。研究者假设，如果婴儿在镜子里能立即发现自己鼻子上的红点，并用手去摸它或试图抹掉，表明婴儿已能区分自己的形象和附加在自己形象上的东西，这种行为可作为自我认识出现的标志。

阿姆斯特丹对研究结果经过总结得出，婴儿对自我形象的认识要经历三个发展阶段。第一个是游戏伙伴阶段：6—10个月。此阶段婴儿对镜中自我的映像很感兴趣，但不知道是他自己。第二个是退缩阶段：13—20个月。此时婴儿特别注意镜子里的映像与镜子外的东西的对应关系，对镜中映像的动作伴随自己的动作更是显得好奇，但似乎不愿与"他"交往。第三个是自我意识出现阶段：20—24个月。这是婴儿在有无自我意识问题上的质的飞跃阶段，这时婴儿能明确意识到自己鼻子上的红点并立刻用手去摸。

++

（二）自我意识形成时期（3岁—青年初期　社会自我形成发展期）

从3岁至青年初期，是个体接受社会文化、学习社会角色的主要时期。儿童在家庭、幼儿园、学校中进行游戏、学习、劳动，通过模仿、认同、练习等方式，逐步形成各种角色观念，如性别角色、家庭角色、伙伴角色、学生角色等。

幼儿期，自我意识的特点是完全依照成人的影响来认同自己、他人以及自己与他人的关系，几乎是从他人那里获得"肤浅"的自我评价与自我认识，没有困惑、烦恼与忧愁,单纯而快乐。

童年期,自我意识的特点是模糊、不自觉、被动的心理活动,不会对自己的内心世界进行评价,如果问"你是一个什么样的人?"许多小朋友会回答不上来。即使回答,也往往是对自己一些外部特点的描述,如"我是一个爱画画的人""守纪律的人"等,或是转述教师、家长或其他人对他的评价。

少年期,自我意识的发展有了质的变化,独立性、自觉性、自律性都有了迅速发展,并能够深入自己的内心世界,意识到自己的个性品质,但水平还比较低,且不够清晰全面。他们开始对周围人的精神世界、个性品质等感兴趣,开始关注周围人的内心体验、动机、想法、个性特点等。但这时自我意识水平还不高,对自己的内心世界了解也不深,加之生理发育的加快,面对的压力增加,心理矛盾也开始变得日益突出。

青年初期,是自我意识发展的关键时期,期间自我意识经过分化、整合而接近成熟,从而逐渐清晰地认识到自己的内心活动,全面认识到自己的心理品质,正确地感知到自己的社会角色并能主动地根据社会要求认识和发展自己。自我意识的显著特征是把原来主要朝向外部的认识活动,转向自己的内心世界,探索自己的内心活动。

(三) 自我意识的发展时期(青年初期—青年中期 心理自我形成发展期)

从青年初期到青年中期,是心理自我的发展时期,自我观念渐趋成熟。青春期,个人无论在生理、认识或情绪等方面,都有很大变化,如性的成熟、逻辑思维和想象力的发展、感受性的敏感,都是自我意识发展的基础。由于自我意识的发展,青年要求独立,有强烈自治的意识,想摆脱成年人的影响和束缚。

一般来讲,青年自我意识的发展,会经历一个特别明显的分化、矛盾和统一的过程。自我明显的分化,意味着自我矛盾冲突的加剧,即主体我与客体我的矛盾斗争,理想的我与现实的我矛盾斗争的加剧。两个我不能统一,自我形象便不能确立,自我概念也不能形成。于是,青年表现出明显的内心冲突,甚至有一定的内心痛苦和强烈的不安感,他们对自我的评价常常是矛盾的,对自我的态度常常是波动的,对自我的控制常常是不自觉、不果断的。

(四) 自我意识完善时期(青年中期—终身 自我意识同一期)

青春期自我意识是迅速发展并趋向成熟的阶段,青年期之后个体的自我意识则是完善和提高阶段,即主体我与客体我、理想我与现实我经过激烈的矛盾和斗争,重新实现统一的时期。这种统一是在新的水平与方向上的协调一致,使现实我努力符合理想我的要求。当然,矛盾斗争的同一结果有两种可能性,积极的结果是形成新的真实的自我统一,使人增强自信,努力奋斗,有利于自身发展;消极的结果是形成歪曲的自我统一,或自卑,或自负,会影响自身的成长和发展。

三、自我意识的结构

(一) 从形式上划分

从形式上划分，自我意识表现为自我认识、自我体验和自我控制。

从心理过程知、情、意三个方面来分析，自我意识可分为自我认识、自我体验和自我调控。这三种心理成分相互联系、相互制约，统一于个体的自我意识之中。

从认识形式上看，它表现为自我感觉、自我观察、自我分析和自我批评等，统称为"自我认识"；从情绪形式上看，它表现为自我感受、自爱、自尊、自卑、责任感和义务感和优越感等，统称为"自我体验"；从意志形式上看，它表现为自立、自主、自制、自强、自卫、自律等，统称为"自我调控"。

1. 自我认识

自我认识主要解决"我是一个什么样的人"的问题，是自我意识的认知成分，也是首要成分，是自我调节控制的心理基础，包括自我感觉、自我概念、自我观察、自我分析和自我评价。自我评价是自我认识的核心，最能代表自我认识的水平，是个体对自我思想、愿望、行为、个性特征等的判断和评价。

2. 自我体验

自我体验主要涉及"对自己是否满意""能否悦纳自己"等问题，是自我意识的情感成分。自尊心、自信心是自我体验的具体内容。自尊心是指个体在社会比较过程中所获得的有关自我价值的积极的评价与体验。自信心是对自己的能力是否适合所承担的任务而产生的自我体验。自信心与自尊心和自我评价紧密相连。

3. 自我调控

自我调控则要解决"如何有效地调控自己""如何改变现状，使自己成为一个理想的人"之类的问题，是自我意识的意志成分。自我调控主要表现为个人对自己的行为、活动和态度的调控。它包括自我检查、自我监督、自我控制等。自我检查是主体在头脑中将自己的活动结果与活动目的加以比较、对照的过程。自我监督是一个人以良心或内在的行为准则对自己的言行实行监督的过程。自我控制是主体对自身心理与行为的主动掌握。自我调控是自我意识中直接作用于个体行为的环节，它是一个人自我教育、自我发展的重要机制，自我调节的实现是自我意识能动性的表现。自我意识的调节作用表现为：启动或制止行为、心理活动的转移、心理过程的加速或减速、积极性的加强或减弱、动机的协调、动作的协调一致、根据所拟定的计划监督检查行动等。

(二) 从内容上划分

从内容上划分，自我意识分为生理自我、心理自我和社会自我。

1. 生理自我

生理自我是个体对自己生理属性的意识,包括对自己的身体、外貌、体能等方面的意识,如身高、体重、长相、占有感、支配感、爱护感等。

2. 心理自我

心理自我是个体对自己心理属性的意识,包括个体对自己的人格特性、心理状态、心理活动等方面的意识。

3. 社会自我

社会自我是个体对自己的社会属性的意识,包括对自己在各种社会关系中角色、地位、权力、人际距离等方面的意识。

(三) 从自我观念上划分

从自我观念上划分,自我意识分为现实自我、投射自我和理想自我。

1. 现实自我

现实自我是个体从自己的立场出发对现实的我的看法,即个体对现实的自我观察、分析、思考和评价后的认识。

2. 投射自我

投射自我是个体想象他人对自己的看法,也叫他人自我。例如,想象自己在他人心目中会形成什么样的形象,想象他人对自己的评价以及由此产生的自我感。他人自我与现实自我之间往往是有距离的,当这种距离不断加大时,个体便会感到自己不被别人所了解。

3. 理想自我

理想自我是个体从自己的立场出发对将来的我的期望,即对理想中的自我的认识,它是个体想要努力达到的完善形象,是自己追求的目标,其中涉及的根本问题是"我想成为一个什么样的人""我应该是怎样的一个人"。理想自我与现实自我不一定是一致的。理想并非现实,但理想自我对个体的认识、情绪甚至行为的影响都很大,是个体行为的动力。

心灵便利贴

自我现实化

人如何能够达到"自知之明""自我完善",心理学上叫自我现实化。自我现实化由心理学家荣格提出,是指一个人内心深处的独特的自我得到了实现,成为真实的自己。实质上也就是人的自我达到了现实化,因此将其称为"自我现实化"。

达到自我现实化的境界,需要有两个前提:一方面,对自我要有一个客观认识,包括自己的优点、缺点、特点等。为了努力达到自我现实化,必须大胆地、开放地、毫无保留地面对无意识,将无意识的声音带给意识,允许无意识展示出真实的自我;另一方面,自我现实化还有赖于其他人格因素的发展。它包括人格面具、阴影、阿尼玛和阿尼姆斯的变化。例如,人格面具的解除,承认所戴的公开面具不可能代表真实本性,认识到阴影的各种力量,理解和接受人的本性中的阴暗面,但却不屈服于它们或被它们所主宰,本性中的阿尼玛和阿尼姆斯两个方面都得到表达并取得平衡等。自我现实化是一个艰巨且长期的任务,它对于绝大多数人来说是一个需要长期努力但却很少达成的目标。

自我现实化的人的第一个特点:已经达到了很高程度的自知,他们在意识和无意识水平上都认识自己。自我现实化的人的第二个特点:在自知之后,便是对自我的认可。自我现实化的人接受自我探索阶段显露给他们的东西。他们接受自己的本性——它的强和弱,圣洁的一面和丑恶的一面。他们可能会在不同的场合戴着不同的面具,那只是为了图方便。自我现实化的人知道他们在扮演角色,但他们并不将这些角色与他们的真实自我混同起来。自我现实化的人的第三个特点:自我整合。即人格的所有方面,包括无意识与意识等都被整合起来并且和谐化,以便所有方面都能得到表达——相对立的性别特征,先前不占主导地位的心理类型等。这种人格各部分的整合和表达是心理健康很重要的一部分,因此自我现实化的人的第四个特征便是自我表达。

因此,"自我现实化"是指对人类本性的接受和容忍。因为达到自我现实化的人,既对集体无意识开放,又对人类状况有很强的意识力和容忍力,从而也对他人的行为具有敏锐的洞察力。

第二节 大学生自我意识发展的特点

一、大学生自我意识发展的规律

大学生的自我意识已经经历了青年早期的急剧发展变化而进入趋于相对稳定的阶段。大学生自我意识的形成和发展一般都要经历一个由强到弱、由激烈到平稳、由典型到不典型的自我分化—矛盾—统一,再分化—矛盾—统一的过程。这样大学生才能从幼稚走向成熟,形成成熟、稳定的自我意识。

(一) 自我意识的分化

青年期,自我意识的发展从明显的自我分化开始,是自我意识走向成熟的标志。打破了原来笼统的"我",出现了主观的我(I)和客观的我(Me),开始意识到自己不曾注意的许多"我"的细节。"理想我"和"现实我"分化,这种分化使大学生主动迅速地关注自己的内心世界和行为,自我沉思增多,渴望被理解、被关怀。

(二) 自我意识的矛盾

自我分化带来了主体我与客体我的矛盾斗争,理想我和现实我的矛盾加剧,如主观我与客观我的矛盾、理想与现实的矛盾、独立心理与依附心理的矛盾、交往需要和自我闭锁的矛盾、上进与消沉的矛盾等。这些矛盾可能会给个体带来很大的内心痛苦、激烈的不安感和适应困难,但这是个体迈向成熟必需的一步,是必要的,也是必然的。

(三) 自我意识的统一

自我意识的矛盾会让大学生感到不安、焦虑甚至痛苦,所以大学生总是力求摆脱这种矛盾状态,力图使自我意识再度统一起来,主要表现在"主观我"和"客观我"的统一、"理想我"与"现实我"的统一,也表现在自我认识、自我体验、自我控制的和谐统一。

由于个人的社会背景、生活经验、智力水平、追求目标不同,大学生自我意识分化、矛盾、统一的途径不同,最后达到的结果和类型也不同。一般来说,主要有以下几种结果或类型。

1. 积极的统一:自我肯定

其特点表现为对"现实我"的认识比较清晰、客观、全面、深刻,正确的"理想我"占优势,"理想我"的确立比较正确、积极、现实,既符合社会要求也符合自己的实际,是经过努力可以达到的。他们在实现"理想我"的过程中,善于总结经验教训,进行积极调节。统一后的自我完整而有力,既有助于自身成长,又适应社会发展的需要。这一类型在大学生中占绝大多数。

2. 消极的统一:自我否定与自我扩张

它们的共同特点是对自我评估不正确,理想自我不健全,缺乏实现理想自我的手段,形成后的自我虚弱而不完整,是一种不健康的统一。在大学生中,自我否定、自我扩张的人只占极少数。

自我否定的大学生对"现实我"的评价过低,"理想我"与"现实我"的差距过大,心理上常处于一种消极防卫状态。他们缺乏自我驾驭能力,缺乏自信,不能肯定自己的价值,拒绝自己,与自己为敌。他们不是通过积极地改变"现实我"去实现"理想我",而是在一定程度上放弃"理想我",趋同"现实我",以求得自我意识的统一,但结果却是使自己更为自卑。

自我扩张的大学生对"现实我"估计过高,虚假的"理想我"占优势,"理想我"与"现实我"的统一是虚假的。这种类型的人常以幻想的我、理想的我替代真实的我,在自吹自擂、虚幻中度日,带有白日梦的特点。在自不量力的情况下,个人所追求的学业、事业、友谊和爱情都因为自己的主观条件差于客观事实,因而失败的概率比较大。

这类人容易产生心理变态行为，严重者可能有反社会行为，用违法犯罪的手段来谋求自我意识的统一。

3. 难以统一：自我矛盾与自我萎缩

由于"理想我"和"现实我"无法协调，因而自我意识难以达到统一。其发展的结果有两种类型：自我矛盾型和自我萎缩型。这两种类型的人在大学生中只占极少数。

自我矛盾型的大学生对自己所作所为缺乏"我是我"的综合感觉，而产生"我非我""我不知我"的分离倾向，内心矛盾的强度大，延续的时间长，自我认识、自我体验、自我控制缺乏稳定性和确定性，新的自我久久不能确立，积极的自我难以产生，自我意识无法统一。

自我萎缩型的大学生理想自我极度缺乏或丧失，对现实自我深感不满，自卑心理非常严重，从而导致自我拒绝的心理。从对自己不满开始到自轻、自怨、自恨、自弃，以至于向更严重的心理和行为发展。

总之，大学生的自我意识由分化到统一这个过程不是绝对的，具体到每一个大学生，由于身心发展的水平、经历不同，自我分化的时间和特点也不同，矛盾斗争的水平、倾向不同，统一的早晚、模式也不同。此外，自我意识的发展是终生的，并不是说自我意识在青年这个阶段分化、矛盾、统一，就意味着不再发展，只是在青年期以后它的发展不再像青年期那么突出，变得比较稳定和平稳。所以，人的自我意识发展永远遵循分化—统一—再分化—再统一的规律。

心理测验 +++

自我同一性

自我同一性，指个体在特定环境中的自我整合与适应之感，是个体寻求内在一致性和连续性的能力，是对"我是谁""我将来的发展方向"以及"我如何适应社会"等问题的主观感受和意识。埃里克森将青少年定义为一个人形成同一性的关键期，并认为青少年经历了同一性对角色混乱这一心理冲突。自我同一性的形成是持续一生的过程。

题目（将以下的题目同你的情况进行对照，并如实回答。"1"代表完全不是；"2"代表相当不是，"3"代表大体不是，"4"代表大体是；"5"代表相当是；"6"代表完全是）：

(1) 我正在为实现自己的目标而努力。

(2) 我没有特别热衷的事情。

(3) 我知道自己是怎样的人，知道自己的希望与追求。

(4) 我没有"想干什么"的确切的想法。

(5) 我至今没有自主地对有关自己的事做出过重大决断。

(6) 我曾认真深思过、考虑过自己是怎样的人，该做些什么。

(7) 我不曾对按父母或周围的人所期待的生活方式做事感到有什么疑问。

（8）我以前曾对自己持有的人生观失去过自信。

（9）我正在努力探求我所能投身的事情。

（10）对应不同的情况，就是怎样我都无所谓。

（11）对自己是什么样的人，能干些什么，我正在比较几种可能的选择并认真地考虑这些事情。

（12）我不认为自己这一生能做什么有意义的事。

计算分数：

N＝（1）－（2）＋（3）－（4）＋14＝"现在的自我投入"；

P＝（8）－（7）＋（6）－（5）＋14＝"过去的危机"；

F＝（9）－（10）＋（11）－（12）＋14＝"将来投入的愿望"。

N≥20 & P≥20	自我同一性形成（A）
N≥20 & 15≤P≤19	A-F 中间地位
N≥20 & P≤14	权威接纳地位（F）
N≤19 & F≥20	延缓地位（M）
N≤12 & F≤14	D-M 中间地位
其余的	自我同一性扩散地位（D）

	现在的自我投入	过去的危机	将来投入的愿望
自我同一性形成（A）	高	高	
权威接纳地位（F）	高	低	
A-F 中间地位	高	中	
自我同一性扩散地位（D）	低		低
延缓地位（M）	低		高
D-M 中间地位	中		中

自我同一性形成地位的青少年：他们努力寻求最符合自身的前进方向和价值观，经过积极的自我投入和不懈努力，体验着各种程度的危机。

权威接纳地位的青少年：他们没有经历过各种危机，缺少探索。他们选定的目标和方向不是经过自己再三考虑后做出的决定，而是为了迎合父母或社会理念等。

A-F 中间地位的青少年：他们处于同一性形成和权威接纳地位中间。

自我同一性扩散地位的青少年：未做出什么决定，无所向往的人。

延缓地位的青少年：对将来充满希望，还在探索的青少年。

D-M 中间地位的青少年：他们处于同一性扩散和延缓地位中间。

二、大学生自我意识存在偏差

大学生在自我意识发展的过程中，由于生理发展和心理发展不同步，再加之社会、环境等因素影响，很容易在自我意识发展方面存在偏差。大学生在自我意识发展过程中出现的种种偏差或缺陷，是心理发展尚未成熟的表现，是正常和普遍的。但同时必须加以调整，因为只有这样才能促使大学生自我意识的统一，促进他们心理的发展和成熟。

（一）自卑与自负

自卑是指个体自我评价过低、自愧无能而丧失自信，并伴有自怨自艾、悲观失望等情绪体验的消极心理倾向。有自卑心理的大学生常常对自己的能力、水平做出过低的评价，目光总盯着自己的缺点、不足和失误，夸大自己的短处，而对自己的长处认识不足，对人生充满悲观，意志消沉，对生活的热情不高。大学生自卑的主要表现有言语和行为迟滞，对批评敏感，对奉承反应过度，逃避集体，轻视他人，矫饰优越等。

自负是一种自我膨胀，即过度自信。大学生虽然有强烈的自尊心，好胜，好强，不甘落后，但如果不把握好"度"的问题，就会"物极必反"。过强的自尊和自信与骄傲、自大、自我膨胀、过度的自我接纳等联系在一起，他们缺乏自我批评，而且不允许别人批评，唯我独尊，自我中心，盛气凌人。这种人缺乏自知之明，总认为自己对而别人错，把自己的意志强加在别人身上，不能与人和睦相处，容易失败也容易受伤。

（二）独立与逆反

独立意识，也叫独立感，是指个体力图摆脱监督和管教的一种自我意识倾向。大学生在生理上已经发育成熟，心理也日渐成熟，通过对自我的认识、体验和控制、调节，他们的心目中已逐渐确立一个新的自我——成人式的自我，成人感特别强烈。但是，有时他们也会矫枉过正，表现出过分的独立倾向。独立意识并不是独来独往，不顾社会规范，我行我素。很多大学生把独立理解成"万事不求人"，不需要别人的帮助，其结果是在现实生活中遇到困苦挫折，只能自吞苦果，活得沉重。一个真正成熟个体的独立是指在感情上、行为上能对自己负全部的责任，并乐于接受他人的帮助。

逆反心理也是大学生自我意识发展过程中的一种产物，其实质是为了寻求独立、寻求自我肯定，为了保护新发现的、正在逐渐形成的，但还比较脆弱的自我，为了抵抗和排除在他们看来压抑自己的那种外在力量的一种要求。逆反心理有两面性：一方面表明青年大学生的反抗精神和独立意识；另一方面，一些大学生不能确切把握反抗，表现出过分的逆反心理，不区分正确与错误、精华与糟粕，一概排斥，理性分析少，情绪成分大，目的只是为了反抗而反抗，逆反的对象多是家长、老师和社会宣传的观念和典型人物等外界权威，其结果是阻碍了他们学习新的或有益的经验。

（三）自我中心与从众

大学生自我中心主要指大学生在与他人或社会的关系上往往只从自我立场出发，而不能从他人或社会角度去思考问题或处理问题的认知方式。自我中心不利于大学生的人际交往，也不利于个人心理的健康成长。自我中心的大学生总是将自己的意志强加到别人的头上，认为别人都应该和他有一致的看法或意见。同时，他们也不愿意改变自己的态度，即使明知自己错了也不愿改正。自我中心的大学生很难与别人和平共处，他们的人际关系总是处于紧张状态，自己则常处于自我封闭和自我隔离状态中。长此以往，将导致大学生形成自卑、孤独、退缩等心理问题。

与自我中心相反，有些大学生有过强的从众心理。青年大学生需要群体的认可，从众是取得别人认可的一种方式。但是，从众心理过强，则会缺乏独立意向，懒于思考，常常表现出随大流、人云亦云。长此以往会阻碍大学生自主性和创造性的发展。

案例分析

"阴影"下的晓晶

晓晶从一个偏僻的县城考入一所大学，是当年县里的高考"状元"。晓晶出生在一个贫困的家庭，家里还有一个哥哥和一个弟弟，弟弟也在上学，家里负担很重，所以家人并不支持她上学，但是晓晶凭借自己努力，通过勤工俭学完成了高中的学业并考入大学。上了大学之后，晓晶的经济压力很大，因为上大学的钱都是家里向亲戚朋友借的。

除了经济上的窘迫，晓晶还感到自卑。室友们不仅学习成绩好，而且视野也很开阔，经常谈论文学艺术、名人轶事，这让孤陋寡闻的晓晶感觉自己像是"天外来客"，在室友面前很自卑。

晓晶把所有的时间都用来学习和打工，她的勤劳和努力不仅减轻了家里的负担，也让她在学习上取得了好成绩。但是，晓晶依然觉得自己不如别人。室友甲很漂亮，总有男孩子追求，而自己没有得到男生的青睐；室友乙，很会打扮自己，而自己即便是穿上新衣服也显得土里土气；室友丙，英语口语非常好，而自己笨嘴笨舌，在口语课上都不敢开口说话……室友们的生活丰富多彩，而自己的生活只有学习的枯燥和打工的劳碌。

为了改变现状，晓晶开始节约伙食开支，省下钱买漂亮衣服、化妆品和电子产品，甚至在网上结交了男朋友，以期获得同学的美慕与尊重。但是，这样的"付出"并没有得到预期的效果，反而让同学感到朴实无华的晓晶变得越来越没有自我，而晓晶也因为长期节食，患上了严重的贫血，常常头晕目眩，上课注意力难以集中，记忆力减退，学习成绩大大滑坡。

像晓晶这样的学生在大学里并不少见，只是表现形式与程度不同而已，由于自我认识的偏差而导致自尊与自卑的矛盾体验，为了掩饰自己的自卑，常常拒绝帮助、防御多疑，内心体验痛苦不堪。他们在自卑与自尊的矛盾中挣扎，最后以极端的方式来解决问题，使自己越陷越深。就像晓晶以为穿上几件漂亮衣服，玩上时尚的电子产品，有男孩子追求就能得到同学的尊重，事实上，她采取这些手段改变之前，同学们对她的评价还是不错的，是她的自我认识走入了误区，总是拿自己的劣势与别人的优势比较，导致了糟糕的结果。

心灵便利贴 ·+·

如何走出自卑？

在大学校园里，常常见到这样的同学，不敢大声说话，不苟言笑，总是独自一个人在某个小角落默默注视着他人；或者不愿意面对现实，夸大吹嘘自己，敏感、脆弱、易受伤、易攻击别人。这些都是自卑的表现。

自卑感是个体对自己能力和品质评价偏低的一种消极情感。自卑感的产生，往往并非认识上的不同，而是感觉上的差异。其根源是人们不喜欢用现实的标准或尺度来衡量自己，而相信或假定自己应该达到某种标准或尺度，如"我应该如此这般""我应该像某人一样"等。这种追求大多脱离实际，只会产生更多的烦恼和自卑，使自己更加抑郁和自责。自卑是人生成功之大敌，下面这些途径和方法颇具操作性，有助于人们摆脱自卑，走向自信。

第一，正确认识自己。有同学害怕自己的缺点会带来不能承受的后果，所以选择逃避或忽视，用自负或者高自尊掩盖缺点，或者回避易暴露缺点的场景。但现实就像一面放大镜，越逃避的东西，越容易放大。因此，要有勇气面对自己的恐惧，从而形成正确的自我认识。

第二，树立小目标。在日常生活和学习中，建立一个目标树，顶层是终极目标，分解到各个枝干的就是为了缩小自身现状与目标的差距而产生的各级小目标。这些小目标是高于现在状态，但通过努力可以实现。当取得小的成绩，实现了一个小目标的时候，要及时地鼓励自己。这样容易形成高的自我效能感，有动力继续努力。

第三，上课挑前面的位子坐。坐在前面能建立信心，因为敢为人先，敢上人前，敢于将自己置于众目睽睽之下，就必须有足够的勇气和胆量。久而久之，这种行为就成了习惯，自卑也就在潜移默化中变为自信。另外，坐在显眼的位置，就会放大自己在老师视野中的比例，增强反复出现的频率，起到自我强化的作用。把这当作一个规则试试看，从现在开始就尽量往前坐。虽然坐前面会比较显眼，但要记住，有关成功的一切都是显眼的。

第四，敢于正视别人。眼睛是心灵的窗口，一个人的眼神可以折射出性格，透露出情感，传递出微妙的信息。不敢正视别人，意味着自卑、胆怯、恐惧；躲避别人的眼神，则折射出阴暗、不坦荡的心理。正视别人等于告诉对方："我是诚实的，光明正大的；我非常尊重你，喜欢你。"因此，正视别人，是积极心态的反映，是自信的象征，更是个人魅力的展示。

第五，昂首挺胸，快步行走。人们行走的姿势、步伐与其心理状态有一定关系。懒散的姿势、缓慢的步伐是情绪低落的表现，是对自己、对工作以及对别人不愉快感受的反映。倘若仔细观察就会发现，身体的动作是心灵活动的结果。那些遭受过打击、被排斥的人，走路都拖拖拉拉，缺乏自信。因此，通过改变行走的姿势与速度，有助于心境的调整。要表现出超凡的信心，走起路来应比一般人快，将走路速度加快，就仿佛告诉整个世界："我要到一个重要的地方，去做很重要的事情。"步伐轻快敏捷，身姿昂首挺胸，会给人带来明朗的心境，会使自卑逃遁，自信滋长。

第六，练习当众发言。在公众场合，沉默寡言的人都认为："我的意见可能没有价值，如果说出来，别人可能会觉得很愚蠢，我最好什么也别说，而且，其他人可能都比我懂得多，我并不想让他们知道我是这么无知。"这些人常常会对自己许下渺茫的诺言："等下一次再发言。"可是，他们很清楚自己是无法实现这个诺言的。每次的沉默寡言，都是又中了一次缺乏信心的毒素，他会愈来愈丧失自信。从积极的角度看，如果尽量发言，就会增加信心。不论是参加什么性质的活动，要主动发言，有许多原本木讷或有口吃的人，都是通过练习当众讲话而变得自信起来的，如萧伯纳、德摩斯梯尼等。

第七，学会微笑。微笑是通用的世界语言，真正的微笑不但能治疗自己的不良情绪，还能马上化解别人的敌对情绪。而且微笑能给人自信，它是医治信心不足的良药。如果你真诚地向一个人展现微笑，他就会对你产生好感，这种好感足以使你充满自信。"微笑是疲倦者的休息，沮丧者的白天，悲伤者的阳光，大自然的最佳营养。"当内心有恐惧的时候，不妨笑一笑。

第三节　大学生自我意识的培养

正确的自我意识是心理健康的重要标准，是人类自身存在的一种成功机制，在人的发展中发挥着重要的作用。正确的自我意识有利于大学生的心理健康，有利于大学生对自身行为进行适宜的调控。

一、自我意识健康的标准

自我意识健康的主要标准：第一，有自知之明，既了解自己的优势，也明白自己的劣势，能正确评价自我和发展自我。第二，能够使自我认知、自我体验和自我控制协调一致。第三，能够积极地自我肯定并与外界保持一致。第四，理想自我和现实自我协调统一，有积极的目标意识和内省意识，积极进取。

二、健康自我意识的培养

（一）正确认识与评价自我

认识自我是人类从古至今一个永恒的话题，正确地认识与评价自我是形成健全的自我意识的基础。古人云："人贵有自知之明。"如果一个人能对自我有一个较全面、客观的认识和评价，就能扬长避短、取长补短、发展自己、完善自己。正确认识与评价自我通常有以下三种方法。

1. 比较法——从我与他人的关系认识自我

他人是反映自我的镜子，与他人交往，是个人获得自我认识的重要来源。从家庭中的感情扩展到家庭之外的友爱关系，进入社会又体验到人与人之间的利害关系。有自知之明的人能从这些关系中用心向别人学习，获得足够的经验，然后按照自己的需要去规划人生。但是，通过和他人比较认识自己应该注意比较的参照性。

第一，跟别人比较的是行动前的条件，还是行为后的结果？大学生来大学学习，如果认为自己来自农村，条件不如别人，就置自己于次等地位，自然影响心态和情绪，只有与别人比较大学毕业后的成就才有意义。

第二，跟人比较是看相对标准还是绝对标准，是可变标准还是不可变标准？经常有大学生认为自己不如他人。其实，他们关注的可能是身材、家世等不能改变的条件，这没有实际比较的意义。

第三，比较的对象是什么人，是与自己条件相类似的人，还是个人心目中的偶像或不如自己的人？

所以，确立合理的参照体系和立足点对自我的认识尤为重要。

2. 经验法——从我与事的关系认识自我

从我与事的关系认识自我，即从做事的经验中了解自己。个体通过自己努力取得成果、成就及社会经验的过程都是一种学习，不经一事，不长一智。成败得失，其经验的价值也因人而异。对聪明又善用智慧的人来说，成功或失败的经验都可以促使他们再成功，因为他们有坚强的人格特征，善于学习，因而可以避免重蹈覆辙。自我比较脆弱的大学生，不能从失败中汲取教训，改变策略追求成功，而是挫败后形成惧怕失败的心理，不敢面对现实去应付困境或挑战。而对一些自我狂大的人而言，成功反可能成为失败之源。他们可能幸得成功便骄傲自大，以后做事便自不量力，往往遭受失败；或家境优渥，成长过于顺利，一旦失去"保护源"，便一蹶不振，不能支撑起独立的自我。因此，一个大学生由成败经验中获得的自我意识也要细加分析和甄别。

3. 反省法——从我与己的关系中认识自我

古人曰："吾日三省吾身"。从我与己的关系中认识自我，看似容易，实则困难。

可以从以下几个"我"中去认识自己：

（1）自己眼中的我。个体实际观察到的客观的我，包括身体、容貌、性别、年龄、职业、性格、气质、能力等。

（2）别人眼中的我。与别人交往时，由别人对你的态度、情感反应而觉知的我。不同关系的人对自己的反应和评价不同，它是个人从多数人对自己的反应中归纳出的统觉。

（3）自己心中的我，也指自己对自己的期许，即理想我。我们还可以从实际的我，自觉别人眼中的我，自觉别人心中的"我"等多个维度我来全面认识自我。

（二）积极地悦纳自我

悦纳自我是发展形成正确自我意识的核心和关键。个体首先应自我接纳，才能为他人所接纳。悦纳自我就是对自己的本来面目持肯定、认可的态度。要平静而理智地对待自己的长短优劣，要乐观开朗，以发展的眼光来看待自己，既不消极回避自身的现状，自欺欺人，更不以哀怨、自责甚至厌恶来否定自己。在自我悦纳的基础上，培养自信、自立、自强、自主的心理品质，从而发展自我、更新自我。

大学生如何形成悦纳自我的积极态度呢？具体地说，积极悦纳自我可以从以下几个方面努力。

1. 无条件地完全接受自己

首先，以慷慨和诚实的态度至少举出 10 项自己的优点或自己喜欢自己的部分；然后，以诚实的态度列出不喜欢自己的部分，在可以改变的地方标上记号，对不喜欢却又无法改变的缺点，试着去接受它，对所有能改变的缺点，发誓去改变它；最后，相信自己是有价值的人，相信"天生我材必有用"。

2. 不过分追求完美，不苛求自己

过分追求完美，过分苛求自己，无异于心理上的作茧自缚，会窒息人的活力，使人心情压抑，行为退缩，从而失去许多展示自己的机会，最终损害自己的自尊，导致自我拒绝。古人云：金无足赤，人无完人。正确的做法是承认自己的不完美，接受自己，接纳真实不完美的自我，在积极的心态中最大限度地把自己的潜能化为现实。

3. 建立和巩固良好的自我感觉

首先，找出最近（一年之内）一次或几次自己做过的比较成功的事情，用心体会成功时的愉悦心情，庆祝自己的胜利；其次，及时了解自己各方面的发展、进步和成绩，肯定自己的能力；第三，记录别人对你的积极评价和态度，增加自信；第四，仔细回顾自己过去的经历，找出比较出色的表现，肯定自己以前就已具备良好素质的信念，这样就能把注意力集中在自己的优点和成功上，而不是集中在自己的缺点和失败上。这些尝试有助于个体建立和巩固良好的自我感觉，从而悦纳自我。

4. 从错误和失败中吸取教训

一个人不可能不犯错误，也不可能事事成功，可怕的不是错误和失败，而是被错误和失败打垮。人应平静而又理智地看待自己的错误和失败，从中吸取教训，不被它们打垮。不因个别的错误和失败轻率地全盘否定自己，永远给自己机会，永远对自己充满信心。

（三）有效地控制自我

自我控制是人主动、定向地改变自我的心理品质和行为的心理过程。有效地控制自我是健全自我意识、完善自我的根本途径。对自我的有效监督和控制，离不开意志的力量，只有意志健全的个体才能做到对自我的有效控制，从而最终实现理想的自我。因此，每个人都应从培养健全的意志品质做起，增强应对挫折的承受力，提高自控能力，从而达到自我实现，使理想的自我和现实的自我统一起来。

对于大学生来说，要想有效地控制自我，应该做到以下几点。

1. 自觉进行自我监督

自我监督，一方面是根据"理想自我"的要求，考察"现实自我"的状况和"理想自我"的差距；另一方面要自我反省，把"现实自我"的表现反馈到自我意识中去进行审查和分析，以做出自我完善的决策和指示。没有自我监督和反省，人就无从实现自我完善。

2. 建立合乎自身实际的目标

建立合乎自身实际情况的抱负水平，确立合适的理想自我。在充分了解自己的基础上使自己的目标符合自己的实际要求，符合自己的实际能力，不苛求自己，不被他人的要求左右。对大学生来说必须明确自己的期望是什么，以及这种期望的来源是自我的本身能力和需要，还是从满足他人的期望出发。只有明确这一点，才可能真正地认清自己，规划自己的发展方向，最终建立独立的自我。

面对现实，确定符合自己实际的奋斗目标，把远大的理想分解成一个个远近高低不同的子目标，由近及远、由低到高，循序渐进，逐步加以实现。关键是每个子目标都应适当、合理、经过努力可以达到，否则会丧失信心。

3. 培养坚强的意志品质

坚强的意志品质是自我控制的支柱，具有坚强意志的人可以为实现最终目标自觉地控制自我，不急功近利，不为外界所诱惑。而意志薄弱的人，就好像失灵的闸门，对自己的言行不可能起调节和控制作用。

伟大导师列宁是一个自制力极强的人，他在自学大学课程时为自己安排了严格的时间表：每天早饭后自学各门功课，午饭后学习马克思主义理论，晚饭后适当休息一下再读书。他过去喜欢滑冰，但考虑到滑冰比较容易使人疲劳，影响学习，就果断地不滑了。他本来喜欢下棋，一下起来就入了迷，后来感觉太浪费时间又毅然戒了。

滑冰、下棋都是一些小事,只是个人爱好,但是要控制这种爱好,没有毅然决然的果断性是办不到的。很多人都知道吸烟影响健康,但有的人一次次戒烟,都以失败而告终。所以,如果没有坚强的意志,连一些很小的事情都做不好,要做好大事就更困难了。

4. 用理智战胜感情

对事物的认识越正确、越深刻,自制力就越强。古希腊数学家毕达哥拉斯说:"愤怒以愚蠢开始,以后悔告终。"所以对自己的言行失去控制,最根本原因就是对自己粗暴作风的危害性缺乏深刻的认识,因而对自己的感情和言行失去了控制,造成了不良的影响和后果。

(四)不断超越自我

健全自我的过程也是一个塑造自我、超越自我的过程。对于大学生而言,超越自我是终生努力的目标。在行动上,无论对人对事,均全力以赴,使自己的能力得到最大限度的发挥。

完善自我、超越自我并不是一帆风顺的过程,需要付出艰辛的努力,也是一个"新我"形成的过程,是从"小我"走向"大我",从"昨天之我"向"今日之我""明日之我"迈进。珍惜已有的自我,追求更好、更高的自我,做到一个"自如的、独特的、最好的自我"。既注重自我又不固守自我,根据社会要求不断改造自我。既注重自我价值的实现又不仅仅局限于追求个人自我价值的实现,把实现自我价值与报效祖国统一起来,在为他人和社会的服务中实现真正的自我价值。

超越是一种境界,更是一种过程。只有坚持正确的方向,本着科学的态度,辩证地看待社会,分析自我,把握自我,最终才有可能超越自我。

心理测验 ┼┼┼┼┼┼┼┼┼┼┼┼┼┼┼┼┼┼┼┼┼┼┼┼┼┼┼┼┼

自卑心理测试

测试说明:自卑感是一种激励因素,对个人和社会均有利,并能导致个性的改善,但是,沉重的自卑感可以使人垮掉,使人心灰意冷,无所事事,我们设法找到自己自卑感产生的原因,具体分析对待,并努力克服,就显得尤为重要了。下面这份"自卑心理诊断量表",有助于你了解自己是否存在明显的自卑感及造成自卑的主要根源。

指导语:本测验共 15 个问题,每个问题有 A、B、C 三种选择答案,请你在与自己情况较符合的答案上打"√"。

1. 你的身高与周围人相比如何?

    A. 较矮   B. 差不多   C. 较高

2. 早晨,照镜子后的第一个念头是什么?

    A. 再漂亮一点就好了　　B. 想精心打扮一下　　　C. 别无他想,毫不在意

3. 看到最近拍的照片你有何想法?

    A. 不称心　　　　　　　B. 拍得很好　　　　　　C. 还算可以

4. 如果有来世,下面三种选择中选哪类好?

    A. 做女人够受的,做男人好

    B. 做男人太苦了,做女人好

    C. 什么都行,男女一样

5. 你是否想过五年或十年后会有什么使自己极为不安的事?

    A. 多次想过　　　　　　B. 不曾想过　　　　　　C. 偶尔想过

6. 你受周围的人们欢迎和爱戴吗?

    A. 常有　　　　　　　　B. 没有过　　　　　　　C. 偶尔有

7. 你被别人起过绰号、挖苦过吗?

    A. 常有　　　　　　　　B. 没有过　　　　　　　C.偶尔有

8. 老师批改过的试卷发下来了,同学要看怎么办?

    A. 把分数折起来让他们看不到　　　　　　B. 让他们看

    C. 将考卷全部藏起来

9. 体育运动后,有过自己"反正不行"的想法吗?

    A. 常有　　　　　　　　B. 没有　　　　　　　　C. 偶尔有

10. 你有过在某件事上绝不次于他人的自信吗?

    A. 有过一两次

    B. 从来没有

    C. 在某些方面自己有这种自信,但对不是特殊之事并不介意

11. 如果你所喜欢的异性同学与他人更亲近,你怎么办?

    A. 灰心丧气,以后竭力避开那位异性

    B. 跟那位同学公开或暗地里展开竞争

    C. 毫不在乎,一如往常

12. 碰到寂寞或讨厌之事怎么办?

    A. 陷入深深的烦恼中　　B. 吃喝玩乐时就忘了

    C. 向朋友或父母诉说

13. 当被别人称为"不知趣的人"或者"蠢东西"时,怎么办?

    A. 我回敬他"笨蛋! 没有教养!"

    B. 心中感到不好受而流泪

    C. 不在乎

14. 如果碰巧听到友人正在说你所要好的同学的坏话,你怎么办?

    A. 断然反驳:"根本没有那种事!"

    B. 担心会不会真有那事

  C. 不管闲事,认为别人是别人,我是我

15. 不管怎样努力学习,如果你的主要功课都输给你的竞争对手,你怎么办?

  A. 尽管如此还是继续努力挑战,今后加油干

  B. 感到不行,只好认输

  C. 从其他学科上竞争取胜

记分规则:把每题的得分加起来计算出总分,与下面的总分评价标准对照,看看自己是属于哪个类型的,再阅读有关四种自卑类型的说明。

记分规则参照表

题 号	A	B	C
1	5	3	1
2	5	3	1
3	5	1	3
4	5	1	3
5	5	1	3
6	1	5	3
7	5	1	3
8	3	1	5
9	5	1	3
10	1	5	3
11	5	1	3
12	5	3	1
13	3	5	1
14	1	5	3
15	3	5	1

类型与得分对照表

I	II	III	IV
15~29	30~44	45~60	61~75

类型 I 环境变化造成自卑

  你平时没有自卑感,是个乐天派,并且往往很自信。你对自己的才能、外表、风度充满自信和骄傲,极少有自卑感。如果你抱有自卑感的话,那是环境起了变化的缘故,譬如你进了出类拔萃的人物相聚一堂的学校或其他场所,而未能充分体现你个人的价值时,才能引起自卑。

类型 Ⅱ　动机与期望过高引起自卑

你有过高的追求，有动机过强、期望过高的缺点。你不满足于现状，想出人头地，以至于去追求不切实际的目标。也可以说，你过分地计较得失胜负，追求虚荣，而无法实现时则往往陷入自卑，难以自拔。

类型 Ⅲ　过早断定不行造成自卑

你在做事情前就贸然断定自己不行，自认为不如别人。这主要是你不了解周围人们的真实情况，不清楚使你焦虑的事情的本来面目。当你搞清楚后，会恍然大悟："怎么竟是这么回事？"随之则坦然自如。你的自卑感主要是你的无知造成的，症结在于自认为不行就心灰意冷。

类型 Ⅳ　情感怯懦造成自卑

用消极悲观的眼光看待事物，也与你的自卑有关。症结在于对自身的体魄和外貌缺乏自信，光是看到不足与不利之处，因而，遇事退缩胆怯，不敢与人交往。

第四节　心理知识拓展

一、电影"心"赏——《美丽心灵》

破茧成蝶　突破自我

电影《美丽心灵》以博弈论创始人约翰·纳什为原型，讲述他的传奇故事。纳什醉心于数学研究，他性格孤僻，拒绝与别人相处，由于科研路上的挫折和情感世界的缺乏，他患上了精神分裂症，出现了一系列光怪陆离的幻觉，并且他生活在幻觉里而不自知。面对这种曾经击毁了很多人的精神疾病，纳什在爱妻艾莉西亚的帮助下，通过自己顽强的毅力，战胜了这个不幸，他意识到自己身边不离不弃的才是真实，虽然幻觉依然存在，但纳什选择了拒绝，他意识到自己需要真实的生活，真实的朋友。纳什是幸运的，他不仅有一个挚爱他的妻子，还有一些愿意包容和接纳他的同事，最终纳什克服了精神分裂症的枷锁，不仅收获了亲情和友情，并且在 1994 年获得了诺贝尔经济学奖。

这是一部根据真实人物故事改编的影片，从影片中我们可以看到主人公纳什精彩曲折的人生，在他的人生中我们看到了他的爱妻艾莉西亚和他同事们的"美丽心灵"，也看到了一个人怎样艰难地战胜自己精神分裂的奇迹，看到了人类内心的顽强与坚定，看到了"美丽心灵"的强大力量。

人生的路上难免遇到挫折和困惑，虽然我们无法完全控制环境来适应我们，但我们可以不断完善自我来适应环境,我们要理性地面对自己的人生,用我们坚韧和美丽的心灵面对生活赋予我们的一切。

二、心理训练营

20个我是谁

1. 请在下面完成20个"我是一个怎么样的人"的句子,要求尽量选择一些能反映个人风格与特性的描述。

(1) 我是一个 _____。

(2) 我是一个 _____。

(3) 我是一个 _____。

......

(20) 我是一个 _____。

2. 请评估你对自己的陈述是积极的还是消极的。

请对自我描述的每个句子做判断,在句子后面加上(+)或(-),(+)表示:这句话表达了你对自己肯定、满意的态度,(-)表示:这句话表达了你对自己消极的、否定的态度。分别数一下有多少个条目,然后将两者相加,如果是正数,说明你的自我接纳状态良好;如果是负数,这说明你不能很好地接纳自己,你的自尊程度较低,这时你需要内省一番,你是否过低评价自己,是什么原因使你不相信自己,如何去完善与改变呢?

3. 请将陈述的20项内容做下列归类,然后总结你对自我认识中哪个方面是相对模糊和消极的呢?

(1) 生理自我(你的体貌特征,如年龄、身高、体型等)

编号:

(2) 心理自我(你的个性、能力、精神状态等)

编号:

(3) 社会自我(属于你的社会角色、人际关系等)

编号:

第三章
大学生人格与塑造

> 为了成功的生活,少年人必须学习自立,铲除埋伏各处的障碍,在家庭要教养他,使他具有为人所认可的独立人格。
>
> ——戴尔·卡耐基

案例导入

"一点就爆"的坏脾气

大一学生王某,觉得自己性格不好,脾气暴躁,动不动爱发脾气,一遇到让自己生气的事,就很容易爆发出来,不管不顾地出一通气,常常伤了朋友间的和气,和周围的同学关系搞得很僵。其实事后他也为自己的行为感到后悔,但就是控制不住自己的脾气。他为此觉得很烦恼,不知道该怎么办。

案例分析

王某的气质类型属于胆汁质,容易暴躁,常感情用事。而王某的性格属于情绪型的性格,在为人处事中情绪反应敏感,爱冲动。王某之所以会形成这种暴脾气和她的遗传因素和生长的家庭环境有关,根据王某的自述,王某的爸爸和爷爷都是暴脾气,动不动就发火,当他们对王某大吼的时候,王某也不由自主地为自己大声辩驳。长此以往,王某养成了"一点就爆"的脾气。人的气质和性格是构成完整人格的重要因素,气质主要是受先天因素的影响,而性格是后天形成的。气质对性格的形成起着重要的影响作用,气质是性格形成的重要物质基础,性格对气质也有一定的影响作用,通过后天的积极努力,人的气质也能在一定程度上得到改变。所以大学生应该了解自己的气质特征,有针对性地培养和改变自己的性格,取长补短。

第一节　人格概述

综合素质的发展和提高,包含着人格素质的发展和提高,而人格素质的发展和提高对综合素质的发展和提高有着重要的促进作用。因此,寻找通向健全人格之路、塑造健全人格是大学生心理健康教育的重要目标之一。

一、人格的含义与特征

(一) 人格的含义

图 3.1　京剧脸谱

"人格"一词,源于古希腊语,即舞台上演员戴的面具,不同的面具体现了角色的特点和人物性格。京剧脸谱(见图 3.1),红脸代表忠义;白脸代表奸诈;黑脸代表刚强。心理学沿用其含义。常听人说,张三的人格卑鄙,李四的人格高尚,这是从伦理道德上给人以评价。在某种情境下,有人气愤地说:"这是对我人格的污辱",在这里的"人格"又是属于法律范畴,说明有人侵犯了他的尊严和人权。

心理学所说的人格,是一种心理现象,亦称个性,反映了一个人总的心理面貌,是相对稳定、具有独特倾向性的心理特征的总和。人格由气质、性格等诸多因素构成,诸多因素的相互作用构成了一个人的人格。人格是人的心理行为的基础,它在很大程度上决定了人如何面对外界的刺激做反应以及反应的方向、速度、程度、效果。人格会影响人的身心健康、活动效率、潜能开发以及社会适应状况。因此,重视人格的整合与塑造,既是身心健康的需要,也是自我发展、自我实现的需要。

人格是在长期的社会生活实践中形成和发展起来的,是人的遗传因素与环境因素相互作用的产物。一般认为,人格包括气质、性格、能力、需要、动机、兴趣、理想和信念等方面的内容,是多种因素有机构成的整体。人格结构的各个组成部分是互相依存、互相制约、互相协调的,对人的心理和行为进行调节和控制,从而构成一个人的完整心理面貌。如果各个组成部分之间关系协调,人的心理和行为就健康而正常,就表现出健全的人格;如果失调,人就会产生不正常的心理和行为,甚至出现各种人格障碍和变态人格。

（二）人格的基本特征

1. 人格的整体性

人格的整体性是指人格虽有多种成分和特性，但在一个现实的个体身上是错综复杂的，多种成分互相联系、相互作用组成一个有机的整体。人格的整体性表现在人格内在统一性上，一个失去了人格内在统一性的人，他的行为就会经常由几种互相抵触的动机支配，或者思想和行动互相抵触，导致心理冲突，甚至人格分裂，形成"双重人格"或"多重人格"。

2. 人格的稳定性

人格具有稳定的特征，在行为中经常表现出来的心理倾向和心理特征才能表征一个人的人格。主要表现为两个方面：一是人格的跨时间的持续性，二是人格的跨情境的一致性。例如，一个外向的学生不仅在学校善于交际，喜欢交朋友，在校外活动中也喜欢交际，喜欢聚会。不仅在中学时代，大学时代也是如此。那些短暂的、偶尔表现出来的行为则不属于人格特征。

3. 人格的独特性

人格的独特性是指人与人之间的心理和行为是各不相同的。也就是说，一个人的人格是由某些与别人共同的或相似的特征以及完全不同的特征错综复杂的交织在一起构成的独特人格。由于人格结构组合的多样性，每个人的人格都有独特的特点。

4. 人格的社会性

人格是在个体的遗传和生物基础上形成的，受个体生物特性的制约，从这个意义上也可以说，人格是个体的自然性和社会性的综合，但是人的本质并不是所有属性相加的混合物，或者是几种属性相加的混合物。构成人的本质的东西，是那种作为人所特有的，失去了它，人就不能称其为人的因素，而这种因素就是人的社会性。其实，即使是人的生物性需要和本能，也是受人的社会性制约的。例如，人满足食物需要的内容和方式受具体的社会历史条件制约。因此，可以这样概括：人格是个体各种稳定特征的综合体，显示出个人的思想、情绪和行为的独特模式，这种独特模式是个体社会化的产物，同时又影响着个体与环境的交互作用。

二、人格的重要构成

人格是由不同成分构成的结构系统，不同成分从不同侧面反映出个体的差异。人格结构系统包括认知、动机、能力、气质、性格、自我调控等成分。能力、气质、性格是人格的重要成分。

(一) 能力

1. 能力的含义

能力是直接影响活动效率,保证活动顺利完成的个性心理特征。能力一词有两种含义,其一是指已经发展成为或表现出来的实际能力;其二是指潜在能力。实际能力和潜在能力密切联系着,潜在能力是实际能力形成的基础和条件,实际能力是潜在能力的展现。

2. 能力的类型

可以从多种角度划分能力的类型。

第一,根据能力的活动领域可以把能力分为一般能力和特殊能力。

(1) 一般能力是指顺利完成各种活动所必备的基本能力,如注意力、观察力、记忆力、想象力、语言能力和思维能力。

(2) 特殊能力指完成某项专业活动所需要的能力,如画家的色彩分辨力、音乐家的音色分辨力等。

第二,根据能力在人的一生中的不同发展趋势以及能力和先天禀赋与社会文化因素的关系,可以将能力分为流体能力和晶体能力。

(1) 流体能力是指在信息加工和问题解决过程中所表现的能力,它较少依赖于文化和知识的内容,而决定于个人的禀赋,如知觉能力、推理能力、想象能力。流体智力最先随着年龄的增长而增加,到20岁以后达到顶峰,一般在30岁以后随着年龄的增长而降低。

(2) 晶体能力是指概念化的知识,需要通过系统的学习获得。晶体智力在人的一生中一直发展,只是到了25岁以后,发展的速度逐渐趋于缓慢。

第三,根据能力的功能,可以将能力分为认知能力、操作能力和社交能力。

(1) 认知能力是人脑加工、储存和提取信息的能力。

(2) 操作能力是指人们操纵、制作和运动的能力。

(3) 社交能力是人们在社会交往过程中表现出来的能力。

(二) 气质

1. 气质的含义

气质是指个体表现在心理活动的强度、速度、灵活性与指向性的一种稳定的心理特征。这种特征既决定了个体心理活动的动力特征,又给每个人的心理活动蒙上了一层独特的色彩。气质是人格结构中比较稳定的、与遗传素质联系密切的成分。

2. 气质的类型

气质分为四种类型,即胆汁质、多血质、黏液质和抑郁质。不同气质类型具有不同的心理特征。各气质类型典型表现如表3.1所示。

表 3.1 高级神经活动类型与气质类型及心理特征

高级神经活动类型	气质类型	气质心理特性的组合	行为方式的典型表现
强而不平衡型（不可抑制型）	胆汁质	感受性；有一定耐受性；反应快而不灵活；情绪兴奋性高；抑制能力差；外倾性明显；行为可塑性大	直率，热情，精力充沛，情绪易激动，心境变化剧烈，脾气急躁
强而平衡灵活型（活泼型）	多血质	感受性低；耐受性高；反应快而灵活；情绪兴奋性高，外部表现明显；外倾性明显；行为可塑性大	活泼，好动，敏感，反应迅速，喜欢与人交往，注意力、兴趣易转移变化，缺乏持久性
强而平衡不灵活型（安静型）	黏液质	感受性；耐受性高；反应速度缓慢，具有稳定性；情绪兴奋性低；内倾性明显；行为有一定可塑性	安静，稳重，反应缓慢，沉默寡言，情绪不易外露，注意力稳定难转移，善于忍耐
弱型（抑制型）	抑郁质	感受性高；耐受性低；反应速度慢，刻板而不灵活；情绪兴奋性高而体验深；内倾特别明显；行为可塑性小	情绪体验深刻，行动迟缓，多愁善感，能觉察他人不易觉察的事物，富有幻想，胆小孤僻

（1）胆汁质。直率，热情，精力旺盛，动作迅猛，工作顽强有力，遇事反应强烈，易急躁，常感情用事，智力活动具有极大的灵活性。整个心理活动笼罩着迅速而突发的色彩，具有外倾性。

（2）多血质。活泼，好动，敏感，反应迅速，喜欢交际，易适应环境，注意力容易转移，兴趣广泛而多变，做事马虎，坚持性差，情感丰富易表露，心理活动具有外倾性。

（3）黏液质。安静，稳重，喜欢沉思，善于独处，工作认真踏实，但比较固执刻板，灵活性不足，注意力稳定，难于转移，不易适应新环境；善于克制和忍耐，情绪不易外露，具有内倾性。

（4）抑郁质。孤僻，敏感，心细，善于觉察别人不易觉察的细节，心理反应速度慢，多愁善感，情感体验深刻而持久，动作迟缓，优柔寡断，具有内倾性。

在我国古代文学作品中，曾经塑造了一批具有典型气质特征的人物。例如，《水浒传》中的李逵属于胆汁质类型，燕青属于多血质类型，林冲属于黏液质类型；《红楼梦》中的林黛玉属于抑郁质类型。

以上四种气质类型在个体身上的表现，除少数人属于四种类型的典型特征外，大多数人是混合型。如胆汁—多血质型、胆汁—黏液质型等，即一种气质类型的某些特征与另一种或多种气质类型的某些特征的混合体。一般认为，气质无好坏之分，任何一种气质都有其积极和消极的方面，它们虽然参与各项活动，但是一般不决定智商高低、成就大小，每一种气质类型的人都可以成才，因此大学生不必为自己的气质特征烦恼焦虑。

气质主要是由大脑皮层神经过程的特性所决定，受先天遗传的制约，因而具有稳定性，但不是绝对不变的，也就是说，气质的表现在整体上依赖于遗传特征，但气质的个别心理特征在一定程度上可随外部环境和机体情况的变化而变化，人的气质形成和发展也有一定的可塑性。

（三）性格

1. 性格的含义

性格一词来源于希腊文，原为雕刻的意思，后来转译为印刻、标记、特性。我国心理学界把性格理解为一个人在现实中稳定的态度和习惯化的行为方式所表现出来的心理特征。性格表现了人们对现实与周围世界的态度，对自己、对别人、对事物的态度，如诚实与虚伪、勇敢与怯懦、谦虚与骄傲、勤劳与懒惰等，都是人的性格特征。性格就是一个人的各种性格特征所组成的统一体。

2. 性格的特征

（1）性格的态度特征。

态度是一个人对人、物或思想观念的一种反应倾向性，它是在后天生活中形成的，由认知、情感和行为倾向三个因素组成。一个人对现实的态度，表现为他在生活中追求什么、拒绝什么。而一个人怎样去做，则表明了他的行为方式。一个人对现实的稳定的态度决定了他的行为方式，而习惯化了的行为方式又体现了他对现实的态度。人对现实的态度是多种多样的，但归纳起来基本上包括三个方面：

第一，对社会、对集体、对他人的性格特征。这些特征主要表现在自尊心、集体主义、热情、关怀、正直、坦率等，以及与此相反的一些性格特征，如自卑感、冷漠、虚伪、狡猾、缺乏同情心等。学生的学习和生活就是在集体中进行的，人与人之间的关系也是通过在集体生活中交往建立起来的，性格特征是在集体中形成与发展的，性格差异也是在集体中表现出来的。

第二，对劳动或工作、学习方面的性格特征。这些特征表现在以什么态度对待劳动、工作、学习及其成果和产品，如学生对学习是否认真，是否喜欢劳动，有没有责任心和义务感。有的学生对自己担负的任务、作业、家务劳动、公益活动做得井井有条、整洁而有秩序；有的学生消极、冷漠、懒散、马虎，完成作业草率，做事杂乱无章。

在这方面的性格特征中，培养学生的创造精神非常重要，创造精神使学生朝气蓬勃，具有追求与钻研问题的求知欲与敏感度。缺乏创造精神的学生则表现出懒惰、消极、得过且过、精神萎靡。

第三，表现在对自己、对自己个性态度上的特征，如谦虚谨慎与骄傲自满、自尊与自卑、自信与气馁、大方与羞怯、自我批评与自我放纵。学生如何对个人做出比较恰当的自我评价，这种性格特点随着集体生活、教育、年龄而发展。

（2）性格的意志特征。

性格的意志特征是在行动方式中表现出来的，根据一定的原则自觉地控制自己的行为，并采取适当的手段克服障碍达到目标时所表现的特征，如自觉性与盲目性、独立性与依赖性、果断性与优柔寡断、坚定性与懈怠、自制与放任、沉着与鲁莽、勇敢与怯懦、纪律性与散漫性等。

（3）性格的情绪特征。

人的情绪经常影响人的活动，当这种影响比较稳定地控制人的活动时，就形成性格的情绪特征。它表现在一个人情绪反应的快慢、强弱和保持时间的长短上。有的人情绪变化迅速，有的人情绪变化缓慢；有的人情绪容易激动，有的人情绪比较宁静；有的人心情和心境总是乐观的、舒畅的，有的人心情总是抑郁不快、愁绪满怀。

（4）性格的理智特征。

这种特征表现在感知、观察、记忆、想象和思维等方面的差异。在感知方面，有的人观察时注意分析事物的细节，有的人则注意事物的整体和轮廓，有的人观察敏锐，有的人反应迟钝；在想象方面，有的人幻想多，有的人从现实构思；在思维的广度、深度、独立性、灵活性等方面都有不同的表现。

性格是在长期的社会生活实践中逐渐形成的，它会在不同时间和不同空间表现出来，一旦形成便比较稳定，不轻易改变。但是，性格具有稳定性并不意味着一成不变，而是可塑的，它更多受到环境的影响，环境的变化会带来性格的变化，尤其是生活环境的重大变化，或者经历了重大的生活变故会让个体的性格特征发生显著变化，所以性格具有较大的可塑性。

3. 性格的类型

从不同角度可以对性格类型进行不同的划分。

（1）按心理机能来确定性格类型。

以性格中何种心理机能占优势为依据，把性格分为理智型、情绪型、意志型三种。

理智型：在生活中勤于思考，以理智支配行动，不感情用事。但容易畏首畏尾，缺乏热情。

情绪型：在生活中情绪占优势。对人热情，做事大胆，情绪反应敏感，但易感情用事，爱冲动。

意志型：在生活中意志占优势，根据既定目标执行行动，自制力较强，但也易固执。

（2）按心理倾向来划分性格类型。

按人的心理活动的倾向性把性格分为外向型和内向型。

外向型：心理活动倾向于外部，感情外露，活泼开朗，喜欢交际，不拘小节。

内向型：心理活动倾向于内部，感情深刻细腻，不易外露；注重内省和反思，喜欢独处；做事谨慎小心，自制力较强。

（3）按个体独立性程度来划分性格类型。

按个体独立性程度把性格分为顺从型和独立型。

顺从型：社会敏感性高，易受暗示；易与人合作，适应环境快，为人随和、谦恭；但缺乏主见，独立性较差。

独立型：独立自主，意志坚强，不易受外界干扰，自信沉着；但易固执己见，独来独往。

每个人的性格都有一些好的特征和一些不良的特征，它们对人的生活、学习和工作分别起着积极和消极的作用。例如，患得患失、胆小怕事、过度敏感、爱生闷气的性格，在不良刺激的长期作用下，易患抑郁症、焦虑症等。性格内向的人，长期克制、压抑自己，也不利于身心健康。所以，每个人应客观地对待自己的性格，加强自我调节，不断优化完善自己的性格。

气质和性格是构成人格的重要因素，二者既有区别，又有密切的联系。气质是个体心理活动的动力特征，受先天因素影响大，与行为的内容无关；性格是后天形成的，受社会环境因素的影响较大，与行为的内容密切相关。气质对性格的形成起着重要的影响作用，气质会影响性格形成与发展的速度；性格对气质也有一定的影响作用。

三、影响人格发展和形成的因素

在一个人的人生发展历程中有许多因素会影响到人格的发展，人格的塑造是先天因素、后天因素共同作用的结果。研究表明，人格是环境与遗传交互作用的产物。在人格培养过程中，既要看到个体生物遗传的影响，更要看到社会文化的影响作用。

（一）生物遗传因素

人格的发展必然要受先天遗传的影响。婴儿在出生后的几周，就能表现出一些最初的人格特征，不同的婴儿在活跃水平、情绪、反应性、心率和注意广度上都有差异。有些婴儿易怒、暴躁，有些婴儿平静、温和。

遗传因素对人格的作用程度因人格特征的不同而不同，通常在智力、气质这些与生物因素相关较大的特征上，遗传因素较为重要；而在价值观、信念、性格等与社会因素关系紧密的特征上，后天环境因素影响作用更大。人格发展过程是遗传与环境交互作用的结果，遗传因素影响人格发展的方向及形成的难易程度。

遗传对人格的影响占多大比例呢？英国学者卡特尔经过研究认为，人格的三分之二是由环境决定的，三分之一是由遗传决定的。Liebin(1992)研究过遗传对人格五大因素的作用，发现遗传率约为 40%，即人格上约 40% 的个体差异可用遗传加以解释。

心理小贴士

人格是遗传还是后天习得？

19 世纪英国学者高尔顿对数百名法官、文学家、科学家、艺术家、神学家、政治家的家谱进行了调查，发表了《遗传的才能和性格》《遗传的天才》等一系列著作。他认为人的才能和性格都是可以遗传的。许多心理学家的观察进一步证实了这一观点。比如，对刚生出来的婴儿进行观察，就会发现有的婴儿哭声洪亮、好动，是兴奋型；有的婴儿哭声细微、安静，是抑制型。再比如，有人对双生子的精神病"同病率"问题进行了调查，发现同卵双生子的同病率显著高于异卵双生子的同病率。

（二）社会文化因素

人一出生，便置身于社会文化之中并受社会文化的熏陶与影响，文化对人格的影响伴随人的终生。社会文化塑造了社会成员的人格社会特征，使社会成员的人格结构朝着相似性的方向发展，而这种相似又具有维系社会稳定的功能。

社会文化具有塑造人格的功能，这反映在不同文化的民族有其固有的民族性格，不同的地域有着不同的文化传统，不同的文化发展时期有着不同的文化认同。

奥尔波特于1937年首次提出了人格特质理论。他把人格特质分为共性和个性两类。共性特质就是在某一社会文化形态下大多数人或群体所具有的共同特质，比如一提到德国人，我们马上想到的是严谨；一提到法国人，我们想到的是浪漫。在同一文化形态下，又存在不同的亚文化影响下的不同性格表现，如同样是中国人，蒙古族人给人的印象是粗犷豪放，维吾尔族人给人的印象是活泼乐观。

社会文化对人格的影响力一直被人们所认可，它对人格的形成与发展具有重要的作用，特别是后天形成的一些人格特征，如性格、价值观等。社会文化因素决定了人格的共同特征，它使同一社会的人在人格上具有一定程度的相似性。

（三）家庭因素

家庭环境对子女人格的影响主要表现在家庭心理气氛、父母的个性和家庭教育方式等方面。俗话说："有其父必有其子"，父母按照自己的意愿和方式教育孩子，使他们逐渐形成了某些人格特征；"三岁看大，七岁看老"，早期的亲子关系决定了个体的行为模式；家庭氛围和父母的教养方式是重要的影响因素。

常言道，孩子是父母的缩影。孩子的人格成长常常是不自觉模仿父母双方行为的结果，父母的举止、谈吐、音容、笑貌都会给孩子的性格发展留下深深的烙印。苏联教育学家马卡连柯曾告诫做父母的人们："你们怎样穿戴，怎样同别人谈话，怎样谈论别人，怎样欢乐或发愁，怎样对待朋友或敌人，怎样笑……这一切的一切对儿童都有着重要的意义。"

在暴躁型的家庭里，从早到晚弥漫着"火药味"，埋怨、责骂、争吵、打架的声音此起彼伏，在这种氛围中长大的子女，敏感、急躁和好强；冷淡型家庭会使子女的性格比较温和，但有些孤僻，他们遇事冷静，却缺乏敏感和热情，上进心也不强；和谐型的家庭彼此体贴、关心，如有矛盾，多是心平气和地协商解决，这种家庭的子女，多数性格开朗、待人礼貌、遵守法纪，有较强的上进心和较高的自觉性，不足之处是循规蹈矩，缺乏闯劲。

当然，家庭因素跟人格发展并不存在一一对应的关系，它与其他因素共同决定人格的形成和发展。

（四）学校教育因素

学校教育在学龄儿童人格的形成与发展中具有重要作用。学生通过学校教育接收系统的科学知识，同时形成科学的世界观。通过学习还可以形成与发展学生的坚持性、主动性等优良的人格特征。校风和班风也是影响学生人格形成与发展的重要因素。良好的校风和班风能够促使学生养成积极性、独立性、遵守纪律等品质。在学校，教师要通过各种教育教学活动，塑造学生的人格特征，同时教师又是学生学习的榜样，教师的言行对学生的人格同样产生潜移默化的影响。洛奇（Lodge）在一项教育研究中发现，在性情冷酷、刻板、专横的老师所管辖的班集体中，学生的欺骗行为较多；在友好、民主的教学气氛中，学生的欺骗行为较少。

（五）个人主观因素

社会上各种影响因素，首先要为个人接受和理解，才能转化为个体的需要、动机和兴趣，才能推动个体去思考和行动。所以，个体已有的心理发展水平对人格特征形成的作用会随着年龄的增加而日益增强。

此外，生态环境、气候条件、空间拥挤程度等这些物理因素都会影响人格。但自然环境对人格不起决定性作用，更多地表现为暂时性影响，而且多体现在行为层面上。自然物理环境对特定行为具有一定的解释作用。在不同的物理环境中，人可以表现出不同的行为特点。

综上所述，在人格的培育过程中，各种因素对人格的形成与发展起着不同的作用。遗传决定了人格发展的可能性，环境决定了人格发展的现实性。

第二节　大学生常见的人格缺陷与人格障碍

我国大学生人格发展的主流是健康、向上的，但由于不良的先天遗传、不良的后天环境等多种因素的长期影响，少数大学生的人格发展存在一定问题，有些甚至比较严重，出现了人格障碍。

一、大学生常见的人格发展缺陷

人格缺陷，是介于正常人格与人格障碍之间的一种人格状态，也可以说是一种人格发展的不良倾向，或是某种轻度的人格障碍。

（一）自卑

自卑是个体由于某种生理或心理上的缺陷或其他原因所产生的对自我认识的态度体验,表现为对自己的能力或品质评价过低,轻视自己,担心失去他人尊重的心理状态。大学生的自卑主要表现为敏感、掩饰、自暴自弃、逃避现实、自傲、封闭以及逆反心理。

（二）社交障碍

有的大学生在社会交往中表现出不敢交往、不愿交往或不能交往,这就属于社交心理障碍。社交障碍是一个人自我防御心理过强的结果,他们常常过于被动、过于谨小慎微、过于关注自己,自信心不足。

（三）懒惰

懒惰是不少大学生为之感到苦恼又难以克服的一种人格发展缺陷,是意志活动无力的表现。懒惰是影响大学生积极进取、张扬青春活力的天敌。

（四）狭隘

受功利主义影响,近年来大学生中"狭隘"现象有增无减。凡事斤斤计较、耿耿于怀、好忌妒、好挑剔、容不得人等都是心胸狭隘的表现。

（五）自我中心

随着自我意识的发展,大学生越来越感到自己内心世界的千变万化、独一无二,他们越来越多地把关注的重心投向自我,尤其是那些有较强自信心、自尊心、优越感、独立感的学生,更容易出现自我中心倾向。当这种倾向与一些不健康的思想意识(如个人主义、自私自利思想)和心理特征(如过强的自尊心、唯我独尊等)结合时,就会表现出过分的、扭曲的自我中心。

二、大学生常见的人格障碍

人格障碍又称病态人格或变态人格,它是指人格发展不成熟和产生畸变,使人格在发展和结构上出现明显的偏离和畸形,导致个体以适应不良的方式持久地对待周围事物和做出极度的情感反应,从而产生明显的心理社会功能变异。人格障碍者也有程度的不同,轻者可以正常地生活,重者则难以适应正常的社会生活,对个人、家庭和社会都造成一定的负面影响,甚至造成严重的危害。

大学生常见的人格障碍主要有以下几种。

(一) 偏执型人格障碍

偏执型人格障碍表现为广泛的猜疑和不信任他人。其病因机制相当复杂,家族中有精神分裂症和偏执型精神病者的患病率高。童年时孤独、缺少同伴、社交焦虑或恐惧、过分敏感的表现与本病密切相关。偏执型人格障碍通常开始于青年期,过程漫长,有的终生如此。但大多数随年龄增长,人格日益成熟,偏执日趋缓和。主要表现为以下几种情况:

(1) 敏感多疑。往往把别人无意甚至可能是友好的行为表现,误解为怀有敌意或轻蔑,或者没有足够根据地猜疑别人会伤害自己。

(2) 有一种将周围事件解释为具有某种"阴谋"的不符合事实的先占观念。

(3) 极端地自信,自负,自尊心很强。

(4) 固执己见,常常认为只有自己是最正确的,不接受不同意见,不相信反面证据。

(5) 对他人的拒绝、侮辱、伤害耿耿于怀,不能宽容和释怀,并将挫折和失败的原因归咎于别人。

(6) 主观性强,好与人争辩,并固执地追求个人的利益或权利,不相信别人,很难以事实或说理来改变他们的认识或想法。

(7) 易于产生病理忌妒信念,过分怀疑配偶或恋人对己不忠,但不是妄想。

偏执型人格障碍可以采用心理社会治疗,由心理咨询师针对来访者的症状用心理学的原理进行解释,来协助来访者对自己的心理动态与病情有所领悟与了解。咨询的范围包括内在的精神、人际关系、现实的适应,其最终目标仍是促进自我性格的成熟。另外,偏执型人格障碍多合并有抑郁症、强迫症、酒精依赖等,这种共病现象导致偏执型人格障碍治愈率低,效果不明显。常用方法包括以下几种:

(1) 认知提高法。咨询师和来访者在相互信任的基础上交流情感,咨询师向来访者全面介绍来访者人格障碍的性质、特点、危害性及纠正方法,来访者自觉自愿产生要求改变自身人格缺陷的愿望。

(2) 交友训练法。鼓励他们积极主动地进行交友活动,在交友中学会信任别人,消除不安感。

(3) 自我疗法。具有偏执型人格的人喜欢走极端,这与其头脑里的非理性观念相关联。因此,要改变偏执行为,偏执型人格患者首先必须分析自己的非理性观念。

(4) 敌意纠正训练法。偏执型人格障碍患者易对他人和周围环境充满敌意和不信任感,采取以下训练方法有助于克服敌意对抗心理:经常提醒自己不要陷于"敌对心理"的漩涡中;要懂得只有尊重别人,才能得到别人尊重的基本道理;要学会向认识的所有人微笑;在生活中学会忍让和有耐心。

（二）强迫型人格障碍

强迫型人格障碍以过分要求与追求完美无缺为特征。病因多与遗传因素有关，或者与"强迫型父母"采用僵硬的教养方法，或者对孩子的过分限制等有密切关系。主要表现为以下几种情况：

（1）犹豫不决，遇到需要解决问题时常犹豫不决，推迟或避免做出决定。

（2）以十全十美的高标准要求自己，事后反复检验，苛求细节，以致影响工作效率。

（3）对自身安全过分谨慎，常有不安全感。

（4）过分迂腐，刻板。

（5）主观，比较专制，要求别人也要按照他的方式办事，往往对他人做事不放心。

（6）常过分节俭，甚至吝啬。

（7）过分沉溺于职责义务与道德规范，责任感过强，过分投入工作，业余爱好较少，缺少社会交往，工作后常缺乏愉快和满足的内心体验，相反常感到悔恨和内疚。

强迫型人格障碍早在幼儿时期就已逐渐开始构建和发展，因而治疗难度较大，疗程较长。彻底扭转患者的人格障碍几乎是不可能的，但是通过治疗能减少因不断与周围环境的冲突所带来的痛苦及伤害，同时也能减少患者亲属、朋友的烦恼，让患者体验更加愉悦。

治疗方式主要包括分析性治疗、认知行为治疗、家庭治疗及森田治疗等。通过与患者建立良好的医患关系，倾听患者，帮助他们发现并分析内心的矛盾冲突，使患者领悟，推动患者解决问题，学会顺其自然，享受过程而非过度看重结果，增加患者适应环境的能力，重塑健全人格。

（三）情感型人格障碍

情感型人格障碍可以具体表现为抑郁型人格障碍、情绪高涨型人格障碍和环型情绪人格障碍。抑郁型人格障碍也称情绪低落型人格障碍，表现为精神不振，寡言少语，过分担忧，容易发怒，自感负担沉重，精力不济，对任何事情都感到困难重重、无能为力，对生活的看法充满悲观愁情，成天抱怨命运；情绪高涨型人格障碍具体表现为精神振奋，乐观欢愉，笑口常开，对生活感到莫大的乐趣，但做事想当然，或凭空设想，匆忙下结论，或草率从事，有始无终，常给人一种盲目乐观、不自量力的感觉；环型情绪人格障碍表现为情绪变化极不稳定，常在情绪高涨和情绪低落之间变动，两种情绪交替出现。情绪高涨时，显得异常愉快、活跃、积极，易于做出种种承诺，对活动充满信心；情绪低落时，则显得寡欢、愁闷、失去信心，视承诺为负担，有时会做出一些不明智的决定和举动。

治疗情感型人格障碍患者时，要认真倾听他对自己个性特征的描述和评价，并通过他的言语、表情和动作了解他的人格特点。必要时还可通过对他的亲属、朋友、同学的访谈掌握患者人格的基本特征。然后让患者逐渐了解自己人格的病态。建议患者使用"自我暗示法",自己创设足以引起积极情绪的情景对自己进行暗示。

(四)爆发型人格障碍

爆发型人格障碍也称冲动型人格,是一种因微小精神刺激而突然爆发非常强烈而又难以控制的愤怒情绪并伴有冲动行为的人格障碍,主要特征为情绪不稳定及缺乏控制冲动的能力,暴力或威胁性行为的突然爆发也很常见。爆发型人格障碍的表现随着年龄的增长可能有不同的变化,一般具有逐渐缓解的趋势,但往往仍遗留有人际关系的障碍,表现为对亲友和同学的敌对态度。主要表现有:

(1)情绪急躁易怒,存在无法自控的冲动和驱动力。

(2)性格上常表现出向外攻击、鲁莽和盲动性。

(3)冲动的动机形成可以是有意识的,亦可以是无意识的。

(4)行动反复无常,可以是有计划的,亦可以是无计划的。行动之前有强烈的紧张感,行动之后体验到愉快、满足或放松感,无真正的悔恨或罪恶感。

(5)心理发育不健全和不成熟,经常导致心理不平衡。

(6)容易产生不良行为和犯罪倾向。

(7)外表表现得被动和服从、百依百顺,内心却充满敌意和攻击性。

爆发型人格障碍的治疗需要进行深入细致的心理访谈,使患者正确对待挫折,正视挫折,总结经验,找出受挫折的原因并加以分析,而不是一遇到挫折就采取攻击行为。通过各种手段培养患者的心理承受能力,并能对挫折采取积极的富有建设性的措施。

(五)依赖型人格障碍

依赖型人格障碍表现为对亲近与归属有过分的渴求,这种渴求是强迫的、盲目的、非理性的,与真实的感情无关。依赖型人格源于早期儿童和父母的关系,在儿童印象中保护他、养育他、满足他一切需要的父母是万能的,他必须依赖他们,总怕失去这个保护神。这时如果父母过分溺爱,甚至鼓励子女依赖父母,不让子女有长大和自立的机会,久而久之,在子女的心目中就会逐渐产生对父母或权威的依赖心理,成年以后依然不能自主。他们缺乏自信心,总是依靠他人来做决定,终身不能负担起选择各项任务、工作的责任,形成依赖型人格。主要表现有:

(1)让别人为其生活中的大事做决定。

(2)遭到批评或反对时情感容易受伤害。

(3)经常寻求保证、同意或称赞。

(4)为取悦他人,自愿去做令自己不愉快或降低身份的事情。

(5)独处时感到无助和不愉快,竭力避免孤独。

(6)与伤害他的人保持关系,因为怕孤独。

（7）即使认为对方的意见不正确，口头上也表示赞同，害怕影响与对方的关系。

（8）难以独自制订计划或采取行动。

（9）当亲密的关系结束时，感到极其沮丧。

（10）经常害怕被人遗弃。

依赖型人格的依赖行为形成习惯后很难改变，他们缺乏自信，自我意识十分低下，这与童年期的不良教育在心中留下的自卑痕迹有关，可以利用情绪 ABC 理论去除那些不良信念；也可以鼓励他们选做一些略带冒险性的事，鼓励他们不论什么事情，绝不依赖他人。通过训练，增加他们的勇气、增强他们的自信心，改变事事依赖他人的弱点。

第三节　大学生健康人格的塑造

一、健康人格的标准

人格健康的人应该是有利于社会和自我发展的人。从具体特征上讲，健康人格应具有以下标准。

（一）和谐的人际关系

人际关系是人类社会成员最普遍、最直接的关系。良好的人际关系可以调节人的身心状态，增强人的责任感，最能体现个体人格健康的程度。人格健康的人乐于与他人交往，与人相处时，尊敬、信任等正面态度多于忌妒、怀疑等消极态度；人格健康的人常常以诚恳、公平、谦虚、宽容的态度尊重他人，同时也受到他人的尊重和接纳。和谐的人际关系既是人格健康水平的反映，同时又影响和制约着健康人格的形成与发展。

（二）良好的社会适应能力

社会适应能力反映了人与社会的协调程度。人的社会适应能力在社会化过程中不断发展。人格健康的人能和社会保持良好的密切的接触，以一种开放的态度主动关心社会，关注社会发展的积极面和主流，在认识社会的同时，使自己的思想、行为跟上时代的发展，与社会的要求相符合，表现出能很快适应新环境的能力。

（三）乐观向上的生活态度

乐观的人常常能看到生活的光明面，对前途充满希望和信心，对自己所从事的工作或学习抱着浓厚的兴趣，并在工作和学习中发挥自身的智慧和能力。即使生活中遇到困难和挫折，也能耐心地去应对，不畏艰险、勇于拼搏。相反，悲观的人常常看到生活的阴暗面,对任何事情都没兴趣,遇到一点挫折就情绪低落、怨天尤人,甚至自暴自弃。人格健康的大学生对学习或自己的爱好怀有浓厚的兴趣,表现出想象丰富、充满信心、勇于克服困难的精神面貌。

(四) 正确的自我意识

具有健康人格的大学生充满自信,对自己有恰如其分的评价;在日常生活中能有效地调节自己,与环境保持平衡。缺乏正确自我意识的人常常表现出自我冲突,自我矛盾;或者自视清高、妄自尊大,做力所不及的工作;或者自轻自贱、妄自菲薄。

(五) 良好的情绪调控能力

人格成熟的人情绪反应适度,具有调节和控制情绪的能力,经常保持愉快、满意、开朗的心境,并富有幽默感。当消极情绪出现时,能合情合理地宣泄、排解、转移和升华。

健康人格的各个标准是相关的。具有体验丰富的情绪并控制情绪表现能力的人,通常是有能力满足自身基本需要的人,是能紧紧地把握现实的人,是获得了健康的自我结构的人,是拥有稳定可靠的人际关系的人。总之,健康人格的各个方面是统一、平衡的。

上述标准不仅是衡量大学生人格健康的标准,同时也为大学生改善自己的人格提出了具体的努力目标。

二、大学生健康人格的培养和塑造

健全的人格是大学生心理健康的基础,大学阶段也是人格形成的最后阶段,在此阶段塑造出适应时代、适应社会的人格素质非常重要。大学生健康人格的塑造,需要社会、学校、家庭和大学生自身的共同努力。而健康人格的塑造,最关键的还在于大学生自身。为此,大学生可采取以下方法和途径。

(一) 了解自己的人格特点

培养和塑造健全的人格,首先要了解自己人格的特点。

1. 通过自我意识了解自己的人格特点

自我意识是一种高级的认知能力,可以通过自我意识进行自我认知从而了解自己的人格特点。但是,自我意识存在很强的个体差异,有的人自我反省和自我评价的能力相对较高,有所谓的"自知之明";有的人自我反省意识淡薄,喜欢对别人品头论足,自我评价非常主观。

2. 通过标准化的人格测验了解自己的人格特点

标准化的人格测验是一类用以确定个体人格特点或人格类型的心理测验。主要有自陈量表法、投射测验法、评定量表法和情境测验法等。目前常用的标准化人格测量量表有《卡特尔16种人格因素测验》(16PF)、《艾森克人格测验》(EPQ)、《明尼苏达多项人格测验》(MMPI)以及《大五人格测验》(GBFS)。这些测量量表均被证实具有较高的信度和效度。大学生可以通过人格测验来了解自己的人格特点。

（二）合理评价自己的人格优势和不足

在分析自己人格特征的过程中，难免会发现自己的缺点或不足。因为这些不足，个体可能会对自己产生一种消极的评价和情感，导致自尊心和自信心的降低。这时候个体往往会表现出两类反应：一种是积极应对，一种是消极逃避。应对问题的前提是承认问题的存在，然后面对问题，勇敢地解决问题。应对的过程往往会遭遇痛苦和失败，因为已有的行为习惯、性格特征等都是多年形成的，不容易被改变，但应对的结果也可能伴随着挑战的成功和喜悦。逃避可以在短时间内缓解或降低痛苦，但问题的实质得不到解决，人格得不到完善，不利于个体未来的发展。所以，大学生认识到自己人格上存在不足时，不应该去逃避，而要勇敢地承认问题、积极地解决问题，这样才能逐渐形成健康完善的人格。

（三）确立人格发展目标和计划

认识和接纳自己不是改变的终点，而是改变的起点。要想获得改变，必须要确立目标。把自己想要达到的人格特征结合自己的实际情况，设置为具体的、现实的目标。在设置目标的过程中要注意不能好高骛远或随波逐流，只有适合自己发展的，才是最好的。

（四）加强自我控制

要塑造良好的人格，关于在于坚持行动，在于解决行动中出现的问题，在于抵制行动中遇到的诱惑。宋代文学家苏轼曾经说过："古之立大事者，不惟有超世之才，亦必有坚忍不拔之志。"自我控制意味着发挥自己的意志力改变坏习惯，养成好习惯，抵制不良习惯带来的即时满足的诱惑，忍受延迟满足。延迟满足，意味着舍弃较小的、直接的满足而选择较大的后置的奖励或成功。虽然改变人格缺陷非常困难，但是完善的人格，将给我们带来更加丰厚的回报。

（五）保持自我激励

激励是一种促使我们朝向某一目标的内驱力，是促使我们行动的力量。高成就的人通常都拥有较高的自我激励能力。

（六）养成健康的生活方式

健康的生活方式，对于保持健康的心理水平和构建完善的人格，具有重要的积极意义。养成健康的生活方式,要做到健康的饮食、适当的运动、充分的睡眠、适度的娱乐放松。健康的饮食是健康的身体机能和心理状态的基础,不良的饮食习惯不但会影响身体的健康,而且会影响心理健康的水平。适当的运动能够充沛精力,缓解消极情绪。因为运动可以加速全身的血液循环,强健心肺功能,让大脑得到休息,增加肾上腺素的分泌,增强免疫力,而脑激素的产生则能让人兴奋并产生快乐等积极情绪。户外运动,特别是接触大自然的运动,如爬山,不但可以呼吸新鲜空气,而且可以开阔心胸,缓解忧愁和烦恼。充分的睡眠也是保障身体机能、调节心理状态的必要措施。养成按时睡觉、按时起床的习惯很重要,熬夜造成的生活不规律,常常会伴有心律失常的风险。休闲放松可以调节身体机能和心理状态。无论工作、学习多么繁忙,目标计划多么繁重,都需要定期拿出一定时间用于放松。适当的休闲放松可以帮助个体调节身心的紧张状态,为进一步的发展积蓄能量。

心理小贴士

做个@人——谈人格完善

作者:岳晓东

图3.2 岳晓东(1959—),哈佛大学心理学博士,著有《登天的感觉》《少年我心》《与真理为友》《哈佛热线》和《心理面面观》等心理学科普读物,深受读者的喜爱

人的成长过程就是不断了解自我、提升自我、完善自我的过程。一个人的人格,在10岁之前基本上是父母基因遗传的作用,但后来则越来越是个人努力与环境因素共同作用的结果。人格完善就是对个人的性格特点扬长避短,补善去恶。人们一般认为三岁看小,七岁看老,江山易改,本性难移,认为人的性格是与生俱来的,是难以改变的,但实际上人的性格是可以改变的,不论是我们的生活实践,还是理论研究,都证明了这一点。由此,我提出了一个@人的特征,并用几句话进行了概括:外圆内方、张弛自如、

新旧通融、自觉自由、幽默严肃。我们可以这样理解,@人,就是较为完美的现代人。简单说来,就是实现个人的人格优化组合与优势互补,就是主张不断改善自己的性格,完善自己的人格。换言之,@人人格主张"缺什么,补什么,什么差,去什么",这是人格改变的内容和方向。用血型理论举例,@人就是将O型血人的自信、慎重、理智与A型血人的细心、热情、谦让等加在一起,再将O型血人的冲动、固执与A型血人的焦虑、孤僻等特点去除,这就成了@人!当然,@人只是一个形象比喻,我们关心的是每个人的人格都有不完善之处,都需要磨炼提高。

第四节　心理知识拓展

一、电影"心"赏——《心灵捕手》

电影《心灵捕手》讲述的是数学天才威尔接受心理咨询从而解开心灵的枷锁,开始新生活的故事。威尔是一个极聪明的人,但因为从小受到家庭暴力,形成了严重的心理创伤。威尔产生了严重的自卑心理和暴力倾向,他不愿让别人看到其真实的自我,和别人发生冲突时不知轻重,同时他对未来也没有追求,不愿意努力,所以虽然他有数学天赋,有极聪明的头脑,却在一所大学里从事着清洁工的工作,生活中也没有什么朋友,生活状态很不好。一次偶然的机会,他解开了黑板上一道无人能解的数学题,让一个数学教授看到了他的惊人才能,但是威尔的心理状态让教授不敢重用他,于是教授建议他去接受心理治疗。电影就围绕威尔心理咨询的过程展开。威尔的阻抗和不配合气走了五个心理咨询师,但在第六个咨询师的努力下,威尔终于开放了自己,说出了自己的故事,并在咨询师的帮助下过上了正常人的生活,也得到了教授的重用。

影片中威尔因为童年的创伤经历,产生了自己难以调适的心理问题,因为他的心理问题,虽然他怀揣才能却得不到发挥。一开始,威尔极力掩饰隐藏自己的问题,不愿意改变也不愿意接受心理咨询师的帮助。在咨询师的努力下,威尔最终一步步放下防备,倾吐了自己的悲惨经历,在咨询师运用专业技术帮助下,威尔摆脱了心灵的枷锁,开始了新的生活。

当我们遇到自己难以调适的心理困惑时,如果一味地隐藏、掩饰,只会让我们的生活变得更加糟糕,我们要勇于直面自己的问题,向专业人士求助,努力放下心灵的包袱,享受健康的心理状态。

二、心理训练营

成功性格训练法

文敏性格畏缩退却,自卑感很重,她找到了心理专家进行咨询。

专家要求她采取第一个步骤:去发现自己性格的内核。按照专家的要求,文敏问了四个熟悉自己的人,询问他们对自己有什么看法。结果大家的回答是:正派、温和、助人、友善、谦让。

第二个步骤是问文敏:"你如何看待自己?"为此专家给她布置的作业是,让她把自己想象成一个可以任意挑选角色的女演员,看她将会选中一个什么样的角色去扮演。

文敏选了一个自信心强、大胆、果敢坚强的女强人角色。因为这个女强人身上所具备的,正是她所欠缺的。

步骤之三是要求文敏找出一个她所崇拜的人。文敏选择的对象是:宋庆龄。回答之迅速令人惊讶。她崇拜宋庆龄是因为"她具有高雅华贵的气质,崇高的品格,宽厚温雅的性格,美丽的容貌"。当文敏谈着这位伟大的女性时,脸上放射出热情的光辉。

专家接着让文敏在上述两种性格的女性中,确定一个作为自己性格的选择目标。文敏毫不犹豫地回答:"我愿意像宋庆龄那样善良、宽厚、谦让、高雅,同时我也愿意像我想扮演的角色一样,勇敢坚强,独立自主。"

文敏为自己所设计的性格是成功、合理和出色的。当她这样为自己设计时,她已不是原来那个文敏了。

数周后,专家又要求文敏在服饰上、发型上打扮得更为年轻,改变以往老气横秋的外貌。

可半个月过去了,文敏却怎么也行动不起来。专家帮她分析了她为什么踌躇不前的原因。她担心改变性格后,会丧失过去那种依附于一个群体的安全感。她十分依赖那些把她当成一个可怜的弱者的人们对她的赞同。

文敏的担心不是没有道理的。当她的父母热烈赞成她的做法,并打算尽力来帮助她时,她却在工作中失去了一部分同事的支持。他们没想到,文敏这位平时胆小沉默的小姑娘,竟也成了一名竞争对手。更有少数人忌妒这位突然自信、热情、漂亮起来的姑娘,开始给她的工作制造麻烦。

然而,在专家的指导下,在亲朋好友的支持下,文敏坚持了自己的选择,她越来越成熟自信。在工作中升了职,在生活中也找到了如意的伴侣。

最后,让我们再概括一下上述找到成功性格所要采取的步骤:

第一,随意找到四个你的熟人,问他们对你的印象如何,确定你是否喜欢他们的回答,判断你为什么喜欢或不喜欢留给别人的那种印象。

第二,确定一下,如果你是一名演员的话,愿意扮演什么角色,以及你为什么喜欢这个角色。

第三,选择任何一个你所崇拜的人,列出他身上那些使你崇拜的特征和品质。

第四,把第二和第三综合为你自己所选择的性格。

第五,改变你的形象、行为、个性中你所不喜欢的东西,强化你所喜欢的东西。

第六,去表现你的新个性。

要提醒注意的是,不要指望很快便能发展成一种成功的性格。此外,要成功地改造自己的性格,还必须以自己性格的内核为基础。

上述性格选择模式,只是提供一个出发点。失败型性格的人,要经历一个极为困难的时期,以积极的态度去设想自己的个性方能成功。这里提供的模式,将有助于你在发展自我的过程中迈开第一步。

第四章

人际交往,沟通心灵

> 人生最美好的东西,就是他同别人的友谊。
>
> ——林肯

案例导入

小 A 是某师范学院一年级学生,来自农村,家里有两个姐姐,小 A 是唯一的男孩,因此全家人都对他倍加疼爱。小 A 从小性格内向,不善言语,很少与同龄人玩耍,但他比较聪明,学习踏实用功,成绩一向很好,从小学到高中毕业期间的十几年成长还算顺利。然而自上大学之后,小 A 开始感到许多事情都不顺心,入学以来,他和班上同学相处并不融洽,跟室友曾经发生过几次不小的冲突,关系相当紧张。后来,他竟擅自搬出宿舍,独自在外住宿,他基本上不和班上同学来往,集体活动也很少参加,与同学的感情淡漠,隔阂加重。小 A 没有一个能谈得来的知心朋友,常常感到特别孤独和自卑,情绪烦躁,痛苦至极。

案例分析

上述案例涉及大学生的人际交往问题,存在这类问题的大学生人数不少,相较于中学生,大学生的人际交往更为复杂,更为广泛,独立性更强,也更具社会性。大学生开始独立地步入准社会群体的交际圈,尝试独立的人际交往,并试图发展这方面的能力,交往能力越来越成为大学生心目中衡量个人能力的一项重要标准。然而,并不是每个大学生都能处理好人际关系,在这一过程中,有相当数量的大学生会产生各种问题。认知、情绪及人格因素,都影响着大学生人际关系的建立。

第一节　大学生人际关系

人际关系是人与人之间最基本的交往活动,良好的人际关系有助于人的心理健康。人际关系是大学生成长发展的主要外部环境,是大学生活的重要内容,良好的人际关系有助于大学生的心理健康。

随着社会的发展,人与人之间的关系越来越密切,人际关系在人们生活中的地位愈加重要。良好的人际关系能使大学生在人际交往活动中团结互助、平等和睦地友好相处。

一、大学生人际关系概述

(一)大学生人际关系的含义

大学生人际关系是大学生通过交往互动而形成的一种心理关系。大学生人际关系有广义与狭义之分,广义的大学生人际关系是指大学生在校期间通过交往互动形成一切关系的总和,除了同学关系、师生关系和朋友关系之外,还包括与家庭的关系,与校外社会成员所形成的关系等;狭义的大学生人际关系是指大学生在大学期间通过与他人或群体的交往互动,与同学、教师等形成的人际关系,主要包括同学关系、师生关系和朋友关系。人际沟通一般指人与人之间的信息交流过程,积极的交流能增进相互之间的了解和信任,促进彼此之间良好人际关系的建立。

(二)大学生人际交往的意义

图4.1　马斯洛(1908—1970),美国著名社会心理学家,第三代心理学的开创者,提出了融合精神分析心理学和行为主义心理学的人本主义心理学,提出了需求层次理论,代表作品有《动机和人格》《存在心理学探索》《人性能达到的境界》等

美国人本主义心理学家马斯洛提出的需要层次理论把人类需要由低级到高级按序排列为生理需要、安全需要、交往需要、尊重需要、自我实现需要,其中交往需要、尊重需要、自我实现需要为人类所独有。交往需要是指一个人愿意与他人接近、合作、互惠,并发展友谊的需要,它是精神需要的重要内容。在大学生成长过程中,交往需要是个体心理正常发展的必要条件。青年期的大学生希望被人理解和接受的心情尤为迫切。德国学者斯普兰格说:

"在人的一生中，再也没有像青年时期那样强烈地渴望被理解的时期了。没有任何人会像青年那样处在孤独之中，渴望着被人接受和理解。"人际交往是心理健康发展的必要前提，良好的人际交往是大学生肯定自我价值，促进身心健康的一种需要。大学生在不断扩大自己的社会生活范围，接触更多的人和事物的同时能正确认识自己、接受自己。只有在交往中，大学生才能更好地认识自己和他人，通过他人的反应、态度和评价，发现自己的长处与不足，找出自己与他人的差距，才能合理定位自己，才能扬长避短、取长补短，从而发展自己，完善自己。一个人与人交往越多，生活经验越丰富，接触的方面越广泛，对自己的了解和评价就会越客观全面。同时，人只有置身于活动中，在不断与人交往中，才会动脑思考解决问题，从而锻炼和提高记忆力、思维力和创造力。

现代大学生在人际交往中存在不敢交往、不愿交往、不善交往的情况，严重影响了大学生的心理健康，进而影响他们综合素质的提高。如果长期缺乏交往，过于自我封闭，或常有不正常的交往，都会引发大学生的心理问题，严重的会导致心理障碍，极不利于大学生的成长。

1. 人际交往有助于大学生形成正确的自我认知

大学生在人际交往过程中，通过他人对自己的态度、反应和评价来了解自己的优势与不足，增进对自我的认知，从而更加客观地评价自己。大学生要积极地与优秀的同学交往，在交往中学习他人的优秀品质，取长补短，发展自我。

2. 良好的人际关系有益于大学生积极情绪的产生

人际关系的重要特点是情绪性，人际关系中情绪以满足的程度为基础。人际关系的好坏可产生两大类情感：第一是结合性情感，表现为人际关系的肯定、接纳、积极的态度，有利于人际关系的发展；第二是分离性情感，表现为否定、排斥、消极的态度，会削弱人际关系。大学生人际关系彼此兼容，双方都会感到心情愉快；人际关系相互排斥，则彼此都会感到孤独寂寞，心情抑郁，以至于损害身心健康。因此，良好的人际关系有益于大学生积极情绪的产生。

3. 良好的人际关系有利于大学生形成正确的人生态度

积极的人际交往，可以使人精神愉快，情绪饱满，形成积极、自信、乐观的人生态度。人际关系良好的大学生，大多能保持开朗的性格，热情乐观的心理品质，从而正确对待各类现实问题，化解生活中的各种矛盾，形成积极向上的品质，能更好地适应生活和发展自己。相反，缺乏积极人际交往的大学生，不能正确对待自己和别人，心胸狭隘，目光短浅，容易造成精神上、心理上的巨大压力且难以化解心理矛盾，从而形成消极的人生态度。

4. 良好的人际关系有助于大学生保持心理健康

大学生出现各种各样心理问题的主要原因是人际关系失调。研究表明，如果大学生长期缺乏与别人的积极交往，缺乏稳定的良好人际关系，往往会形成交往障碍，长期发展就会导致心理健康问题。人际关系紧张，不但会使大学生的学业受阻，而且长期心情不好，会令大学生陷入极大的痛苦之中；而拥有良好人际关系的大学生，会有归属感和社会支持力量，有助于他们保持心理健康。

二、大学生人际关系的种类

大学时期是人际关系走向社会化的一个重要转折时期，在大学时期，人们才开始真正地脱离父母独自生活。大学生在校园里接触的是来自不同地方、拥有不同文化习俗和不同性格的人，能否处理好人际关系取决于他们的人际交往能力。大学的人际关系包括师生关系、室友关系、同学关系、同乡关系，以及个人与班级、个人和学校之间的关系等。

（一）师生关系

师生关系是指大学教师与在校大学生之间的关系，主要有任课教师与学生的关系和辅导员与学生的关系两种。其中，任课教师主要担任课程教学工作，这种师生关系范围比较窄，交往内容较为简单，主要以学习为交往内容。辅导员是从事大学生思想政治教育的骨干力量，是高校学生日常思想政治教育和管理工作的组织者、实施者和指导者，辅导员的工作直接影响大学生思想、学习、生活的方方面面。因此，辅导员与学生的关系相对于任课教师来讲范围要宽泛得多，内容也比较复杂。

（二）室友关系

室友关系即大学生与同宿舍其他成员之间的关系。目前，中国大陆地区高校的学生宿舍格局普遍是 4 人、6 人或 8 人一间。大学生除了学习之外，与同宿舍其他成员之间的关系成了大学生课余生活的主要关系，这种关系处理不好将直接影响大学生的学习和生活，甚至由于矛盾激化而引发恶性事件。因此，这种关系的处理是大学生人际交往的关键部分。

（三）同乡关系

同乡关系指大学生与来自同一生源地或相近生源地的学生之间的关系。由于大学生的人际交往需求，这种关系在大一新生之间、大一新生与高年级学生之间以及应届毕业生群体之中发生得更为普遍和频繁。

（四）同学关系

同学关系即大学生与其学习伙伴之间的人际交往关系，这种关系主要包括同性同学之间的关系、异性同学之间的关系以及学生干部与普通同学之间的关系三种类型。其中，异性同学之间如何得体交往成为困扰许多大学生的问题。除此之外，学生干部与普通同学之间的关系处理问题也是大学生在人际交往方面比较容易出现的问题。

（五）亲友关系

大学生的父母，与大学生关系密切、对其个人成长发展具有举足轻重影响的长辈和同辈，这一群体与大学生之间的关系即为亲友关系。这种关系在空间上距离较远，发生不那么频繁。

（六）虚拟关系

网络化时代，上网成了大学生课余生活的重要组成部分，通过网络游戏、聊天、交友、互助等多种渠道，形成了大学生与其他网络虚拟领域使用者之间的交往关系。这种关系是当代大学生人际交往的主要部分。

三、大学生人际交往的特点

与人交往和相处的问题在大学生中具有特殊性。大学生渴望成才，但成才受各种因素的影响，人际交往是影响大学生成才十分重要的因素。大学生获得知识、运用知识、创造新知识都离不开人际交往。

（一）人际交往的迫切性

大学生进入大学校园，学习及生活环境发生了很大改变，使他们迫切需要结识新朋友和适应新环境。大学生人际交往的愿望比中小学生更为迫切，他们力图通过交往开阔视野、丰富知识、学会处世，也力图通过展现自己各方面的才能，获得他人的认可，以保持足够的自尊心和自信心。大学生思想活跃、精力充沛、兴趣广泛，且有充裕的时间去交往。

（二）人际交往的社会性

大学生人际关系的社会性越来越明显，他们参与社会交往，不仅可以增长见识，也可以增长社会财富。在中学阶段，学生的注意力集中在学习上，没有时间和精力进行太多的人际交往；进入大学后，他们走出家门，认识、结交了更多的朋友，交流更多的信息，接受更多的新思想，与社会的接触比中学时代更加频繁与密切，人际交往呈现出前所未有的开放式交往趋势。大学生有一个共同目标，即掌握专业知识，提高自身素质，争做德智体美劳全面发展的社会主义建设者和接班人，因此与他人的人际交往必须符合这个共同目标，社会道德规范的调节作用显得特别有力。

（三）人际交往的团体性

按马斯洛的需要层次理论，人有归属的需要，大学生在进入大学校园后渴求融入新的团体，希望有一群志同道合的朋友。大学里有丰富多彩的正式社团和非正式团体，大学生可以根据自己的需要和兴趣选择申请加入。学生社团是正式社团，是学生根据成长成才需要，结合自身兴趣特长，在学校的指导下开展活动的群众性学生团体。学生社团一般分为思想政治类、学术科技类、创新创业类、文化体育类、志愿公益类、自律互助类等多种类别。除了正式的社团，大学校园还存在各种非正式团体，大学生因共同的兴趣、爱好或基于学习等其他需求，自发组成各种长期稳定或短期临时性的学生团体。团体的成员之间有共同的兴趣和爱好，人际交往会更加顺畅，他们在团体活动中互相关心、互相帮助、共同进步。

（四）人际交往的独立性

大学生的独立意识普遍增强，他们关心社会，批判地接受知识，批判地看待其他事物，有着强烈展现个人见解和疑问的愿望。在自我意识和社会关系相互协调的基础上，大学生开始树立自我的个性，支持自己的主张，以独立的人格和态度处事，积极自主地开展人际交往活动。这个时期，大学生的抱负与志向鲜明，对于家庭已逐渐不再依赖，而是以成人的眼光参与和处理家庭事务，充分体现个人的意志和个性。

（五）社交能力逐渐增强

大学生的社交能力逐渐增强，交往中更注意使用较温和的方式，对社会、同性和异性的鉴赏力增强，能和各式各样的人打交道，能接受并包容朋友的不同意见，不试图强行地改变他们，简单粗暴的交往方式逐渐减少。交往手段的发展，使大学生的人际交往变得更方便、快捷，交往不受空间距离的影响，交往范围甚至可以扩展到世界范围。

（六）交往内容的多样性

大学生人际交往内容丰富多彩，交往的内容除了专业知识以外，涉及文学、艺术、体育、政治、外交、人生、理想、爱情和社会问题等各个方面。大学生交往频率提高，由偶尔的相聚、互访发展到较为经常的聊天、社团活动、聚会、体育活动、娱乐、结伴出游以及其他一些集体活动。

（七）交往的开放性和时代性

大学生的交往随着科技和文化的发展发生了改变，表现出开放性和时代性。他们较少受社会经验和传统思想的束缚，力图突破现有的交往圈，不断以新的眼光和标准去扩大交往范围，寻求更多更合适的伙伴。交往对象由同班同学到老师再到社会各类人员；交往范围由班级扩大到其他班、系、院校，有着广泛的交际圈；交往内容也随之丰富多样。随着计算机网络的飞速发展，网络交往成为人们交际的一种新型人际互动方式。大学生在网络空间进行人际交往，反映出交往的时代性。

第二节　网络时代的大学生人际交往

随着互联网时代的到来，越来越多的人开启了互联网生活，作为新时代的佼佼者，当代大学生使用互联网的时间更长也更频繁，从学习到生活，大学生已离不开互联网。

大学阶段是提升人际交往能力的黄金阶段，互联网时代大学生利用互联网交际的优势，扩充自己的人际交流圈，建立一种更加和谐的人际关系。但是，互联网是一把双刃剑，互联网的高速发展为大学生的人际关系带来便利的同时，也带来了一系列的负面影响。因此，大学生们在积极享用互联网带来的交往便利的同时也应该识别互联网社交存在的弊端，不在虚拟世界发表不当言论和不实信息，也不能对互联网提供的信息全盘接受和信任。

2015年7月19日上海交通大学社会调查中心等发布的《2015年中国大学生媒体使用习惯调查报告》显示，超九成中国大学生每日使用互联网时长超过2小时，与此相对的是过半大学生每日从不接触报纸。调查显示，每日接触互联网超过8小时以上的大学生占12.2%，远超于每日接触报纸(0.4%)、广播(0.5%)、电视(0.9%)、杂志(0.7%)达8小时以上的大学生，仅有1.1%的大学生每日从不接触互联网。互联网已成为大学生生活中的重要组成部分。

一、大学生网络人际交往现状

(一) 大学生中进行网络人际交往的人数越来越多

大学生在建立和发展人际关系时，除了直接面对面的交流方式以外，网络人际交往逐渐成为在校大学生生活的重要部分。大学生善于运用网络进行人际交往，他们常常跨班级、跨年级、跨专业、跨校进行多方面交往。与此同时，大学生还借助实习、实训及社会实践的机会逐步将交往范围扩大到社会层面。网络人际交往的便利性以及各种社交软件的功能性，促使大学生进行网络人际交往的人数越来越多。

(二) 大学生使用网络人际交往的工具越来越多样化

目前，最为流行的聊天类、虚拟社区类、网络游戏类、电子邮件类、短视频平台等工具在大学生的人际交往中使用比较普遍。运用这些工具可以轻松地进行协作学习、休闲娱乐和信息交换,也可以提高大学生的网络人际交往能力。

(三)大学生进行网络人际交往的心理依赖性越来越强

目前在校大学生相当一部分是独生子女,他们渴望与人交流,有自己的交友空间,但现实世界的交往常常会给他们带来许多苦恼,越来越多的大学生更愿意用一个代号、一个化名在网上广交朋友,与网友交谈既可以推心置腹,又可以恣意调侃,他们在虚拟的世界抒发情感,交流思想,排遣寂寞。大学生对未曾谋面的朋友充满好感,对虚拟世界人际交往的心理依赖性越来越强。

(四)大学生进行网络交流的话题越来越广泛

大学生进行在线交流的话题涉及个人、社会、学习、游戏、兴趣、感悟等各个方面,并且对兴趣爱好和学习生活关注最多,这与年轻人追求个性、思维活跃等特点有关。其交流对象大部分是以前的同学和现在的同学,陌生人也占有相当比重,与老师的交流明显比其他对象类型少。

二、网络对大学生人际交往的积极影响

(一)网络使大学生人际交往方式多元化

社交媒体不断发展的过程就是大学生互动方式不断增加的过程。随着社交媒体技术的不断发展,互联网为大学生提供了新的人际交往媒介,有即时通信(微信、QQ等)、网络论坛、网络游戏、微博、E-mail、短视频平台(抖音、快手等)等,网络社交媒体使大学生人际交往方式更加多元化。

(二)网络使大学生人际交往范围扩大化

基于六度空间理论所建立的社交媒体在大学生人际交往中的作用越来越大,通过同学、同学的同学等都可以建立联系,形成人际关系网。六度空间理论认为两个陌生人之间,最多通过6个人便可使他们相识,又称小世界理论。网络的互通性使世界上各个国家、各个民族、各个地区的人联系在一起。网络社交平台,如微信、QQ等社交媒体都是以六度空间理论为基础,使人际交往在时间和空间上更加便捷。世界范围内的人通过网络,成了大学生潜在的交往对象。同学、家人、教师已不能满足大学生人际交往的需求,大学生人际交往的范围在不断扩大。

(三)网络使大学生人际交往内容广泛化

网络使大学生人际交往的内容越来越广泛,学习方面的探讨、生活经验的分享、情感上的倾诉、国家大事的关注、社会事件的评论、未来发展前景的讨论等。网络时

代，海量的信息不断丰富大学生人际交往的内容。

（四）网络的便捷性使大学生人际互动频繁化

随着社交媒体互动方式的多样和简便，以及社交媒体种类和功能的不断发展、完善，大学生使用社交媒体的时间越来越长，大学生网络互动的频率更加频繁。

三、网络环境下大学生人际交往存在的问题

（一）交往动机：功利化倾向

从马斯洛需要层次看，大学生有强烈的获得人际关系的需求，这种需求发自内心，是自身真实情感的寄托。大多数的大学生以情感性的需求作为人际交往的出发点，但也有部分大学生以获得自身利益的功利性需求为出发点，将人际交往作为自身利益扩大化的方式和途径。在大学生网络人际互动的形式上，商品销售宣传进入大学生人际交往的内容中，使利益成为部分大学生人际互动的出发点和归宿。大学生人际交往动机以及大学生人际交往形式的变化都足以体现网络时代的大学生人际交往情感性和功利化并存的交往动机。

（二）交往方式：重网络轻现实

随着网络交往在大学生的人际交往中占的比重越来越大，现实世界的交往逐渐弱化，部分大学生的人际交往出现了对网络世界的陌生人越来越熟悉，对身边的熟人越来越陌生的现象。大学生通过微信群、QQ群等网络社交平台，根据各自兴趣爱好、研究领域等与陌生人交流，慢慢地熟悉陌生人，他们之间经常会在互联网上讨论各种各样的问题，时而认同，时而争论；时而批评，时而赞美。但是，当他们在校园中擦肩而过时却不知对方就是在网络上如此熟悉的陌生人。当与熟悉的陌生人在现实世界面对面时，习惯在网络世界隐姓埋名的大学生却感到尴尬和无所适从。

（三）交往频率：伪亲密感增加

大学生之间的互动随着微博、QQ空间和微信朋友圈等分享平台的不断完善而日益频繁，大学生在微博、QQ动态、朋友圈分享大学的生活感悟和学习体验，这无疑增加了大学生之间的互动，但是并没有很好地促进大学生人际关系质量的发展。看似频繁的交流互动实际上却使大学生之间的距离越来越远，情感越来越淡化，伪亲密感随之增加。

第三节　大学生常见人际交往困惑

大学时期是人际关系走向社会化的一个重要转折时期,大学生的人际关系也日益复杂。大学生人际交往时常会遇到各方面的人际关系困惑和挫折,由此引发各种不愉快的心理体验,进而影响大学生的学习效率和生活质量,对大学生成长成才也会产生较大的负面影响。因而大学生及时认识到自己的人际受挫,并积极通过自己的努力调适和外部的帮助去解决困惑,对于提高大学生的学习效率和生活质量十分必要。

一、大学生人际困惑的状况

大学生人际关系中的困惑与不适主要有以下几类状况。

(一) 缺少知心朋友

这类大学生通常都能正常交往,人际关系也不错,但与周围很多人的关系浮于表面,缺乏心灵的沟通,不能进入更深层次的交往。部分大学生由于缺乏能互吐衷肠、肝胆相照、配合默契、同甘共苦、志同道合的知心朋友,有时不免感到孤独和寂寞。

(二) 与个别人交往困难

这类大学生与多数人交往良好,但与个别人交往不良,他们可能是室友、同学或父母等与自己关系比较亲近的人,由于与这些人相处不好,或者有严重矛盾冲突,常会影响他们的情绪,成为他们的一块"心病"。这种状况让他们长时间心情沉重,甚至严重影响他们的生活质量和学习效率。

(三) 与他人交往平淡

这类大学生能与他人交往,但总感到与人相处的质量不高,没有关系比较密切值得深交的朋友,多属点头之交,没有人值得他牵挂和信赖,也觉得没有人会想念他和相信他。这类大学生难以持续和发展良好的人际关系,常会感到空虚、迷茫、失落。

(四) 患有社交恐惧症

社交恐惧症是影响大学生学习和生活的一种心理障碍。有些大学生在与人交往时,会不自觉地感到紧张、害怕以致手足无措、语无伦次,有些甚至发展到害怕见人的地步。患有社交恐惧症的大学生往往表现出明显的焦虑和回避行为。有些大学生的社交恐惧常常以与异性交往的情境为恐惧对象,随着症状的加重,恐惧对象还会从某一具体的异性或情境泛化到其他异性，甚至其他无关的人或情境。

一般人能够轻而易举办到的许多事，社交恐惧症患者却望而生畏。他们可能会认为自己是个乏味的人，并认为别人也会那样想，于是就会变得过于敏感，更不愿意打搅别人。而这样做，会使得他们感到更加焦虑和抑郁，从而使得社交恐惧的症状进一步恶化。

二、大学生人际困惑的成因

同学之间的不信任，人际关系时有激化，使大学生对如何构建一个和谐的人际关系存在巨大的困扰。对于大学生而言，他们对人际关系的追求往往带有较多的理想化色彩，无论是对同龄朋友，还是对师长，往往以理想色彩看待彼此的交往，希望交往不带任何杂质，同时他们也常常以理想的标准要求对方，但是现实生活中很难存在理想化的人格，这就导致很多大学生一旦发现对方某些不好的品质就深感失望，拒绝深度交往，甚至丧失交往的信心。

导致大学生人际困惑的原因很多，分析起来大体有以下几方面的因素。

（一）家庭教育的原因

目前在校大学生大多是独生子女，部分大学生在长辈的宠溺中长大，从小没有学会为他人着想，缺乏换位思考的能力。有些家长自身人际关系不良，致使孩子也不擅长与人交往。正所谓父母是孩子的第一任教师，家长应当为孩子提供人际交往的正确范式，让他们真正感知社会、了解社会，进而习得人际交往的技能。

（二）学校教育的原因

新时代，我国的教育方针强调德、智、体、美、劳五育并举，但也有学校存在重智育的现象，忽略甚至根本就没有注重培养学生的人际交往能力。有的学校把学生的思想品德教育形式化，致使很多学生缺乏人际沟通技巧，在与人交往时，不懂得变通和换位思考。

（三）社会的影响

随着时代的发展，社会信息日益复杂，有的媒体刻意放大社会不良现象，忽视正能量的传播，以至于部分学生形成了一种对他人不信任的心理基础，在人际交往中偏向保守，不敢开放自我，不敢与他人深交。市场经济的发展，一方面带动了经济社会的发展与进步，另一方面也助长了一些功利思想，这种思想意识也会影响大学生的处世理念和行为方式。

（四）自我中心的价值取向

部分大学生由于成长环境的影响可能存在自我中心价值取向,在人际交往中过于追求个人利益,只和对自己有利的人交往,为人处世中缺乏真诚,或者人际交往中只顾个人得失不能换位思考,体会不到他人的情绪情感,因而难以保持与他人良好的人际关系。

心灵便利贴 ++

折冲樽俎

春秋中期,诸侯纷立,战乱不息,中原的强国晋国谋划攻打齐国。为了探清齐国的形势,便派大夫范昭出使齐国。齐景公以盛宴款待范昭。席间,正值酒酣耳热,均有几分醉意之时,范昭借酒劲向齐景公说:"请您给我一杯酒喝吧!"景公回头告诉左右待臣道:"把酒倒在寡人的杯中给客人。"范昭接过待臣递给的酒,一饮而尽。晏婴在一旁把这一切看在眼中,厉声命令侍臣道;"快扔掉这个酒杯,为主公再换一个。"依照当时的礼节,在酒席之上,君臣应是各自用个人的酒杯。范昭用景公的酒杯喝酒违反了这个礼节,是对齐国国君的不敬,范昭是故意这样做的,目的在于试探对方的反应如何,但还是被晏婴识破了。范昭回国后,向晋平公报告说:"现在还不是攻打齐国的时候,我试探了一下齐国君臣的反应,结果让晏婴识破了。"范昭认为齐国有这样的贤臣,现在去攻打齐国,绝对没有胜利的把握,晋平公因而放弃了攻打齐国的打算。靠外交的交涉使敌人放弃进攻的打算,即现在"折冲樽俎"这个典故,就是来自晏婴的事迹。孔子称赞晏婴的外交表现说:"不出樽俎之间,而折冲千里之外",正是晏婴计谋的真实写照。

++

第四节 大学生人际交往与沟通技能培养

每个成长中的大学生,都期望自己生活在良好的人际关系氛围中。有研究表明,对大学生活满意度低的学生认为造成大学生活满意度低的原因中列在第一位的是人际关系不适。大学生掌握一定的人际交往与沟通技能有助于他们建立和谐的人际关系,促进他们在交往中创造更好的人际交往艺术。

一、掌握良好人际关系的原则

（一）平等原则

平等原则主要是指交往的双方人格上的平等，包括尊重他人和保持自我尊严两个方面。彼此尊重是友谊的基础，是两心相通的桥梁。交往务必平等，平等才能深交，这是人际交往成功的前提。贯彻平等原则，就是要求在交往中尊重别人的合法权益，尊重别人的感情。古人云："欲人之爱己也，必先爱人；爱人者，人恒爱之；敬人者，人恒敬之。"尊重不是单方面的，而是取决于双方，既要自尊，又要彼此尊重。

（二）诚信原则

诚信原则指在人际交往中，以诚相待、信守诺言。在与人交往时，一方面要真诚待人，既不当面奉承人，也不在背后诽谤人，要做到肝胆相照，襟怀坦荡；另一方面，"言必行，行必果"，承诺的事情要尽量做到，这样才能赢得别人的信任，彼此建立深厚的友谊。马克思把真诚、理智的友谊赞誉为"人生的无价之宝"。古人云"精诚所至，金石为开"，真诚才能换取友谊的钥匙。

（三）宽容原则

在与人相处时，应当严于律己，宽以待人，理解对方的不同观点。俗话说，"金无足赤，人无完人"。交往中，对别人要有宽容之心，如"眼睛里容不得一粒沙子"般斤斤计较，苛刻待人，或者得理不让人，最终将会成为孤家寡人。另外，要有宽容之心，还须以诚换诚，以情换情，以心换心，善于站在对方的角度去理解对方。

（四）换位原则

在交往中，要善于从对方的角度认知对方的思想观念和处事方式，设身处地地体会对方的情感和发现对方处理问题的独特方式等，从而真正理解对方，找到最恰当的沟通和解决问题的方法。

（五）互补互助原则

互补互助是大学生人际关系处理的一种心理需要，也是人际交往的一项基本原则。互补性原则主要体现在大学生的精神领域，包括大学生的气质、性格、能力等个性特征方面。不同气质、性格和能力的人由于个性互补，能够相处得较好；而个性接近的两个人并不一定相处得很好。

从心理学上讲，每个人都是天生的自我中心者，都期望别人能承认自己的价值，支持自己，接纳自己，喜欢自己。由于这种寻求自我价值被确认和情绪安全感的倾向,在社会交往中,个体更重视自己的自我表现,希望吸引别人的注意,期望别人能接纳自己,喜欢自己。阿伦森的研究证明,人际关系的基础是人与人之间的相互重视、相互支持。对于真心接纳喜欢我们的人,我们也更愿意接纳对方,愿意同他们交往并建立和维持良好人际关系。

(六) 自我价值保护原则

自我价值保护原则指个人对自身价值的意识与评判,自我价值保护指人为了持续自我价值的确立,心理活动的各个方面都有一种防止自我价值遭到否定的自我支持倾向。人在任何时期的自我价值感,都是既有的一切自我支持信息的总和。自我价值支持的变化无非来自两方面,一是贴合人们的意愿,自我支持力量的增加;另一方面,与人们的期望相反,使人们面临自我价值威胁,即自我价值支持力量的失去或自我面临新的攻击。

肯定的人转向否定时,我们面临两种选取:一是承认别人转变的合理性,否定我们自己,贬低自我价值;二是进行自我价值保护,尽可能维护自我价值不变,降低所失去的自我价值对自己的重要性。许多研究证明,自我价值否定是十分痛苦的,因此当面临自我价值威胁时的优先反应不是否定自身,而是尽可能保护自己。

心灵便利贴

为什么己所不欲,勿施于人?

福阿夫妇1975年研究证明,任何人都有着保护自己心理平衡的稳定倾向,都要求自身同他人的关系持续某种适当性、合理性,并依此对自己与他人的行为进行解释。这样,当别人对我们表示出友好、接纳和支持时,我们也感到就应对别人报以相应的友好,这种"就应"的意识会使我们产生一种心理压力,接纳别人,否则我们的行为就显得不合理。与此同时,如果我们的友好行动被别人接纳后,我们也期望别人做出相应的回答,如果别人的行动偏离了我们的期望,我们会认为别人不通情理,从而产生一种不愉快的情绪体验,对对方产生心理排斥。古人所说"爱人者,人恒爱之""己所不欲,勿施于人"是有其心理学基础的。

二、克服社会知觉偏差

知人者智,自知者明,能否正确地认识和了解他人,同样关系到人际交往能否顺利进行。走出对他人认知的心理误区,要注意克服以下社会知觉偏差。

(一) 晕轮效应

晕轮效应又称"光环效应",在人际知觉中,人们常以所具有的某个特性而泛化到其他有关的一系列的特性,也就是以所知觉到的特征推及到未知觉到的特征,本质上是一种以偏概全的认知上的偏误。在人们的头脑中,总有一些潜在的,得之于各种途径的观念,并常常以此来评价和决定他人,因为这样做所耗费的心理能量最少,也就是说,它最省事。但是,图省事往往会造成一些认知偏差。某人的一种优点、优势放大变成了笼罩全身的"光环",甚至原先的缺点也被掩盖或者蒙上了一层夺目的光彩。这种对他人认知的最大失误就在于以偏概全。"借一斑而窥全豹"并不总是适用于一切人和事,个别和局部并不能反映全部和整体。

(二)首因效应

通常所说的对人的印象实际上指第一印象或最初印象,社会心理学中,第一印象的构成上最初获得的信息比之后获得的信息影响更大,被称为首因效应。第一印象,也就是第一次对他人知觉时构成的形象,它往往最深刻,而且常会成为一种基本印象而影响对他人各方面的评价。俗话说,先入为主,讲的就是这个道理。人们很重视给别人的第一印象,但第一印象得之于较短时间的接触,又无以往的经验作参照,主观性、片面性较强。所以,必须要注意其消极的一面,既不能因第一印象不好而全盘否定,又要防止被表面的堂皇所迷惑。"金玉其外,败絮其中",这样的例子屡见不鲜。要练就一番透过现象看本质的本事,在长期的相处中全面、正确认识和了解他人。例如,一位大学生刚入大学,出色的自我介绍在其他同学的头脑中留下了强有力的第一印象,即使以后他的表现不如以前,其他同学也会认为不是能力问题,而是不够努力;相反,有的同学在刚入学时给其他同学留下了不诚实的第一印象,要转变这种印象需要很长时间。

(三)近因效应

近因效应是指人们对一个人近期的印象影响人们对他长期形成的看法的现象。信息前后间隔时间越长,近因效应越明显。原因在于前面的信息在记忆中逐渐模糊,从而使近期信息在短期记忆中更清晰。某人刚犯了一个大错误,于是就有人会评判他从来就不是好人,这是近因效应的影响。在较为长期的交往中,最近的印象比最初的印象更占优势,这是一种心理惯性。由于这种惯性的作用,人们往往会以最近的印象来评价人。与首因效应相比,在总的印象构成上,新近获得的信息比原先获得的信息影响更大。在人际交往中,切记不因一时一事评价他人。

(四)刻板效应

刻板效应,又称刻板印象,是指对某个群体产生一种固定的看法和评价,并对属于该群体的个体也给予这一看法和评价。刻板印象虽然可以在一定范围内进行判断,不用探索信息,迅速洞悉概况,节省时间与精力,但是往往可能会形成偏见,忽略个体差异性。人们往往把某个具体的人或事看作某类人或事的典型代表,把对某类人或事的评价视为对某个人或事的评价,因而影响正确的判断,若不及时纠正进一步发展或可扭曲为歧视。有些人习惯于机械地将交往对象归于某一类人,不管他是否表现出该类人的特征,都认为他是该类人的代表,而总是将对该类人的评价强加于他,从而影响正确认知,损害人际关系。例如,有的大学生认为南方人小气、自私,家庭社会地位高的学生傲气、不好相处等,这种刻板印象容易构成先入为主的定势效应,妨碍大学生正常的人际交往。

(五) 投射效应

投射效应是指将自己的特点投射到其他人身上的倾向。在认知和对他人形成印象时,以为他人也具备与自己相似特性的现象,把自己的感情、意志、特性投射到他人身上并强加于人,即推己及人的认知障碍。比如,一个心地善良的人会以为别人都是善良的;一个经常算计别人的人就会觉得别人也在算计他;等等。投射效应还表现为"以小人之心,度君子之腹",即与人交往时把自己具有的某些不讨人喜欢、不为人理解的观念、性格、态度或欲望转移到别人身上,认为别人也是如此,以掩盖自己不受人欢迎的特征。例如,自私的人总认为别人也很自私;而那些慷慨大方的人认为别人对自己也应大方。由于投射作用的影响,人际交往中很容易产生误解。

三、建立良好人际关系的方法

(一) 建立健康的人际交往心理模式

美国著名的心理学家爱利克·伯奈(E Berne)依据对自己和他人所采取的基本生活态度,提出了四种人际交往心理模式。

1. 我不好—你好,我不行—你行

心理模式表现为自卑,甚至是社交恐惧,根源于童年的无助感,这种态度如果没有随着年龄的增长而改变,长大以后就容易放弃自我或顺从他人。他们喜欢以百倍的努力去赢得他人的赞赏。

2. 我不好—你也不好,我不行—你也不行

心理模式表现为不喜欢自己也不喜欢别人,看不起自己,也看不起别人,常常表现为放弃自我、陷入绝境、极端孤独和行为退缩。

3. 我好—你不好,我行—你不行

心理模式表现为以自我为中心,自以为是,总认为自己是对的,而别人是错的,把人际交往中失败的责任归因于他人,常导致唯我独尊,固执己见。

4. 我好—你也好,我行—你也行

这是一种成熟、健康的人际交往心理模式,这种心理模式的特点是充分体会到自

己拥有一种强大的理性能力,并对生活价值有着恰当的理解,相信自己与他人、爱自己与爱他人统一。虽然他们并非十全十美,但他们能客观地悦纳自己和他人,正视现实,善于发现自己和他人的优点与长处,从而使自己保持一种积极、乐观、进取的心理状态。指导大学生建立"我好—你也好,我行—你也行"的人际交往模式,以积极向上、乐观健康的态度处理人际关系。

(二) 塑造良好的个人形象,增进个人魅力

社会交往中,个体的知识水平与涵养直接影响交往的效果,良好的个人形象塑造应从点滴开始,"勿以善小而不为,勿以恶小而为之"。人与人的交往,是思想、潜力、知识及心理的整体作用,哪一方面的欠缺都会影响人际关系的质量。有的大学生在人际交往中存在社交恐惧、胆怯、羞怯、自卑、冷漠、孤独、封闭、猜疑、自傲、忌妒等不良心理,不利于良好人际关系的建立。大学生加强自我训练,提高自身的心理素质,有利于人际交往的顺利进行。

优化个人的社交形象,要提高自身的人际魅力。每个个体都有其内在的人际魅力,是一个人综合素质在社交生活中的体现。这就要求在校的大学生丰富自己的内心世界,从仪表到谈吐,从形象到学识,多方位提高自己。心理学研究证明,初次交往中,良好的社交形象会给对方留下深刻的印象,而随着交往的深入,学识渐占主导地位。

(三) 培养真诚、热情交往的态度

大学生对外在世界的观察和思考已接近成熟,但对内在自我的反省力却有待发展。在人际交往中,有的大学生觉得别人不真诚对待自己、不尊重自己,却很少反省自身,问问自己是否真诚待人、尊重别人。这种单向性思维容易导致交往中一厢情愿的倾向,并容易对挫折做出错误的归因。

心理学家发现,主动热情是最能打动人、最具吸引力的特质之一。一个充满热情的人很容易把自己的积极情绪传染给别人,一个面带微笑的人很容易被他人接纳。每个人在生活中都会遇到烦恼的事,但大学生不应被它们所困扰,而应学会愉快地应对生活,能够从行动入手,让自己高兴地去学习和生活,以微笑去待人。

四、锻炼提高人际交往的技巧

加强和提高人际交往与沟通的技巧很多,概括地讲有四种。

(一) 善于表达

常言道:与君一席话,胜读十年书。谈话是沟通信息,获得间接经验的有效方式,也是表达感情,增进友谊的重要手段。善于表达,要求表达的信息要清楚明确,表达

的方式要恰当、幽默和风趣,使对方感到轻松愉快。能够深入下去的交谈必然是双向的,因而自我表露是另一项应掌握的技能,即自信地袒露关于自己的信息——怎样想,有什么感受,对他人的自发信息如何反应等。然而,有的大学生却不能顺畅地表达自己的思想感情,从而给交往带来了障碍。自我表露需要把握好时机,否则就可能犯滔滔不绝、自说自话之大忌。一般而言,谈自己的适宜时机之一是有人邀请你谈谈自己的时候。这时,如果你能适度地展开自己会引起大家的兴趣和好感。另一种时机是当他人谈的状况和感受与你自己比较一致时,即"我也……"的技巧。人们总是喜欢那些经历和看法与自己一致的人,因为赞成自己的人实际上是在肯定我们的价值和自信。所以,"我也一样""我也喜欢这个""我有过和你同样的经历"之类的表白往往能激发对方用心的反应,使谈话气氛热乎起来。

(二) 善于倾听

倾听的目的一方面是给对方创造表达的机会,另一方面是自己能更好地了解对方,以便进一步与其交往和沟通。大学生要提高倾听的艺术,首先要静听他人的谈话,不要贸然打断对方的话题,也不要时时插话,影响他人的谈话思路,或弄不清谈话的内容就断然下结论。其次,要鼓励对方讲下去,能够用简单的赞同、复述、评论接话等方法引导他人讲下去。另外,不要做无关的动作,如心不在焉、东张西望、不时看表、目光游离等动作。这些动作既影响对方讲话的兴趣,又是一种十分无礼的行为。鼓励他人谈论他们自己、他们的感受、他们的成就,是赢得友谊的有效手段。

(三) 善于处理各类矛盾

在人与人的交往过程中,难免会产生各式各样的矛盾和摩擦,大学生需要具备善于处理问题的能力。大学生在遇到麻烦的时候要能够打破僵局,或者能够做到大事化小,小事化了,尽力维持良好的人际关系,创造深入交往的氛围。在处理人际矛盾时,从赞扬和诚心的感谢入手,能够提高对方的自信和自尊;而诚恳地提出批评并给出建议,对方往往更容易理解和接受。大学生应做到自尊但不自傲,坦诚但不轻率,谦虚但不虚伪,谨慎但不拘禁,活泼但不轻浮,老练但不圆滑,勇敢但不鲁莽,随和但不懦弱。

🌴 **心灵便利贴** ┄┄┄┄┄┄┄┄┄┄┄┄┄┄┄┄┄┄┄┄┄┄┄┄┄┄┄┄┄┄┄┄┄

旅途中,你会和陌生人聊天吗?

芝加哥大学布斯商学院的行为学家尼古拉斯·艾普利和朱丽安娜·施罗德发现,回避陌生人的陪伴可能会让我们错过让自己开心一下的好机会。他们在乘坐公共交通工具的上班族中进行了实验,指示他们在乘车过程中按以下三种方式行动:

（1）表现和平时一样。

（2）努力与陌生人交谈。

（3）独自一人待着。

研究者原本预测与陌生人交谈可能是最让人不愉快的，然而，实验对象在后续访问中表示，这竟然是最令人开心的经历。无论是从个人还是整个社会角度来看，对陌生人友好都是有好处的，我们实验所获得的结果再一次证明了亲社会性对人自身的积极作用。

心理测验

人际关系行为困扰的诊断量表

这是一份大学生人际关系行为困扰的诊断量表，一共有 28 个问题，请你根据自己的实际情况，逐一对每个问题做"是"或"否"的回答。为了保证测验的准确性，请你认真作答。

（1）关于自己的烦恼有口难开。

（2）和陌生人见面感觉不自然。

（3）过分地羡慕和忌妒别人。

（4）与异性交往太少。

（5）对连续不断的会谈感到困难。

（6）在社交场合，感到紧张。

（7）时常伤害别人。

（8）与异性来往感觉不自然。

（9）与一大群朋友在一起，常感到孤寂或失落。

（10）极易受窘。

（11）与别人不能和睦相处。

（12）与异性交往不知道如何适可而止。

（13）当不熟悉的人对自己倾诉他（她）的生平遭遇以求同情时，自己常感到不自在。

（14）担心别人对自己有什么坏印象。

（15）总是尽力使别人赏识自己。

（16）暗自思慕异性。

（17）时常避免表达自己的感受。

（18）对自己的仪表（容貌）缺乏信心。

（19）讨厌某人或被某人所讨厌。

（20）瞧不起异性。

（21）不能专注地倾听。

（22）自己的烦恼无人可申诉。

（23）受别人排斥，感到冷漠。

（24）被异性瞧不起。

（25）不能广泛地听取各种意见和看法。

（26）自己常因受伤害而暗自伤心。

（27）常被别人谈论、愚弄。

（28）与异性交往不知如何更好地相处。

计分标准：选择"是"的加 1 分，选择"否"的给 0 分。

结果解释：

如果你的总分在 0～8 分，那么说明你在与朋友相处上的困扰较少。你善于交谈，性格比较开朗，主动，关心别人。你对周围的朋友都比较好，愿意和他们在一起，他们也都喜欢你，你们相处得不错。而且，你能从与朋友的相处中得到许多乐趣。你的生活是比较充实而且丰富多彩的，你与异性朋友也相处得很好。一句话，你不存在或较少存在交友方面的困扰，你善于与朋友相处，人缘很好，能获得许多人的好感与赞同。

如果你的总分在 9～14 分，那么，你与朋友相处存在一定程度的困扰。你的人缘一般，换句话说，你和朋友的关系并不牢固，时好时坏，经常处在一种起伏之中。

如果你的总分在 15～28 分，那就表明你同朋友相处的行为困扰比较严重。分数超过 20 分，则表明你的人际关系行为困扰程度很严重，而且在心理上出现较为明显的障碍。你可能不善于交谈，也可能是一个性格孤僻的人，不开朗，或者有明显的自高自大、讨人嫌的行为。

第五节　心理知识拓展

一、电影"心"赏——《我们俩》

一个孤独老人住了一辈子空荡荡的简陋四合院。在一个风雪交加的冬天，闯进来一个寻求住处的女孩。她的到来给这个空间带来变化，老人的生活开始有了戏剧色彩。可老人需要秩序，在老人面前，眼前这个女孩是一个常犯规的人，老人有很多禁忌，让她每一步皆有障碍。时间一天天过去，在生活过程中，两个人的关系似乎升华了，从互相排斥、警惕到互相关怀，产生友谊，到最后甚至有种相依为命的感觉。可是，女孩注定要走的，要继续自己的生活，她必须要离开这个四合院，她只是一个短暂的过客。她的离开在老人眼里就是那种突如其来的欣欣向荣、希望、活的色彩也随之而去,荡然无存。老人病了,很快就离开了人世。老人想抓住的未必是小女孩的关心,而是对温情的需要。

二、心理训练营——宿舍人际关系训练

前些年,高校曾出现投毒、伤害等恶性事件,这些事件的受害者和犯罪嫌疑人居然是"睡在我上铺的兄弟",宿舍成员之间如何协调处理好人际关系成为大家热议的一个话题。

(一) 如何提高宿舍人际关系

大学生在宿舍如果能做到以下几点,将有助于提高和室友的人际关系:

(1) 尽量与室友统一作息时间,不要太早或者太晚,影响别人休息。

(2) "君子周而不比,小人比而不周",应当以平等的态度对待每一个人,不要和一部分人打得火热,而对另一部分人疏远。

(3) 不触犯室友的隐私,未经室友同意,不乱翻别人物品。

(4) 积极参加宿舍集体活动,主要和宿舍成员一起上课和娱乐。

(5) 良好的人际关系是以互助为前提的,多给予别人关心,当舍友有困难时要主动提出帮助,自己有困难也要求助室友。

(6) 学会赞美,不吝啬对别人的夸奖,除非万不得已,尽量不要批评别人。

(7) 不要夸夸其谈、自以为是,越想处处表现得比别人聪明的人越容易引起别人反感。

(8) 维护共同的生活环境,完成该做的宿舍杂务,遵守宿舍成文或不成文的各项规定。

(9) 用合理的方式解决宿舍矛盾。

以上9点,虽是日常生活中的小事,倘若都能做到,对处理好宿舍关系能起到事半功倍的作用。反之,宿舍成员不但会形同陌路,严重的还会吵架、打架,甚至出现致伤、致死事件。

(二) 制定宿舍各项规章制度

"国有国法、家有家规",宿舍也应该有成文或不成文的规定,大家有规可依、有规必依,就能减少很多不必要的麻烦。

(1) 宿舍全体成员一起协商制定宿舍作息时间制度:

① _____;

② _____;

……

(2) 宿舍卫生需要大家来共同尽义务,大家一起协商排一份值班表,并写出值日

同学应该完成的项目和每位同学自己每天应该完成的项目。最后,还要注明如果不值班应该受到什么样的惩罚等。

周 次	周 一	周 二	周 三	周 四	周 五	周 六	周 日
1							
2							
3							
4							

第五章

大学生情绪与调节

> 凡人皆无法隐瞒私情,尽管他的嘴可以保持缄默,但他的手指却会多嘴多舌。
>
> ——弗洛伊德

案例导入

老师您好,我是大二的一名学生。我最近情绪一直比较低落,感觉做什么都提不起精神来,每天一个人待着,不愿意和别人交流,之前的兴趣爱好也提不起兴趣来,每天就只想躺在床上,不想出门。我的睡眠质量非常不好,晚上经常失眠,整晚都在做梦。我心里时常感觉特别难受,控制不了地难过、不舒服,情绪很不稳定,可能突然就哭了。现在,我最大的问题是,上大二了,没有什么目标,学习也没有动力、没有激情。其实,我也想去改变,可是不知道怎么才能让自己振奋起来。老师,我该怎么办呢?

案例分析

曾有媒体进行过一项高校流行语调查,"郁闷"一词以55%的得票率高居榜首。大一学生为"现实中的大学与想象中的象牙塔不一样""丧失了学习动力和人生目标"而郁闷,大二学生为"敏感的校园人际关系和恋爱问题"而郁闷,大三、大四学生则开始因为"个人发展、就业问题"而郁闷。个体在长期处于郁闷情绪下身体免疫力会急剧下降,长此以往还有可能成为"抑郁症"患者,因此大学生都需要了解情绪和情感,并力争成为情绪的主人,而不是情绪的奴隶。

第一节 情绪与情感概述

一、情绪与情感概述

社会中的个体每时每刻都在体验着由自身的生理变化和外部客观世界的刺激引起的内心世界的喜悦、得意、悲哀、悔恨、愤怒等感受,同时还常观察到别人的快乐、愤怒、忧虑或烦恼等情绪反应。愉快的心情不仅能促进身体健康而且能使人保持较高的学习和工作效率;而愤怒、忧虑会使人丧失信心。因此,学习和研究情绪情感具有十分重要的现实作用与理论意义。

情绪和情感是人类心理过程的重要方面,它伴随着认知过程而产生,并对认知过程产生影响。

(一)情绪与情感的概念

情绪和情感是客观事物是否符合人的需要与愿望、观点而产生的态度体验。人们在活动与认识过程中,表现出肯定的或否定的态度体验。现实中有些事物使人高兴快乐;有些事物使人忧愁、悲伤;有些事物使人赞叹、喜爱;有些事物使人惊恐、厌恶。这些以特殊方式表现出来的主观感受或态度体验就是情绪或情感。

情绪和情感反映的是客观事物与人的主观需要之间的关系,是一种主观的体验。对客观事物产生什么样的情绪,取决于主体与客体事物之间是一种什么样的关系,取决于主体的态度。不同的人对同样的事物,或者同一个人在不同的时间、地点和条件下对同一件事的主观感受可能相差很大。

情绪总是由某种刺激引起的,自然环境、社会环境以及人自身都有可能成为情绪刺激源。当刺激被感知时,由于认知内容与人的需要具有各种不同的关系,就产生了人对认知内容的不同态度。凡是能满足人的需要或符合人的愿望、观点的客观事物,就使人产生愉快、喜爱等肯定的情绪和情感体验;凡是不符合人的需要或违背人的愿望、观点的客观事物,就使人产生烦闷、厌恶等否定的情绪和情感的体验。

总之,情绪和情感是人对客观事物的态度体验,反映着客观事物与人的需要之间的关系。

(二)情绪与情感的区别与联系

1. 情绪与情感的区别

情绪和情感都是对需要满足状况的心理反映,同属于感情性心理活动的范畴,是同一过程的两个方面。情感是对感情性过程的体验和感受,情绪是这一体验和感受

状态的活动过程。情绪与情感既难以分割又有着明显的区别,它们之间的区别表现在:

第一,情绪与情感的产生基础不同。情绪是与生理需要是否得到满足相联系的心理活动,情绪的产生始终与需要(特别是生理需要)、机体的活动、感觉知觉相关联。情绪是原始的,是人和动物(尤其是高级动物)所共有的。情感是与社会性需要是否得到满足相联系的心理活动,情感的产生主要与社会认知、理性观念及观点等相联系,是人类特有的心理活动。情感带有显著的社会历史制约性,是人的社会化的重要组成部分和标志。例如,个体饥饿时有了食物吃会很高兴,但不意味着他产生了热爱食物的情感。

第二,情绪与情感的稳定性不同。情绪具有情境性和浅表性,它随情境或一时需要的出现而发生,也随情境的变迁或需要的满足而较快地减弱或消逝。例如,学生在重大考试之前,随着考试的临近,情绪会越来越紧张;一旦考试结束,紧张情绪就会消失。而情感是对事物态度的反映,是基于对主观和客观关系的概括而深入的认知和一贯的态度,具有稳定性和深刻性,因而是构成个性心理品质中稳定的成分。

第三,情绪与情感的表现特点不同。情绪表现有明显的冲动性和外显性,面部表情是情绪的主要表现形式。例如,高兴时眉开眼笑,生气时咬牙切齿,激动时热泪盈眶,失望时垂头丧气,等等。而情感则以内隐的形式存在或以微妙的方式流露出来。例如,爱国主义情感是一种内心体验,一般不轻易表露,但对人的行为有重要的调节作用。

2. 情绪与情感的联系

人类的情绪和情感虽有区别,但两者又密不可分,都是对需要是否满足所产生的体验,是同一类型的心理活动。在一定意义上,可以认为情绪是情感的外部表现;情感是情绪的本质内容。一般地说,情感的产生会伴随有情绪反应,情绪的变化又常常受情感的支配。爱国主义情感强烈的人,常常表现出特有的情绪反应。在上甘岭战役中,虽然极度缺水,但一杯水在志愿军战士手中辗转传递,竟没有人喝一口。这是人的生理需要服从社会需要的表现,因为人的情绪和情感是统一在人的社会本质之中的。为此,有些心理学家把形形色色的情绪和情感统称为感情。也有些心理学家对情绪和情感两个概念不做严格区分,常常交换使用。

(三) 情绪和情感的特点

情绪与情感的最显著的特点是它们都具有两极性。情绪和情感有四种动力特征,即强度、紧张度、快感度和复杂度。在这四种动力特征中,情绪和情感都表现出相互对立的两极性。例如,情绪的强度方面有强和弱两极,紧张度方面有紧张和放松两极,快感度方面有愉快和不愉快两极,复杂度方面有复杂和简单两极。

(1) 关于强度。情绪体验可以在强度的两极端"强—弱"之间有不同等级的变化。情绪体验的强度首先取决于对象对人所具有的意义,这种意义越大,引起的情绪就愈强烈。

（2）关于紧张度。情绪的紧张度是指情绪在"紧张—轻松"两极端之间变化。紧张度既取决于当前事件的紧迫性，也取决于人的心理准备状态和个体的个性品质。事情的成败对人愈重要，则关键时刻到来时的情绪就愈紧张。当紧急事件得到妥善解决之后，人们常有轻松感。紧张一般有助于全部精力的动员和集中，可能对活动产生有利的影响，也可能起抑制作用而使动作失调，从而妨碍活动的正常进行。

（3）关于快感度。快感度是指情绪体验在"快乐—不快乐"两极端之间程度上的差异。悲伤、羞耻、恐惧、悔恨等是明显的不快乐的体验；而欢喜、骄傲、满意、自豪等是明显的快乐的感受。快感度与需要是否得到满足有关。事物能满足人的需要，会引起快乐的体验；不能满足需要的事物或与需要相抵触的事物，会引起不快乐的体验。

（4）关于复杂度。各种情感的复杂程度不一样。爱，包含柔情和快乐的成分；恨，包含愤怒、惧怕、厌恶等成分。有时，情感的成分非常复杂，甚至很难用言语来描述它到底是一种什么样的体验。而有的情感成分单纯，现代心理学把快乐、悲哀、恐惧、愤怒看作单纯的情绪，称为基本情绪或原始情绪。在这四种最基本情绪的基础上，可以派生出许多种不同情感的组合形式，也可以赋予不同含义的社会内容。

二、情绪和情感的分类

人的一切心理活动都带有情绪色彩，而且情绪的表现形式多种多样。一般认为，快乐、愤怒、恐惧和悲哀是四种最基本的情绪，依据情绪发生的强度、持续性和紧张度可以把情绪状态分为心境、激情和应激，而情感则与人的社会观念及评价体系分不开，按其内容、性质和表现方面的不同，情感又可分为道德感、理智感和美感。

（一）基本情绪

快乐、愤怒、恐惧和悲哀这四种基本情绪是与人的基本需要相联系的，是天生的，通常还具有高度的紧张性。

1. 快乐

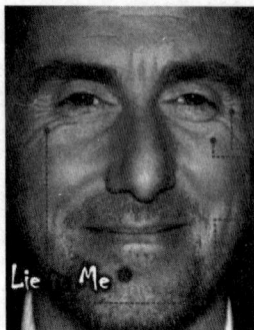

图 5.1　快乐的面部表情（*Lie to Me*）

快乐是个人目的达到，紧张解除后的情绪体验。快乐的程度和紧张程度取决于目的重要程度和目的达到的意外程度，如果追求的目的非常重要，并且目的的达到带有突然性则会引起异常的欢乐，否则只能引起微小的满意。一般把快乐程度分为满意、愉快、喜悦、狂喜。快乐的面部表情如图 5.1 所示。

2. 愤怒

愤怒是个人目的不能达到或一再受到妨碍从而逐渐积累而产生的情绪。挫折不一定引起人的愤怒，但当人们认为其受挫的阻挠是不合理的，甚至是恶意的，则最容易引起愤怒。一般把愤怒的程度分为轻微的不满、生气、愠怒、大怒、暴怒等。愤怒的面部表情如图5.2所示。

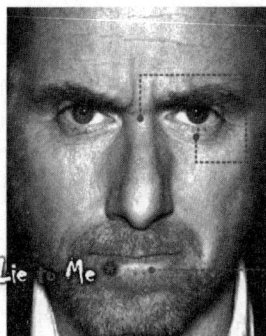

图 5.2　愤怒的面部表情(*Lie to Me*)

3. 恐惧

恐惧是个人企图摆脱、逃避某种情境而又无能为力时所产生的情绪。恐惧是一种会使个体企图摆脱和逃避危险的情绪。引起恐惧的关键因素是人缺乏处理可怕情境的力量。恐惧具有很强的感染力，一个人在恐惧时，往往会引起周围人的不安和恐惧。从进化的观点看，惧怕可以作为警戒信号，有助于人逃避危险，还有利于群体的社会结合以保证安全。但惧怕具有压抑作用，对认知活动也有消极影响。严重的惧怕使人感知狭窄，思维刻板，行动呆板。恐惧的面部表情如图5.3所示。

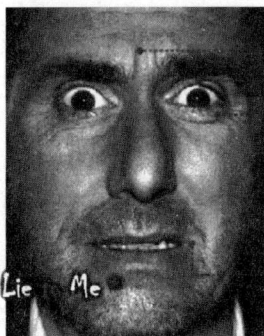

图 5.3　恐惧的面部表情(*Lie to Me*)

4. 悲哀

悲哀是个人在失去所盼望的、所追求的东西或有价值的东西时所引起的情绪，由悲哀所带来的紧张释放产生哭泣，哭泣一般不超过15分钟，在这段时间内完全可以减轻过度的紧张。悲哀的强度取决于失去事物的价值，失去的东西价值越大，引起的悲哀也越强烈。一般把悲哀的程度分为遗憾、失望、难过、悲伤、悲痛。悲伤的面部表情如图5.4所示。

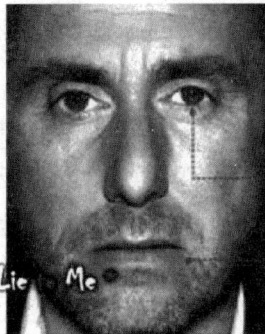

图 5.4　悲伤的面部表情(*Lie to Me*)

（二）情绪状态

情绪状态可以分为心境、激情和应激三种。

1. 心境

心境是一种微弱、持久的、影响人的整个精神活动的情绪状态。例如，心情愉快、舒畅或心情烦闷、抑郁，在一个相当长的时间内持续。这种情绪状态倾向于扩散和蔓延，处在某种心境中的人，往往以同样的情绪状态看待一切事物。心境可以由对人具有某种意义的各种情况所引发。工作的顺逆、事业的成败、人们相处的关系、健康状态，甚至自然环境的影响，都可以成为引起某种心境的原因。人们并不都能及时意识到引起心境的原因。心境虽然由客观事物引起，但它还受人的主观意识调节和支配。人有各自独特、稳定的心境或称主导心境，主导心境往往与一个人的人生观密切相关。积极的、良好的、乐观的心境能使人精神振奋，促进人的主观能动性的发挥，乐观地对待学习和生活，勇于克服学习和生活中遇到的困难，有益于人的健康，也有利于大学生的学习和生活；消极的不良心境使人精神萎靡、意志消沉，降低人的活动效率，有碍于健康，也不利于大学生的学习和生活。

2. 激情

激情是一种强烈、短暂，具有爆发性的情绪状态。狂喜、愤怒、恐惧、绝望等都属于这种情绪状态。激情是由对人具有重大意义的强烈刺激和发生对立意向冲突而过度抑制或兴奋所引发。在激情状态下，总是伴有激烈的机体内部的变化和明显的外部表情动作。例如，愤怒时血压升高、全身发抖、暴跳如雷；恐惧时呼吸急促、毛骨悚然、面如土色；狂喜时心跳加速、手舞足蹈、欢呼跳跃。激情的发展大致要经历三个阶段：① 初始阶段，由于意志力减弱，身体变化和表情动作越来越失去控制，高度紧张使细微的动作发生紊乱。这时人的行为受情绪体验的左右。② 爆发阶段，人失去意志的监督，发生了不可控制的动作和失去理智的行为。③ 激情爆发后的平息阶段。这时会出现平静和疲劳现象，严重时甚至精力衰竭。控制激情是完全可能的，在激情发生的最初阶段有意识地加以控制，能将危害性减轻到最低限度。

3. 应激

应激是在出乎意料的紧迫情况下出现的情绪状态，是人对意外的环境刺激做出的适应性反应。人们在不寻常的紧张状况下把自身各种资源（首先是内分泌资源）都动员起来，以应付紧张的局面时所产生的复杂的生理和心理反应都属于应激状态。应激状态对人的活动有很大的影响。有时应激引起的身心紧张有利于人全力解决紧急问题。维持一定的紧张度，保持高度警觉，有助于认知功能的发挥，使人做出平时所不能做出的大胆判断和举动。但是，有时应激所造成的高度紧张又会阻碍认知功能的正常发挥。紧张和惊恐也会导致人们的感知和注意产生局限，思维变得迟滞，行动变得刻板，正常处理事件的能力大大削弱。应激状态会改变机体的激活水平，特别是肌肉的紧张度、腺体的分泌、血压、心率和呼吸系统都有明显的变化。这些反应有助于个体适应急剧变化的环境刺激，维护机体功能的完整性。但是，长期处于应激状态也会引起人体生物化学保护机制的溃退，导致某些疾病的出现。

（三）情感种类

人的社会性情感组成了人类所特有的高级情感，它反映着人们的社会关系和生活状况，体现出人的精神面貌并渗透到人类社会生活的各个领域，具有鲜明的社会历史性。人类较高级的社会性情感可以分为道德感、理智感和美感。

1. 道德感

道德感是个体根据一定的社会道德行为准则，在评价自己或他人的行为、思想言论和意图时产生的一种情感体验。如果自己或他人的思想和行为符合社会道德准则，则产生自豪感、正义感、荣誉感、责任感、热爱等肯定的情感；对不道德的行为产生负罪感、憎恨、厌恶、悲哀等消极否定的情感。对于尽到责任的行为感到心情舒畅，心安理得或产生尊敬感等体验；对于未尽到责任的行为会感到内疚，产生否定的道德体验，如愧疚、痛苦或蔑视等。产生道德感的基础是具备对社会道德准则的道德认识，缺乏这种认识，道德感就无法产生。道德感从社会生活的各个方面表现出来，它表现在对待国家、集体、人与人之间的关系，也表现在对待工作、事业、学习等各个方面。例如，爱国主义情感、集体主义情感、责任感、义务感、事业心、荣誉感、自尊心等。道德准则具有社会性、历史性和阶级性，是在一定的社会历史条件下形成的。不同时代、民族、文化环境和阶级有着不同的道德评价标准。2019年，中共中央、国务院印发了《新时代公民道德建设实施纲要》，明确新时代公民道德建设的重点内容：筑牢理想信念之基，培育和践行社会主义核心价值观，传承中华传统美德，弘扬民族精神和时代精神。

2. 理智感

理智感是人在认知活动过程中，认识和追求真理的需要是否得到满足所产生的内心体验。例如，人们在探索真理时会产生求知欲，求知时有浓厚的兴趣和好奇心，在解决疑难问题时会出现迟疑、惊讶和焦躁，问题解决后产生强烈的喜悦和满足，坚持自己观点时有强烈的热情，违背了事实时而感到羞愧等，都是理智感的体现。理智感是高级情感，是在认识过程中产生和发展起来的，对人们学习知识、认识事物发展规律和探求真理的活动有积极的推动作用。例如，好奇心是探求真理的动力，热爱是学习最好的老师。理智感是个体良好精神境界的体现，是追求真理的精神力量，对人们的社会实践和科学研究有推动作用。理智感的推动作用发挥的程度与个体已有的知识水平和经验有关，也与世界观、理想等有关。

3. 美感

美感是对事物美的体验，是人们根据美的需要按照个人的审美标准对自然和社会生活中各种事物进行评价时产生的情感体验。人们总是根据审美的需要和观点来评价自然景色、艺术作品和社会行为的美与丑。美感使人精神振奋、积极乐观、心情愉快，美感丰富人的心理世界，增加生活的情趣，从而促进人类文明的发展。审美标准是美感产生的关键，客观事物中凡是符合个人审美标准的，就能引起美感体验。和道德感一样，美感在一定的社会历史条件下产生，受到社会历史条件的制约，具有社会性、历史性和阶级性，美感的这些特性主要通过审美标准来体现。在社会活动中，美感与道德感经常是一致的，只有符合人们的道德需要和道德观念，能产生积极的道德感的事物，才能引起人们内心的美感体验。教育工作者要培养大学生树立健康向上的审美标准，陶冶大学生的情操。

心灵便利贴

颜色可以影响情绪吗？

不同的色彩会使人产生不同的感受，颜色能够影响和改变一个人的情绪，这一点早已被大量的事实所证明。据说，英国有家皮包制作工厂，因将所有的墙壁、机器和桌子都涂上黑色，结果工人就出现了不少精神问题。以下就简要介绍一下各种色彩对情绪的影响。

红色：兴奋神经，给人以鼓舞，使人兴奋激动。它能渲染热闹的气氛，所以在迎亲、嫁娶和喜庆的节日中，常常选用红色。红色能使忧郁病人兴奋起来，但过久凝视大红色，会影响视力，会产生一种恐怖感。

黄色：使人情绪稳定，给人清纯、暖烘烘的感觉，并能增进食欲。黄色明亮、柔和，显得活跃、素雅，使人兴高采烈，充满喜悦，所以尤受年轻人喜爱。

绿色：镇定神经，维持正常的血液循环，给人温柔、舒适、宁静之感。绿色能够降低眼压，解除眼睛疲劳，缩小视网膜上的盲点，促进眼部供血，安定情绪。

蓝色：也有镇静作用，给人和谐的感觉。蓝色让人想到蔚蓝的天空和大海，蓝色的灯光可促进睡眠，具有缓慢降低血压和预防治疗感冒的作用；而戴蓝色镜片的眼镜旅行或出差，可以减轻晕动病的发作。

紫色：给人美而新的感觉，可使孕妇感到镇静、安定。

白色：给人以明快、洁净、卫生、严肃的感受。医院里常使用白色。白色亦有空虚、恐怖之感。所以近年来，有些医院进行色彩革命，如手术室的医护人员改穿蓝色工作服，而妇产科护士和儿科护士穿着粉红色护士服等，患者的视觉感受有所不同。

黑色：给人暗淡、严肃、恐怖、压抑、哀痛及沉闷的感受。所以一般举行葬礼时，常使用黑色。

第二节　大学生情绪管理

进行大学生情绪管理必须了解大学生的情绪特征和常见的情绪困扰，提高大学生对自己和对他人的情绪认知能力，指导他们学会调控情绪，并锤炼他们应对挫折的承受力。

一、情绪管理

（一）情绪管理的概念

情绪管理是从尊重人、依靠人、发展人、完善人出发，提高人们对情绪的自觉意识，对情绪低潮的控制能力，使个体保持乐观心态，不断自我激励、自我完善。情绪管理不仅有利于个体建立和谐的人际关系，还有利于个体开发身心潜能，塑造健全人格。由于情绪对人的认知和行为的影响作用，心理学界一度掀起情绪研究的热潮。20 世纪 90 年代，沙洛维和梅耶提出了情绪智力的概念，又将情绪的研究推向了高潮。根据情绪智力的内涵，人们已清楚地认识到情绪不只是个体的心理现象，同时也是社会现象。情绪有其社会接受方式、社会沟通方式和社会支持方式，因此，情绪需要管理。

（二）情绪管理的内容

情绪管理包括情绪识别、情绪调控、情绪表达、自我激励等多方面内容。

第一，情绪识别，即识别自己和他人情绪的认知能力。情绪智商的核心是情绪认知能力，即当自己的某种情绪刚一出现就能觉察的能力。完整的情绪认知能力不仅仅指情绪的自我认知，还包括对他人情绪的识别，理解他人情绪的能力。

第二，情绪调控，即情绪自我调节和控制能力。情绪调控主要是指对负性情绪的控制、疏导和消除，并培养乐观的积极情绪。个体在准确认识自己情绪的基础上，分析这种情绪产生的原因，并通过适当的方法予以缓解。进行情绪的归因训练能帮助人们提高情绪的自我理解和领悟能力。情绪调节和控制的方法很多，不同的理论流派有不同的技术和方法，转移、升华、倾诉、宣泄、认知重建、放松训练等方法都可以用来调节情绪。

第三，情绪表达，即合理地表达情绪以发展人际交往的能力。人们在交往过程中会因为交往内容和方式的改变而体验到各种情绪，情绪也深深地影响着交际的内容和方式。正确的情绪认知和表达可以抒发自己内心的感受，让别人更了解自己，增进彼此的关系；错误的情绪表达方式往往会出现防御性不良互动，让彼此关系变得紧张。情绪管理要求人们在学会识别自己和他人情绪的基础上恰当地表达情绪,发展良好的人际关系。

第四,自我激励,即通过自我调动,建立和维护良好情绪状态的能力。情绪的自我激励能力是指引导或推动自己去达到预定目的的情绪倾向的能力,也就是一种自我指导能力。一个人做任何事情要取得成功,就要学会自我激励、自我把握,尽力发挥出自己的创造潜力,包括能始终保持高度热情,使情绪专注于目标等。通过自我激励,培养良好的情绪,控制低落情绪,保持积极乐观心态,不断自我完善。

二、大学生的情绪特征和常见困扰

(一) 大学生的情绪特征

大学生正处在青年时期,他们的情绪与其整个心理过程一样正处于蓬勃发展的时期,即由不成熟迅速走向成熟的重要时期,并且情绪的成熟比认知的成熟较晚一些。大学生情绪最基本的特征是它的两极性和矛盾性。

大学生情绪的两极性指情绪容易从一个极端到另一个极端,大起大落,摇摆不定,跌宕起伏。表现为苦恼时受到激励则为之振奋;热情洋溢时受到挫折则易灰心丧气。有时常常对事物做出要么"成功"要么"失败"的绝对评价。在理智感上,表现为如果他们在追求知识方面取得效果,则越学越有兴趣,越学越有劲,如考上研究生、竞赛获大奖、出国留学等;反之,则悲伤、沮丧、压抑。在交友、恋爱上,如果找到心爱的对象,恋爱顺利并成功,情绪表现则为快乐、高兴;若遭遇失恋,就会产生悲伤、绝望的情绪。

大学生情绪的矛盾性是大学生的生理与心理的矛盾、个人需要与社会满足间的矛盾、理想与现实差距的矛盾、理想的我与现实的我的矛盾等种种矛盾冲突带来的情绪上的反应。因此,情绪的两极性是情绪矛盾性的外化和表现形态。而这种情绪矛盾性的极端形式就是情绪的两极性。

由于情绪的两极性、矛盾性,往往使大学生的情绪呈现出如下特点。

1. 情绪体验丰富多彩

大学生处在心理未成熟向成熟发展的过渡期,他们的情绪表现出既有儿童少年时期残留下来的天真幼稚,又有成年期的深思熟虑,而两性情感的介入更使大学生的情绪表现多姿多彩。随着年龄增长,年级升高,大学生的社会性情感趋于丰富,更多地表现出关心他人和社会,积极思索人生的情感倾向。另一方面,不同的个体在情感发展、情绪表现上呈现出一定的差异性,男女的情绪各有自己的特点,这些都使大学生这一群体的情绪体验表现出丰富多彩的特征。

2. 情绪波动较大

随着知识经验的积累,认知水平的提高,大学生对自己的情绪已有了一定的控制能力,情绪趋于稳定。但大学生情绪仍带有明显的波动性,时而激动时而平静,时而积极时而消极。学习成绩的优劣、人际关系的好坏、恋爱的成败等,都会引起大学生情绪的波动。

3. 情绪体验强烈易冲动

在外界刺激下,大学生易表现出强烈的情绪体验,易产生冲动性情绪行为和感情用事。例如,有些大学生在心情烦躁时,会因一些小事情向对方发起猛烈攻击。

4. 情绪的不稳定性和可控性并存

大学生的情绪表现出稳定性和波动性并存的特点,即有一定的控制力,但仍带有明显的波动性。外显性与内隐性并存,即他们的喜怒哀乐常形于色,但又有意识地控制自己的情绪,学会了一些曲折的文饰的表达方式。冲动性与理智性并存,即大学生虽有强烈的情绪体验,易冲动,但他们的理智、自控能力已有了较高程度的发展,多数情况下能理智地思考问题。由于大学生具有一定的文化修养,具备反省自身弱点和控制自己情绪的能力,因此大学生情绪又表现出可控性的特征。

(二) 大学生常见的情绪困扰

处在心理发展由未成熟走向成熟的大学生,常见的情绪困扰有过度焦虑、抑郁、易怒、恐惧、忌妒和冷漠。

1. 过度焦虑

心理学的研究表明,适度的焦虑对于个体的成长非常必要,但过度焦虑对个体是不利的。过度焦虑是一种伴随着某种不祥预感而产生的令人不愉快的情绪,是一种复杂的情绪状态,包含紧张、不安、惧怕、愤怒、烦躁、压抑等情绪体验。有些大学生说不出自己焦虑的原因,但研究表明,事情的不确定性是产生焦虑的根源。焦虑可划分为三类:一是神经性焦虑,当个体意识到内心的欲望与冲突而无法控制时所发生的恐惧感,有时以无名的恐惧出现,有时发生强烈的非理性的恐惧。二是现实性焦虑,这种焦虑由现实环境的压力与困难引发,自我无力应付。例如,无力参与竞争、期望过高、要求过严、社会文化差异悬殊等都可能引发个体的焦虑。三是道德性焦虑,是由社会生活准则引起的对自我的责备与羞愧感。这三种类型的焦虑不是单一的,有时神经性焦虑与现实性焦虑混合,有时道德性焦虑与现实性焦虑混合,有时神经性焦虑与道德性焦虑混合,也可能是三种焦虑的混合。

引起大学生焦虑的原因是多方面的,主要有生活环境适应困难,学习不适应,考试焦虑,毕业就业焦虑等,也有因对自己身体状况过分关注而产生的焦虑。大学生的焦虑大多是正常的,即客观的、现实的焦虑,保持适度焦虑是必要的,但不能过度焦虑。过度焦虑会使人心情过度紧张、情绪不稳定、推理判断错误、记忆力减退,会影响大学生的学习和人际关系。要克服焦虑,需要科学地分析引起焦虑的原因并进行正确评价,学会放松,并增强自信心。对于那些自己感到无法控制的、比较严重和持久的焦虑表现，或有焦虑性神经症的表现，则应及时寻求心理咨询师的帮助。

2. 抑郁

抑郁是一种感到无力应付外界压力而产生的消极情绪，常常伴有厌恶、羞愧、自卑等情绪体验。对大多数人来说，抑郁只是偶尔出现，很快就会消失。但也有少数人长期处于抑郁状态，导致抑郁症。性格内向孤僻、多疑多虑、不爱交际、生活中遭遇意外挫折的人更容易陷入抑郁状态。情绪抑郁的大学生主要表现有：情绪低落、思维迟缓、郁郁寡欢、闷闷不乐、兴趣丧失、缺乏活力，干什么都打不起精神；不愿参加社交，有意回避熟人，对生活缺乏信心，体验不到生活的快乐；伴有食欲减退、失眠等。长期的抑郁会使大学生的身心受到严重伤害，使大学生无法正常有效地学习和生活。抑郁情绪是大学生群体中一种比较普遍的不良情绪表现。在大多数情况下，大学生的抑郁情绪主要受学习成绩落后、失恋、人际关系不和谐以及其他有关的负面生活事件的影响。一些大学生产生抑郁是由于对一些负面事件的不正确认知和过分概括化的评价。因此，改变不合理观念，对负面生活事件和自我价值建立正确的认识、评价和态度是克服和消除抑郁的关键。此外，培养乐观的人生态度，锻炼自己的意志，学会合理表达自己的感情，对克服抑郁情绪都是有益的。

心灵便利贴

轻度抑郁症，离我们有多远？

当身边的朋友出现悲观消极、伤心失望、失眠等问题，或者对任何事都提不起兴趣时，就需要警惕了，因为这样的情况持续时间超过两周，就可能转化为轻度抑郁症。轻度抑郁症的第一个重要特点是存在"内苦外乐"的症状，这类人外表看来无异常表现，甚至可以给人一种愉快乐观的假象，其实他们内心有痛苦悲观、多思多虑、自卑消极、脑力下降和严重失眠等症状。第二个特点是社会功能下降，影响正常的生活。例如，大中小学生会出现注意力难以集中，头脑混沌，学习效率和学习成绩下降等现象。第三个特点是出现顽固持久、久治难愈的睡眠障碍。第四个特点是临床表现为心境低落，兴趣和愉快感丧失，容易疲劳。如果无缘无故地持续两周以上，甚至数月不见好转，通常被视为轻度抑郁症最典型的症状。如果出现这样的情况，一般的心理安慰则很难起到良好的效果，应及时建议好友寻求专业的心理咨询或心理治疗。

3. 容易发怒

容易发怒是大学生常见的消极情绪，是大学生在愿望不能实现并一再受挫时，紧张状态逐渐积累而产生的敌意情绪。有的大学生因一句不顺耳的话、一件不顺心的事，就暴跳如雷，或出口伤人，或拳脚相加。盛怒过后，却后悔不迭。发怒对一个人的身心健康有明显的不良影响。通常当人发怒时，会心跳加速、心律失常，严重时可导致心脏停搏甚至猝死。此外,发怒会使人丧失理智而出现损物、伤人,甚至犯罪等行为。大学生中一些违纪违法的事件,大多是在发怒的情绪下发生的。易怒的大学生一是由于个性因素所致,如胆汁质的大学生更具有冲动、易怒的情绪特征。二是由于许多错误认识所致,如认为发怒可以威慑他人,发怒可以推卸责任,发怒可以挽回面子,发怒可以满足愿望等。然而事与愿违,发怒所得到的不是尊严、威信,而是他人的厌恶,是自己心绪更加不宁。三是自我评价偏高的大学生也容易发怒。可用躲避刺激、转移刺激、释放紧张性能量和运用意识克制等方法控制发怒。

4. 恐惧

恐惧是指病理性特点的恐惧,即对常人一般不害怕的事物感到恐惧,或者恐惧体验的强度和持续时间远远超出常人的反应范围。恐惧是对某一类特定的物体、活动或情境产生持续紧张的、难以克服的情绪,并伴随着各种焦虑反应,如担忧、紧张和不安,以及逃避行为。恐惧症常常有明显的强迫性,即自知这种恐惧是过分的、不必要的,但却难以抑制和克服。它表现为个体对某一特定事物或情境产生异乎寻常的强烈恐惧或紧张不安的内心体验并出现回避反应。恐惧症是一种常见的情绪性病症,它包括社交恐惧、动物恐惧、旷野恐惧、高空恐惧等多种类型。

恐惧症的原因比较复杂,一般认为与曾经的不良经历有关,或者与因条件反射作用而建立的一种不适应的行为有关。此外,患有恐惧症的大学生也常常表现出相应的性格特点,如胆小、孤僻、敏感、退缩和依赖性等。若能寻找到引起恐惧的主客观原因,结合正确的心理治疗方法,恐惧症可以治愈。

5. 忌妒

忌妒是一种因他人在某些方面优于自己而产生的带有忧虑、愤怒和怨恨体验的复杂情绪。忌妒表现为不能容忍别人的进步与优点,通过诋毁对方达到心理上的暂时平衡。忌妒的实质是自信心或能力缺乏的表现。忌妒发生的原因是通过与他人比较来确定自身的价值,如果别人价值增加便会觉得自己的价值下降而产生痛苦的体验,这种情绪很容易转化成为对所比较对象的不满和怨恨,进而产生种种忌妒行为。例如,寻找对方不足将其贬低,散布谣言诋毁对方名誉,采取极端手段毁物伤人,出于防御心理在对方面前表现出一种傲慢的、难以接近的面孔,用以维护自己的"自尊"等。轻微的忌妒会使人意识到压力的存在,促使人去拼搏奋进,成为赶上被忌妒者的动力。但严重的忌妒会导致焦虑和敌意。有调查将大学生中的忌妒分为七类:一是忌妒别人政治上的进步,二是忌妒别人学习上的冒尖,三是忌妒别人某一方面的专长,四是忌妒别人生活上的优渥,五是忌妒别人社交上的活跃,六是忌妒别人仪表上的出众,七是忌妒别人恋爱上的成功。忌妒心重的人,从不去赞美别人,有的只是怨恨与傲慢,很难让人接近,人际关系往往紧张,自己也非常痛苦,既不利己又伤害别人。大学生可以通过增强自信、调整自我价值的确认方式、不盲目与他人比较、克服虚荣心等方法来克服忌妒情绪。

6. 冷漠

冷漠是一种对人对事漠不关心的消极情绪体验。处于冷漠情绪的大学生，在行为上常表现为对生活缺乏热情，对集体活动漠不关心，对周围的同学态度冷漠，对学习缺乏兴趣，常独来独往，十分孤僻。产生冷漠的主要原因往往与个人经历、性格特点等有关，如从小缺乏父母关爱、与家人关系冷漠、自己的努力得不到承认、好心得不到理解等。片面固执的思维方式、心胸狭窄、耐受力差、过于内向的个性特点也容易产生冷漠情绪。情绪冷漠的人往往内心很痛苦、孤寂，具有强烈的压抑感，而过分的压抑又会破坏心理平衡，影响身心健康。培养良好的个性品质，正确对待挫折、积极参加各种有益的活动都可以使冷漠情绪得到改善。

三、提高大学生的情绪认知能力

情绪认知是情绪管理的基础和前提，提高情绪认知能力主要包括以下两个方面：一是提高对自己情绪的觉察能力，二是提高对他人情绪的识别能力。

（一）提高对自己情绪的觉察能力

情绪是一种自发性的反应，用理智去控制它的发生很难，因此情绪管理的第一步是在情绪来临时，去观察并觉察自己到底处在何种情绪状态；第二步分化辨识它，分析情绪发生的原因，并恰当地表达出自己的感受。

1. 运用内省法，分化辨识表面情绪背后真正的需求和情绪感受

第一，及时觉察自己所处的情绪状态。应时时提醒自己注意：我现在的情绪是什么？无论处在何种负面情绪中，先暂停、中断目前的情绪，跳出来，让自己先察觉自己的情绪，是高兴还是生气，是舒服还是不舒服。例如，当朋友约会迟到对他冷言冷语时，就应问问自己：我现在有什么感觉？应自我确认冷言冷语背后的情绪是生气。只有当我们认清自己的情绪，才有机会掌握情绪，而不会被情绪所左右。

第二，分化辨识表面情绪背后的真实情绪感受。由于情绪本身的复杂多变，个体所直接感受或表现出来的可能是已经包装或伪装的情绪，如以生气的方式来掩藏内心的受伤等。所以大学生要学习分化并辨识自己真正感受到的情绪。大学生常常无法明确地辨识所感受到的情绪，如有时候只能粗略地感受到不舒服、不愉快，至于那个"不舒服"是什么，却说不上来，这时候就需要进一步探索情绪，试着问自己：是什么让我感到不舒服？不舒服的是愤怒、悲伤、挫折、害怕、羞耻还是罪恶？如果是接近愤怒的感觉，是不平、不满、有敌意、生气，还是愤慨？如果是羞耻类的情绪，是愧疚、尴尬、懊悔，还是耻辱？这样一步一步引导自己，就可以将原本模糊、笼统的情绪，分化成比较具体、明确的情绪。

第三，进一步梳理自己的复杂情绪，明确自己所处的情绪状态。个体常常会处在

一种复杂的情绪状态中,如有时心中意念纷扰、情绪五味杂陈,整个人有心烦意乱之感,此时,个体就必须暂停并中断目前情绪,冷静地进行梳理。只要情绪中夹杂着两种以上的复杂情绪,就需要进一步梳理,应将那些纠葛、混合的情绪抽丝剥茧,辨识出隐藏的真实情绪,然后对症下药,有效解决情绪问题。梳理情绪还能帮助个体将注意力集中于内省,有安定情绪的作用。

2. 通过分析认清引发情绪的原因

只有明确引发情绪的原因,才能了解自己情绪发生的来龙去脉,真正觉察自己的情绪。

第一,要清楚地了解影响情绪的各种因素。情绪是外界刺激通过人们的认知和评价之后产生的一种主观体验。影响情绪的因素是多方面的,既有外界刺激方面的原因,即客观原因;也有自身认知评价方面的原因,即主观原因。

第二,应深入分析引起情绪的主观原因。通常人们认为愤怒、生气、忧郁的情绪是由外在原因引发的,20世纪50年代发展起来的ABC理论却认为,情绪并非直接源自外在诱发事件,而归因于个体对于这件事的观念和想法(该理论和方法将在接下来的内容中详细介绍)。探讨情绪背后的想法和信念,可以帮助个体明白哪些想法或思考方式让自己产生了负向的情绪。如果想法是理性的,即使事情不尽如人意,个体的挫折容忍力会比较高。反之,如果想法是非理性的,就容易让个体产生比较强烈的负向情绪,增加不必要的困扰,对挫折的容忍力也会降低。

3. 平静地接纳自己的情绪,并将它恰当地表达出来

第一,平静地接纳自己的情绪。一个心理健康的人并不否定自己负向情绪的存在,而且会给它一个适当的空间,接纳自己的情绪,并学习如何与它相处。接纳自己内心感受的存在,才能有效管理情绪。

第二,恰当表达自己的情绪。人们常常无法向他人表达真实情绪,是因为人们通常持一些误解:认为真实的表露会让自己难堪,认为只要不说出自己的感受就可与对方维持和谐关系等。然而,无论是高兴、伤心或难过,当有机会将真实的感受说出来的时候,本身就是一种纾解。但人们在表达情绪时容易犯这样一些错误:不清楚自己的感受,所以乱发脾气;不敢直接表达情绪,所以冷漠相对,一言不发;一味指责对方,夸大对方的过错,拒人于千里之外;讨好周围的人;等等。如何有效地表达自己的情绪呢? 在觉察自己真正的感受后,掌握良好的时机表达自己的情绪。表达情绪的有效方式应是以平静、非批判的方式叙述情绪的本质,描述而不直接发泄情绪,且情绪的言语表达要清晰、具体。恰当的表达是为了让内心的感受找到出口,也是为了让对方可以多了解自己。能恰当表达自己的情绪也说明已经具备了良好的自我情绪觉察能力。

(二) 提高对他人情绪的识别能力

提高对他人情绪的识别能力,有助于清晰地认知自己的情绪,更好地管理自己的

情绪。做到以下两点能提高对他人情绪的识别能力。

1. 掌握人类情绪表现的特点

西方心理学认为情绪表现是有机体情绪状态的外部表现,亦称为表情。表情包括面部表情、言语表情和身段表情。情绪表现具有先天遗传性。世界上所有的儿童,当受伤或悲哀时都哭泣,快乐时都微笑。有些面部表情具有全人类性,代表着相同的意义而和文化无关。一项研究把代表快乐、愤怒、厌恶、恐惧和惊奇的面部表情的照片给五种不同文化的人(美国、巴西、智利、阿根廷和日本)观看,结果表明,他们很容易指出每种表情所代表的情绪。甚至与世隔绝的前文化部族人,与西方文化毫无接触,也能正确地判断面部表情。虽然基本情绪的表现具有先天遗传性,但它们的具体表现方式却受社会文化因素的制约,特别是复杂情绪的表露更是如此。由于个体的情绪表现能被别人识别,而情绪表现又具有一定的社会价值。因此,在何种情况下表示何种情绪是人们后天学会的。人们力图掩盖自己的真正情绪,有时甚至故意表现和内心情绪不一致的表情,有时则力图夸大或修饰自己的表情。这些现象称为情绪"表露规则"。尽管伴随特定情绪的面部肌肉运动模式是由生理决定的,但这种运动显然受"表露规则"控制,受社会文化因素制约。情绪识别实际上并不是针对表情本身,而是针对它背后的意义。情绪识别是一种复杂的认知过程,包含观察、分析、判断、推理等等。

2. 把握情绪识别的规律性

情绪识别的准确度受多种因素影响。一是从面部表情中识别。从面部识别情绪的主要线索并不在"眉目之间",而应特别借助面部那些活动性更大的肌肉群的运动来识别。二是从情绪行为的前后关系中识别情绪,准确度高;而孤立地识别情绪,准确度低。三是将面部表情和身段表情结合起来识别,更有利于准确地判断情绪状态。识别身段表情,其中双手的表情占有很重要的地位。识别双手表达情绪的准确度可以达到和识别面部表情相同的水平。

准确地识别一个人的情绪单凭表情是不充分的,正常成年人可以随意调节情绪表现的方式,既可以在有情绪体验的情况下表现,也可以在没有情绪体验的情况下表现。因此,必须结合其他指标(如当时的情境、个体的个性特征等)综合进行识别。

心灵便利贴 ·········•·+·

情绪识别有规律吗?

美国心理学家保罗·艾克曼主要研究脸部表情辨识、情绪与人际欺骗。他提出不同文化的面部表情有共通性。他受达尔文《人与动物的情绪表达》一书的启发,研究西方人和新几内亚原始部落居民的面部表情,他要求受访者辨认各种面部表情的图片,并且要用面部表情来传达自己所认定的情绪状态,结果他发现某些基本情绪

(快乐、悲伤、愤怒、厌恶、惊讶和恐惧)的表达在两种文化中很雷同。艾克曼和
Friesen较早地对脸部肌肉群运动及其对表情的控制作用做了深入研究,开发了面部
动作编码系统来描述面部表情。他根据人脸的解剖学特点,将其划分成若干既相互
独立又相互联系的运动单元(AU),并分析了这些运动单元的运动特征及其所控制的
主要区域以及与之相关的表情,并给出了大量的照片说明。

四、大学生情绪调控的方法

情绪对人的发展影响极大,情绪的调控与身心健康密切相关,成熟的个体能尽量
避免不良情绪的出现。大学生要做到自如地调控自己的情绪,必须学习一些情绪自
我调控的方法。

(一) 影响情绪变化的因素

1. 影响情绪的主观因素和客观因素

情绪是由客观刺激引起的主观体验,可见客观的事物与主观的信念同时影响人
们情绪的变化,因此,要改变情绪,可以从两个方面入手,要么改变客观事物的性质,
要么改变内心主观认知的倾向。

客观事物的性质,有的能被人们改变,如将失败转变为成功,情绪就会由悲转喜;
把危险解除,恐惧就会消失;重要的任务圆满完成,紧张就会变为轻松;找到知心朋
友,孤独就被温暖所代替。而有的客观事物不能被人们改变,如天气可能影响情绪,
但天气不会被改变。主观认知和理念则可以改变,如把失败看作为成功交学费,沮丧
就会转为振奋;把沉重的任务、艰难的工作看作锻炼自己的机会,压抑就会变为激励;
不用想象中的灾难和不幸吓唬自己,恐惧就会大大减轻;领悟了世间有些路必须一个
人走,就可能在一定程度上学会享受孤独。

2. 影响情绪的先天因素和后天因素

比较稳定的情绪反应倾向受先天因素的影响,同时也有在后天环境中通过学习
获得的情绪反应倾向。影响情绪的先天因素主要有两种:一是人的气质类型,它决定
着人们的情绪反应倾向,不易改变,正如俗话所说,"江山易改,本性难移"。但人们可
以通过了解自己的情绪倾向,接纳自己的现状,并设法扬长避短。另一种是与情绪有
关的一些生理需要和感官刺激,如饮食、睡眠、性需要以及温度、光线、色彩、声音、气
味、触摸、运动等刺激。当人们的基本生理需要得到适当满足时,就会产生愉快、轻
松、平静等情绪;如果这些需要没得到满足,就会产生痛苦、压抑、不安等情绪。这些
生理需要和感官刺激通过满足某些生理需要使情绪得到改善。影响情绪的后天因素
则完全可以被人加以利用或改变。有些情绪是后天习得的,如乐观、沉稳、奋发、同

情、勇敢、自豪、忌妒等。例如,父母恐吓小孩"天黑不要出去,外面有大灰狼""不听话就带你去打针",久而久之,小孩对天黑和打针产生了恐惧,心理学上称为习得性恐惧。个体受后天环境、教育、家庭、生活经历的影响,可能导致情绪倾向的明显改变。例如,一场致命的打击也许会使一个人自暴自弃,从此一蹶不振;而一个一向紧张胆怯的人在实现了一次从未有过的成功的自我表现之后,也许会变得坦然镇定。

综上所述,情绪变化所依赖的主观因素与客观因素、先天因素与后天因素,有些不易改变,但相当部分可以通过努力来改变,这为个体自我调控情绪提供了可能性。

(二)情绪调控的方法

有利于身心健康的生活方法,一般都对调控人类情绪有利。调控情绪的具体方法种类非常多,以下所列的方法主要用于情绪障碍调控,也适用于其他心理问题。

1. 情绪疏泄法

情绪疏泄法是指个体处于较激烈的情绪状态时,允许其直接或者间接表达其情绪体验与反应。简单而言,即高兴就笑,伤心就哭,"男儿有泪不轻弹"不符合情绪调控的疏泄方法,不值得提倡。坦率地表达内心强烈的情绪,如愤怒、苦闷、抑郁情绪,心情会变舒畅,压力会减小,与情绪体验同步产生的生理改变将较快地恢复正常。所以,为了心理健康,在场合允许的情况下,该笑就笑,该哭就哭。

情绪疏泄法可以分为直接疏泄法与间接疏泄法。直接疏泄法是在刺激引发情绪反应之后,即时表达自己的内心感受,如遭遇到不公平对待,可以马上提出来,被人伤害后,直接告诉对方自己很生气。间接疏泄法是在脱离引发强烈情绪的情境之后,向与情境无关的人表达当时的内心感受,发泄自己的愤怒、悲痛等体验。例如,在受到欺侮后,向家人或朋友倾诉,以平息激烈的情绪反应。

情绪疏泄方法也有"度"的问题,不能把合理的情绪疏泄理解为激烈的情绪发泄。情绪发泄是指在激情状态下,由于自我控制能力不强,以暴力或其他不恰当的方式发泄情绪。情绪发泄不利于问题的解决,反而会引发新的问题。例如,大学生之间发生矛盾,可能会打架伤人,即时的痛快招来即时的痛悔。所以情绪疏泄原则和方法都强调其合理性,而不是一味地发泄情绪。大学生应该学会克制、宽容、忍让,情绪的发泄不得损害其他人的利益。

🌴 **心灵便利贴** ┅┅┅┅┅┅┅┅┅┅┅┅┅┅┅┅┅┅┅┅┅┅┅┅┅┅┅

闺蜜诉苦后,真的就开心了?

美国一些心理学家曾对人们的孤独感进行了两项调查:一项调查发现100%的受访者说"常常感到孤独";另一项调查发现有67%的人时常感到孤独。女人们通常会庆幸,当感觉孤单寂寞难过的时候,身边还有一位朋友可以倾诉。但是,美国密苏里州大学的科学研究告诉人们,可能你在倾诉的时候会得到心灵上的缓解和舒适,但是长此以往将会造成你和"闺蜜"的抑郁倾向。心理学家表示,这种行为在女性特别是年轻女孩当中非常普遍,她们经常聚在一起讨论"为什么他不打电话来""我该和他分手吗"之类的情感问题。但是,这种讨论常常给她们带来抑郁的后果,因为不健康的情绪可以"传染",女性原本就比男性容易抑郁和焦虑,而"共同反刍"会将女性困在负面的思维模式中无法自拔。而男性朋友之间这种感性的对话发生得比较少,所以不会加重他们的焦虑或者抑郁情绪。

因此,作为一名闺蜜,在听取好友诉苦的过程中需要重视吐苦水的双重作用,应该在耐心地听取好友的悲观想法后,和她一起将注意力集中在解决问题的办法上,帮助好友重建希望。

2. 认知调控法

一般来说,人的心理有两个层面,一个是情感层面,一个是认知层面。情绪疏泄法是通过心理宣泄解决情感层面的问题,情感层面的问题解决了,人的理智就会逐渐恢复。但是,有时人的认知层面的问题不解决,情感层面问题的解决也是暂时的,以后遇到问题仍会再次受挫。因此,解决认知层次的问题对于摆脱情绪困扰是非常必要的。运用此种方法时可以从以下几个方面入手:

（1）设定符合实际的期望值。

俗话说:希望越大,失望也就越大。在现实生活中,不少人的挫折感均来源于对自己设定的期望值过高,过于苛求自己。因此,大学生要学会以平和的心态待人处事,学会给自己留下一定的空间,把目标锁定在能力所及的范围之内,不好高骛远,不要求自己事事都超过别人。同时,对任何人、任何事都不必期望值过高,这样,当事情发展没有朝着预期的方向进展时,就不会产生强烈的挫败感。

（2）学会妥协和放弃。

人的一生会有许多愿望和追求,但由于主客观条件的限制,不可能一一实现。当发现计划的目标不切合实际时,大学生要学会妥协和放弃,然后根据自己的实际情况重新确立目标,并制订新的计划。

（3）学会自我安慰。

自我安慰也称合理化,指个体遭受挫折后,为了维护自尊,减少焦虑,会找出种种理由为自己辩解,增加自己行为的合理性和可接受性,以减轻心理压力,获得自我安慰。合理化的辩解有助于精神安慰。在社会生活中,人们的需要不可能全部获得满足,进行自我安慰可以使人的内心达到平衡。因此,在某种情况下,自我安慰不失为一种有效的心理自我防卫方法。

（4）运用合理情绪理论。

理性情绪理论又称为 ABC 理论,由美国临床心理学家埃利斯提出,他认为:"人不是为事情困扰着,而是被对这件事的看法困扰着。"

所谓 ABC,A 指事件（Accident）;B 指信念（Beliefs）,也称为非理性信念,是指个体在遇到诱发事件之后,对该事件的想法、解释和评价;C 是指这件事发生后,人的情绪和行为结果(Consequence)。通常人们会认为,人的情绪是直接由诱发性事件 A 引起,即 A→C。ABC 理论则指出,诱发性事件 A 只是引起情绪的间接原因,而人们对诱发性事件所持的信念、看法和解释才是引起情绪更为直接的原因,即 A→B→C。

理性情绪理论的应用步骤:

第一,将引发不良情绪的事件和认识——列出。

第二,找出引发不良情绪的非理性观念。非理性观念有下几个主要特征:

① 绝对化。即对什么事物都怀有认为必须或不会发生的信念,这种特征常常表现为日常生活中"应该""必须""一定""绝对"等用语上。例如,"我必须成功""别人必须对我好"等。

② 过分概括化,即以偏概全的思维方式。它常常把"有时""某些"过分概括化为"总是""所有"等。它具体体现在人们对自己或他人的不合理评价上,典型特征是以某一件或某几件事来评价自身或他人的整体价值。例如,有些大学遭受学业失败后,就会认为自己"一无是处、毫无价值",这种片面的自我否定往往导致自暴自弃、自罪自责等不良情绪。而这种评价一旦指向他人,就会一味地指责别人,产生怨怼、敌意等消极情绪。在这种非理性特征中,会认为世界上事物只有两类,要么正确、要么错误。

③ 灾难化。常会表现为,"一旦出现了……即天就要塌了""再没有比这更可怕的了"等。例如,"我没考上大学,一切都完了""毕业找不到工作,不会有前途了",这种想法是非理性的,因为对任何一件事情来说,都会有比之更坏的情况发生,所以没有一件事情可被定义为糟糕至极。但如果一个人坚持这种"糟糕"观念时,那么当他遇到他所谓的百分之百糟糕的事时,就会陷入不良的情绪体验之中,从而一蹶不振。

因此,在日常生活和工作中,当遭遇各种失败和挫折时,要想避免情绪失调,就应多反观自己的认知,看是否存在一些"绝对化要求""过分概括化"和"糟糕至极"等不合理想法,如有,就要有意识地用合理观念取而代之。

第三,通过对非理性观念的认识和纠正,找出合理的观念。

第四,通过建立合理的信念,最后达到情绪感受的改变。情绪反应产生于主体认识到刺激的意义和价值之后,对相同的刺激,不同的评价将会引起不同的情绪反应。所以可以用调整、改变认知的方法调控情绪反应和行为。例如,之所以出现考试紧张,是因为我们认为考试很重要,考不好会被人看不起,担心不及格、补考等可怕的后果。这时我们可以通过自我言语暗示放松紧张情绪,如果认为考差一点关系不大,紧张情绪就会缓解。

心灵便利贴 ••

常见的不合理信念

（1）人应该得到生活中所有对自己是重要的人的喜爱和赞许。

（2）有价值的人应在各方面都比别人强。

（3）任何事物都应按自己的意愿发展，否则会很糟糕。

（4）一个人应该担心随时可能发生灾祸。

（5）情绪由外界控制，自己无能为力。

（6）已经定下的事是无法改变的。

（7）一个人碰到的种种问题，总应该都有一个正确、完满的答案，如果一个人无法找到它，是不能容忍的事。

（8）对不好的人应该给予严厉的惩罚和制裁。

（9）对于困难与责任，逃避比面对要容易得多。

（10）要有一个比自己强的人做后盾才行。

••

3. 活动转移法

活动转移方法是指在处于情绪困境时，暂时将问题放下，从事所喜爱的活动以转变情绪体验的性质，达到调控情绪的目的。

音乐是调控情绪的最佳方式之一。欢快有力的节奏使情绪消沉者振奋，轻松优美的旋律让紧张不安者松弛，大学生可以学习乐器和音乐创作，把内心的体验转化成心灵的曲调，并从中体验成功。

体育活动也是转移调控情绪的良好方法。当情绪状态不佳时，跑步、打球、下棋、郊游都是极好的情绪调控手段，体育活动既可以松弛紧张情绪，又可以消耗体力，使消沉者活跃，激愤者平静，达到平衡情绪的目的。

活动转移方法按其转移的方向可分为两类：一是消极转移，一是积极转移。消极转移是指情绪不佳时，转而去吸烟、酗酒、打架、自暴自弃。这是大学生应该尽力避免的转移方向。积极转移方法是指把时间、精力从消极情绪体验中转向有利于个人幸福和未来发展的方向，如勤奋学习、专心读书、参与公益活动等。积极转移方法是大学生调控情绪努力的方向。

活动转移方法之所以有效，其原因有三：一是转移的活动是大学生所喜爱的，从事该类活动，大学生马上可以感受愉悦；二是活动的成功有利于帮助大学生寻找自我价值，获得高自尊；三是每个人的时间、精力都有一个限度，用于第一件事多些，用于第二件事自然就少些，无暇再深刻体验负性情绪。

心灵便利贴 ·+·

运动消气中心

前些年,在法国出现了一种新兴娱乐场所:运动消气中心。紧接着,世界各地都出现了这种运动消气中心。据其广告宣称,运动消气中心保证能使顾客满腹怨气而来,轻松愉快而归。

心理医生的跟踪调查表明,运动是缓解抑郁心情的最好方法。因此,每个运动中心均有专业教练、心理指导医生,在人们走进运动消气中心后,他们教来访者如何大喊大叫,甚至大哭大闹、扯毛巾、打枕头、捶沙发、摔东西、骂人等。运动消气中心还有心理"出气"治疗。心理医生帮助来访者找到烦恼的"气因",用语言开导后,再让"出气者"做一种专门为其设计的运动量颇大的"消气操"。为了适应来访者不同类型的需要,有的运动消气中心上下左右都铺满了海绵或者地毯,任人摸爬滚打。大多数生气的人,来这里都能够"失意而来,满意而归"。由于"治疗"效果显著,这一行业日渐兴隆。

改善心情有许多方法,在各种方法中,运动尤其是有氧运动最能消除人的烦恼。运动过后,不仅仅达到了宣泄的效果,也改善了身心状态。医学研究指出,运动可以与振奋情绪的药物相媲美。另外,家务劳动也具有类似效用,不过效果要差一些。大学生学习之余可以多做有氧运动,如跑步、骑自行车、快走、游泳和其他重复性的持续运动。耗氧运动可以加快心率,加速血液循环,改善身体对氧的利用。这种运动每次至少持续20分钟,每周3～5次较适宜。生命在于运动,好心情更离不开运动。

·+·

4. 寻求社会支持法

当大学生陷入较严重的情绪障碍时,有必要向社会支持系统寻求支持。大学生应建立自己的社会支持系统,能够在心理方面给予自己支持、帮助的社会网络,如亲人、朋友,或者是专业的社会工作者、心理咨询师和心理医生。社会支持系统的存在有多方面的意义:一是可以作为倾诉的对象,向他人倾诉苦恼之后,个体会感到轻松解脱;二是提供新的看问题的视角和思路,帮助大学生走出个人习惯的思维模式,重新评价困境,寻找新的出路;三是社会工作者、心理咨询师和心理医生可以提供专业意见、建议,运用心理学手段和方法帮助大学生更有效地解除情绪障碍。

5. 身体放松调节法

身体放松调节法又称为松弛反应训练,是一种通过肌体的主动放松来增强人对自我情绪控制能力的有效方法。它的基本原理是通过训练放松所产生的躯体反应,如减轻肌肉紧张、减慢呼吸节律等,以达到缓解焦虑情绪的目的。

具体的操作步骤如下(此方法最好是在老师的指导下进行):

在一个较为安静的环境中,舒适地坐(或仰卧)在沙发上或躺在床上。

步骤一:让自己初步体验肌肉的紧张。操作要领:① 伸直并绷紧双臂,握拳;② 绷紧双臂肌肉,握紧双拳,用力,并保持数秒钟;③ 之后放松双臂,松拳,放松休息数分钟。

步骤二:在上一步骤基础上进一步绷紧肌肉。操作要领:① 伸直双臂,握拳,同时,伸直并绷紧双腿,双脚脚尖内勾,呈倒勾式;② 上述各部肌肉同时用力,并保持数秒钟;③ 之后放松上述各部的肌肉,放松休息数分钟。

步骤三:在前两个步骤基础上达到全身肌肉的紧张。操作要领:① 伸直双臂,握拳,同时,伸直并绷紧双腿,双脚脚尖内勾,呈倒勾式的基础上,同时紧皱前额部肌肉,锁紧眉头,紧闭双眼,皱起鼻子和脸颊,紧咬牙关,紧收下颚,紧闭双唇,紧绷两腮,梗直脖子,胸部、腹部肌肉绷紧,躯干用力挺起;② 全身各部分用力绷紧,并保持数秒钟;③ 之后放松上述各部的肌肉,放松休息数分钟。

步骤四:在全身肌肉紧张的前提下,配合呼吸,加强对紧张的体验。操作要领:① 深吸一口气(用腹式呼吸),憋住气;② 伸直双臂,握拳,头向后仰,伸直并绷紧双腿,双脚脚尖内勾,呈倒勾式,同时,胸部、腹部肌肉绷紧;③ 屏住呼吸,全身各部分用力绷紧并保持,直至身体和呼吸的最后极限;④ 放松呼吸,并放松上述各部的肌肉。

步骤五:紧接步骤四,指导语暗示全身的肌肉、呼吸乃至身心的放松。操作要领:① 肌肉放松指导语:头部肌肉放松,面部肌肉放松,脖子放松,双肩放松,双臂放松,双手放松,手指放松,胸部放松,腹部放松,双腿放松,双脚放松,脚趾放松;② 呼吸放松指导语:呼吸在放慢,变得越来越慢、越来越深、越来越沉;③ 身心放松指导语:你会感到身体变得很沉、很重,全身感到越来越沉、越来越重;感到全身很累,很疲倦;好像有一种昏昏欲睡的感觉;自己什么都不去想、什么都不愿意想;感到心情很放松。

步骤六:体验此时此地的放松感受。

放松训练结束。

心理测验 ━━

你的情商怎么样?

第(1)～(9)题:请如实选答下列问题。

(1) 我有能力克服各种困难:A. 是的　B. 不一定　C. 不是的

(2) 如果我能到一个新的环境,我要把生活安排得:A. 和从前相仿　B. 不一定　C. 和从前不一样

(3) 一生中,我觉得自己能达到我所预想的目标:A. 是的　B. 不一定　C. 不是的

(4) 不知为什么,有些人总是回避或冷淡我:A. 不是的　B. 不一定　C. 是的

(5) 在大街上,我常常避开我不愿打招呼的人:A. 从未如此　B. 偶尔如此

C. 有时如此

（6）当我集中精力工作时，假使有人在旁边高谈阔论：A. 我仍能专心工作　B. 介于A、C之间　C. 我不能专心且感到愤怒

（7）我不论到什么地方，都能清楚地辨别方向：A. 是的　B. 不一定　C. 不是的

（8）我热爱所学的专业和所从事的工作：A. 是的　B. 不一定　C. 不是的

（9）气候的变化不会影响我的情绪：A. 是的　B. 介于A、C之间　C. 不是的

第（10）～（16）题：请如实选答下列问题。

（10）我从不因流言蜚语而生气：A. 是的　B. 介于A、C之间　C. 不是的

（11）我善于控制自己的面部表情：A. 是的　B. 不太确定　C. 不是的

（12）在就寝时，我常常：A. 极易入睡　B. 介于A、C之间　C. 不易入睡

（13）有人侵扰我时，我：A. 不露声色　B. 介于A、C之间　C. 大声抗议

（14）在和人争辩或工作出现失误后，我常常感到震颤，精疲力竭，不能安心工作：A. 不是的　B. 介于A、C之间　C. 是的

（15）我常常被一些无谓的小事困扰：A. 不是的　B. 介于A、C之间　C. 是的

（16）我宁愿住在僻静的郊区，也不愿住在嘈杂的市区：A. 不是的　B. 不太确定　C. 是的

第（17）～（25）题：在下面问题中，每一题请选择一个和自己最切合的答案。

（17）我被朋友、同学起过绰号、挖苦过：A. 从来没有　B. 偶尔有过　C. 这是常有的事

（18）有一种食物使我吃后呕吐：A. 没有　B. 记不清　C. 有

（19）除去看见的世界外，我的心中没有另外的世界：A. 没有　B. 记不清　C. 有

（20）我会想到若干年后有什么使自己极为不安的事：A. 从来没有想过　B. 偶尔想到过　C. 经常想到

（21）我常常觉得自己的家庭对自己不好，但是我又确切地知道他们的确对我好：A. 否　B. 说不清楚　C. 是

（22）每天我一回家就立刻把门关上：A. 否　B. 不清楚　C. 是

（23）我坐在小房间里把门关上，但我仍觉得心里不安：A. 否　B. 偶尔是　C. 是

（24）当一件事需要我做决定时，我常觉得很难：A. 否　B. 偶尔是　C. 是

（25）我常常用抛硬币、翻纸、抽签之类的游戏来预测凶吉：A. 否　B. 偶尔是　C. 是

第（26）～（29）题：下面各题，请按实际情况如实回答，仅须回答"是"或"否"即可，在你选择的答案下打"√"。

（26）为了工作我早出晚归，早晨起床我常常感到疲惫不堪：

是_____　否_____

（27）在某种心境下，我会因为困惑陷入空想，将工作搁置下来：

是_____　否_____

（28）我的神经脆弱,稍有刺激就会使我战栗:是_____　否_____

（29）睡梦中,我常常被噩梦惊醒:是_____　否_____

第(30)～(33)题:本组测试共4题,每题有5种答案,请选择与自己最切合的答案,在你选择的答案下打"√"。

答题标准如下:A. 从不　B. 几乎不　C. 一半时间　D. 大多数时间　E. 总是

（30）工作中我愿意挑战艰巨的任务。A.　B.　C.　D.　E.

（31）我常发现别人好的意愿。A.　B.　C.　D.　E.

（32）能听取不同的意见,包括对自己的批评。A.　B.　C.　D.　E.

（33）我时常勉励自己,对未来充满希望。A.　B.　C.　D.　E.

计分时请按照记分标准,先算出各部分得分,最后将几部分得分相加,得到的那一分值即为你的最终得分。

第(1)～(9)题,A计为6分,B计为3分,C计为0分;

第(10)～(16)题,A计为5分,B计为2分,C计为0分;

第(17)～(25)题,A计为5分,B计为2分,C计为0分;

第(26)～(29)题,每回答一个"是"得0分,回答一个"否"得5分。

第(30)～(33)题,从左至右分数分别为1分、2分、3分、4分、5分,总计为_____分。

结果解释:

如果得分在150分以上,那你就是个EQ高手:你尊重所有人的人权和人格尊严。不将自己的价值观强加于他人,对自己有清醒的认识,能承受压力。自信而不自满,人际关系良好,和朋友或同事能友好相处,善于处理生活中遇到的各方面的问题,认真对待每一件事情。

如果得分在130～149分,说明你的EQ较高:你是负责任的"好"公民。在一些情况下易受别人焦虑情绪的感染,比较自信而不自满,较好的人际关系,能应对大多数的问题,不会有太大的心理压力。

如果得分在90～129分,说明你的EQ一般,易受他人影响,自己的目标不明确。能应付较轻的焦虑情绪,把自尊建立在他人认同的基础上,缺乏坚定的自我意识,人际关系较差。

如果得分在90分以下,说明EQ较低,自我意识差,无确定的目标,也不打算付诸实践,严重依赖他人,处理人际关系能力差。应对焦虑能力差,生活无序,责任感较低,爱抱怨。

第三节　心理知识拓展

一、电影"心"赏——《头脑特工队》

　　莱莉的父亲因为工作原因举家搬迁到旧金山,莱莉只得和熟悉的中西部生活说再见。和所有人一致,莱莉也是被五种情绪共同支配——快乐、恐惧、愤怒、厌恶和悲伤。这五位情绪们居住在莱莉脑海里的控制中心,在那里它们可以通过适当调配来指导莱莉的日常生活。乐乐作为团队的领导,它协同其他伙伴致力于为小主人营造更多美好的珍贵回忆。然而,莱莉随同父母搬到了旧金山,肮脏逼仄的公寓、陌生的校园环境、逐渐失落的友情都让莱莉无所适从,她的负面情绪逐渐累积,内心美好的世界渐次崩塌。为了保护这一切,乐乐只有行动起来。

二、心理训练营

(一) 游戏名称:指手画脚

　　游戏规则:2人一组。一人用动作比画,不能说词语中出现的字。另一人猜,规定时间内猜中词语多的获胜。

　　设定几种情景,让大家知道(建议5个比较适宜)。

　　举例:(1) 自己的日记本被妈妈发现,并且翻看。

　　(2) 同学相向而坐或站(单排背向讲台)。

　　(3) 老师依次出示不同的情景,面对讲台的人只能通过面部表情来表达在此种情景中自己的反应,并请背对讲台的一排同学猜表达的是哪一种情景(可以对调做)。

　　(4) 在剩下最后一个情景时,告诉表演者,他们只需要微笑。

　　(5) 老师根据最后一个情景,如果我们用微笑来面对的时候,会有怎么不一样的结果,由此引出本次情绪管理的主题。

(二) 游戏名称:魔王闯关——坚定意念

　　游戏目的:让同学无拘无束地释放出情绪能量,发展其良好的个性,培养开朗的性格(老师可以告诉同学以后可以用类似这样的方式来调节自己的情绪)。

　　游戏内容:

　　(1) 让老师扮演"魔王",并做出凶狠残暴的表情(需要逼真),在同学报出口令请求通过时,只有经过"魔王"的同意方能闯关成功。

(2) 过关口令:报告魔王,我是×××,我强烈要求从甲地到达乙地,途中不管有什么困难,我都坚决不放弃目标! 坚持到底,永不放弃! 请魔王允许通过!

(3) 过关者报出口令时要求要做到声音响亮、吐字清晰无误、坚毅有力、发自内心,不能眼神闪躲,身体也不能表现出退缩的姿态,否则将不予通过。

(4) 魔王根据过关者表现出的意愿的强烈程度决定是否放行(一定要严格要求标准),过关者必须无条件服从,魔王无须向过关者解释不能通过的原因(这个一定要让学员自己觉悟),每个过关者皆只有三次过关机会。

(5) "魔王"可以适当地拦住一两个意念比较坚定的过关者,目的在于让同学明白在人生过程中会出现一些故意刁难的人,即使做得很好,仍然得不到他们的肯定。而对于这些人,只有做到更好,做到让他们满意为止。这样做的用意在于让同学意识到:口号不是只用于喊一喊的,当你这样喊的时候心里还必须得这样想。只有当这句话成为真正的内心愿望的时候才能表现出坚定、勇敢。

(6) 每个过关者过关的间歇之间,"魔王"会倒数 5 秒,如果这期间还是没有过关者出现的话,全组成员都将受罚。

第六章

科学用脑，有效学习

> 人不光是靠他生来就拥有一切，而是靠他从学习中所得到的一切来造就自己。
>
> ——歌德

案例导入

小刘是某高校汉语言专业的大二学生，每次在考试前一个月，她就会焦虑，总是担心考试考不好。万一挂科怎么办，奖学金拿不到了，如果多门挂科，可能还会留级，父母那么辛苦供她读书，对不起父母……这些想法让她日夜不安。考前焦虑令她上课不能集中注意力，食欲减退，严重失眠。

案例分析

适当的考前焦虑能促进学生认真复习，取得好成绩。但小刘的焦虑已超出了正常，对她的学习和生活产生了严重影响。她应认清考试焦虑给自身学业和身心健康所带来的负面影响，分析考试焦虑的根源，寻求缓解和处理考试焦虑的方法，进而消除或减轻考前焦虑给她带来的不良影响。

第一节　学习及学习心理概述

学习是心理结构的构建过程，是通过同化和顺应，将主体新获得的经验和原有经验结构相整合而实现的。因此，要进行有效的学习，原有心理结构中需具备适当的知识、技能，且保持适当的学习动机。学习是大学阶段的中心任务，有很强的目的性、自主性、选择性和探索性。

大学阶段的学习是一种特殊形式的学习，有其自身的特点和要求。这种特点和要求又对当代大学生的学习心理产生了广泛而深刻的影响，使其表现出不同于中小学阶段的独特性。

一、学习的含义

学习有广义的学习和狭义的学习两种概念。广义的学习是指个体在活动中通过经验引起的行为或者心理的相对持久的变化。广义的学习既包括人类的学习，也包括动物的学习。狭义的学习仅指人在社会实践过程中，在与他人的交往中，运用语言这一中介，自觉、主动地掌握社会和个体经验的过程。人类的学习在内容、形式、过程、性质以及功能等方面与动物的学习有本质的不同。动物的学习局限于消极被动地适应环境，而人类学习不仅自觉而且主动，能够对环境施加影响并改变环境。

大学的学习既不同于儿童的学习，也不同于成人的学习，是人类学习的一种特殊形式和特殊阶段，是在学校教师有目的、有计划、有组织和有系统的指导下，以掌握间接经验为主的智力实践活动过程。

二、当代大学生学习心理的特点

大学教育是学校教育的最高层次，从受教育者的学习生涯来说，是从学校教育中的学习走向社会工作环境中的学习的过渡阶段。同时，大学生从青春期步入成人期后，其身心发展在很多方面会出现新的变化和特征，因此，大学学习不仅具有学校教育中的一般学习的基本属性，也有其特殊性。相对于中小学生，大学生的学习在学习目标、学习内容和学习方式上都会出现很大的变化。了解和把握大学生学习的特点，有助于大学生更好地适应大学的学习生活。

（一）学习的自主性

进入成人期后，大学生的自我意识开始成熟并日趋稳定，生理、心理特征以及大学学习的任务和环境决定他们在学习上有着更强的独立性和自主性。与中学生相比，大学生具有更多独立思考的意识，拥有更多自由支配的时间和更为丰富的学习资源，他们的学习方式也发生了明显改变。大学生作为学习活动的主体，能够调控自己的学习活动，积极主动地获取知识、技能和形成专业必需的各种品质。对大学生而言，学习的自主性主要表现在可以自我调整学习目标、自我钻研学习内容、自我选择学习方法。

因此，学习的自主性要求大学生具有良好的自我控制力、时间管理能力和学习规划意识；能结合自身实际情况，合理地制订学习计划；能科学管理和利用好自主的时间；能利用好丰富的学习资源，不断提高自学能力。

（二）学习的专业性

基于大学学习的专业性，大学生应深入了解自己的专业，包括专业的培养目标、就业面向、课程设置、毕业条件等，努力感受所学专业的专业魅力，培养自己对本专业的热爱，形成对专业学科知识的浓厚兴趣，认真学习专业知识，锤炼专业技能。

当然，大学学习的专业性并不是狭隘化。当今时代，学科的发展呈现出明显的融合趋势。一个学科的专业知识以另一个学科为基础，比如，要学好物理专业，必须有扎实的数学基础。同时，很多工作也体现出多学科的相互融合的特征，要顺利完成某项工作，仅有某个专业的知识是不够的，需要其他相关专业的配合。所以，专业学习是大学生学习的主体方向，但不是学习的全部。大学生在学好专业知识的同时，需要拓展自己的知识面，学习通识性知识，选修相关课程，博览群书，形成最佳的知识结构，从而更好地完成未来的专业工作。

（三）学习的开放性

所谓开放性学习，是指大学生作为学习的主体，突破传统的狭义的教师、教材、专业、课堂、学校的界限，以灵活的方式在更广阔的领域里进行的学习活动。

与科研和生产紧密结合是现代大学教学的一大特点。这就要求大学生能够拓宽自己的专业领域，通过多种渠道、多种形式进行学习。大学生除在课堂学习之外，课外还应通过学校丰富的教学资源进行学习，如线上学习、听学术报告、查阅文献资料、参加学生社团活动、参与教师的科研课题等。除了校园内的学习，校外科学调查、社会实践也是大学生学习的重要方式。灵活多样的学习方式为大学生从不同层次、不同角度学习知识提供了宽广的平台，也为大学生在学习活动中发展自己多方面的兴趣、培养多方面的能力提供了条件。

（四）学习的探究性和创造性

大学生的智力发展进入全盛时期，思维方式由形式逻辑思维为主转为以辩证思维为主，思维更加具有相对性、变通性、灵活性，个体的创造性思维迅速发展。智力上的成熟为大学生深入探究和创造提供了基础。大学学习在内容、方式、环节等多方面都具有研究、探索和创造的性质。

第二节 学习策略

一、学习策略概述

"未来的文盲不再是不识字的人，而是没有学会学习的人"，面对终身学习的社会环境，学会学习是大学生最基础最重要的终身技能。学习策略作为学习者学习中极为重要的机制，直接影响学习者的学习效率和学习效果，对学习者的学习行为和学习态度具有一定的改善作用，有助于提高学习者的认知水平与学习能力。掌握学习策略是衡量学生学会学习、学会思考的根本标志。

（一）学习策略概念

古人云"授之以鱼不如授之以渔"，其中的"渔"所指的就是学习的策略与方法。关于学习策略，在心理学界大致有以下四种观点：把学习策略看作具体的学习方法或技能；把学习策略看作学习的调节和控制技能；把学习策略看作内隐的学习规则系统；把学习策略看作学习方法和学习的调节与控制的有机统一体。总而言之，所谓学习策略，是指在学习活动中，为达到一定的学习目标而学会学习的规则、方法和技巧，是一种在学习活动中思考问题的操作过程，是认识（或认知）策略在学生学习中的一种表现形式。

（二）学习策略的基本特征和本质属性

1. 学习策略的基本特征

第一，学习策略伴随着学习活动的开展而形成。学习策略不是先天形成的，而是在具体的学习过程中，为提高学习的效率而逐步形成和发展起来的。

第二，学习策略是帮助学习者应用学习方法的操作系统。任何形式的学习都要运用一定的学习方法。学习策略的作用就是在学习的过程中，帮助学习者应用学习方法。

第三，个体的学习策略会随着学习者学习目标和学习内容的改变而进行调整。大学生在学习的过程中会形成许多学习策略，在具体的学习过程中并不是机械地运用这些学习策略的，他们会根据学习内容的特点和学习目标灵活地选择、应用和调整学习策略。

心灵便利贴 ·-

神奇的记忆宫殿

在侦探类电影《唐人街探案 2》中,秦风曾运用了神奇的记忆宫殿侦破案件,将走过的唐人街街道、黑帮歌舞厅、警局、汽车修理厂等场景建立还原,不仅环境原景重现,场景中的人物也以固定的方式处理。古罗马时期,记忆宫殿就是一种非凡的记忆技巧。例如,世界记忆大赛的八连冠米尼奥·奥布瑞恩能够看一次就记住 54 副扑克牌的顺序;汤玛斯·哈里斯的小说《汉尼拔》中,连环杀手汉尼拔·莱克特使用记忆宫殿"鲜活地"储存着多年来复杂的病人档案。记忆宫殿是如何建立的呢?

(1) 选择宫殿,首先需要选择一个你熟悉的地方,本技巧取决于你能够在脑海中轻易再现并轻易漫步的能力。其次试着在你的宫殿里确定一条特别的路线,而不是静止的场景。

(2) 列出所选场所里的明显的特征物,并做虚拟漫步。

(3) 把宫殿牢牢印在脑中。

(4) 成为宫殿的主人后,像大部分的记忆增强方式一样,通过形象化的联想,选择一个已知图像和想记住的要素结合起来。

·+·-·+·-·+·-·+·-·+·-·+·-·+·-·+·-·+·-·+·-·+·-·+·-·+·-·+·-·+·-·+·-·+·-

2. 学习策略的本质属性

第一,学习策略在学习过程中的主要作用是学习者对学习活动进行自我调节和控制。这种调节和控制,就是在具体的学习过程中,针对具体的学习内容,对"怎样学?(即如何进行学习执行的操作)"和"学到什么程度?(即对学习目的究竟有什么样的认识)"等一系列问题进行决策,并将这种决策在具体的学习活动中实施。

第二,在具体的学习过程中,学习策略对学习活动所进行的调节和控制主要通过学习方法的调用来实现。因此,学习策略具有一定的方法性,和一般学习方法的方法性有一定区别。

二、合理使用学习策略

(一) 认知策略

1. 复述和复习策略

复述和复习策略指学生对所学内容的适当的重复学习,主要用于记忆比较重要的学习内容,以减少遗忘。根据著名的艾宾浩斯遗忘曲线所揭示的规律,遗忘的进程是不均衡的,遗忘的发展是"先快后慢",随后趋于平稳。根据这一规律,在学习活动中,可以采取及时的复述和复习策略来增强记忆和减少遗忘的发生。学习后在当天内复习一刻钟往往比一星期后复习一小时的效果更佳。特别是对外语单词、符号、公式等意义不强的学习材料更需如此。及时复习犹如加固大厦,待大厦倒塌了再修补则为时晚矣。

（1）复习的时间。

根据艾宾浩斯遗忘曲线,学习一种材料后要注意及时复习和系统复习。及时复习可以较大程度地减少遗忘,但要长期保持所学内容,还必须进行系统的复习。心理学研究表明,有效的复习时间安排应是刚开始间隔短,随后逐渐减少复习的次数及时间。比如第一次复习可以在学习结束后的一个小时以内进行;第二次复习可以在当天晚上或第二天早上进行;第三次复习可以在四天到一星期后;第四次复习可以在半个月到一个月后;第五次复习可以在半年后。

心理学研究发现,学习者对学习内容的开始和结尾部分记忆效果比较好,而对中间部分的记忆效果较差。这是因为抑制是导致遗忘的重要因素,学习刚开始的内容只受倒摄抑制影响,学习最后的内容只受前摄抑制影响,而中间的内容则受前摄抑制和倒摄抑制双重夹击,学习效果自然较差。因此,在长时间进行复习时,可将连续的复习时间分成几个小单元,中间穿插短暂的休息。这样就可以人为增加开始和结尾的数量,达到提高复习效率的目的。

心灵便利贴 ++·+··+

前摄抑制与倒摄抑制

所谓前摄抑制就是先学习的材料对后学习材料的干扰作用。安德华德（Underhood）的实验证实了这种现象的存在。心理学的有关实验表明,识记无意义材料时,前摄抑制的影响较大,因而造成大量的遗忘;识记有意义材料或学习材料较熟悉时,前摄抑制的影响较小。所谓倒摄抑制是指后学习的材料对回忆先学习材料的干扰作用。研究表明,先后两种学习材料既相似又不相似时,倒摄抑制的影响最大;先后两种学习的材料很相似或很不相似时,倒摄抑制的影响较小。先学材料的巩固程度愈低,倒摄抑制影响愈大;先学习材料的巩固程度愈高,倒摄抑制的影响愈小。后学习材料难度愈大,倒摄抑制的影响就愈大;后学习材料愈容易,倒摄抑制的影响就愈小。

（2）复习的次数。

多次复习有利于增强记忆,但复习多少次能达到效率最大化呢？这就涉及过度学习的问题。所谓过度学习,是指学习一种材料达到完全正确背诵后仍继续学习。学习内容的保持量随过度学习的增加而增加。关于过度学习的次数,次数过少,保持效果不理想;但次数过多,其保持量增加的幅度也不再明显。研究表明,保持效果既好又省时省力的最佳过度学习率为 50%。例如,刚能背诵一首诗需读 6 遍,那么过度学习的最佳值就为 3 遍。坚持过度学习获得的知识会更牢固。

（3）复习的方法。

常用的高效复习方法主要有交替复习法、多感官复习法、睡前复习法、尝试回忆法等。

交替复习法是指根据学习内容的难易程度及联系强弱,交替复习不同的内容。这主要是因为过长时间复习单一内容可能会降低大脑的兴奋度,易产生学习疲劳,进而降低记忆效果。学生若能交替复习不同科目,则有助于维持大脑的兴奋度,降低疲劳,预防倦怠。

多感官复习法是指学习者将多种感官协同起来进行记忆,同时使用眼、口、耳、手、心等多种储存信息的途径,增强知识在头脑中的神经联系和线索提取,可以大幅提升记忆效果,有效预防学习倦怠。

睡前复习法。研究表明遗忘的原因之一是活动的干扰妨碍了记忆。国外有人(Jenkins 和 Dallenbear,1924)就做了这样的实验,让两名大学生识记同样的内容,一个熟记后睡眠,一个熟记后仍进行日常活动。结果表明后者的遗忘远远高于前者的遗忘。这是因为后继的日常活动干扰了前面的识记内容,睡眠则无此干扰。因此,若能在每天睡觉前坚持用一刻钟时间将当天学习的重要内容回顾一下,定能取得满意效果。

尝试回忆法。有许多同学复习时习惯于一遍又一遍地读,实际上这是一种少、慢、差、费的复习方式。研究表明,试图回忆是有效的复习方式,即在阅读材料几遍后,就掩卷而思,尝试背诵,对不能回忆的内容重复阅读后再次尝试背诵。如此反复循环,直到记牢为止。将全部练习时间的 80% 用来试图回忆,20% 用来诵读的效果更佳。这样的复习方法容易将学生的注意力集中在学习的薄弱环节,维持学习者大脑积极、兴奋的状态,另一方面还可以让学生及时了解自己已经掌握的内容,高效利用复习时间。

2. 精细加工策略

（1）联想。

联想是大脑的基本功能,可以帮助学习者对学习材料进行精细加工,提升学习效率,预防学习倦怠。这里主要介绍形象联想和奇特联想。

形象联想是指把眼前要记忆的内容与头脑中的栩栩如生的形象联系起来,从而达到增强记忆的效果。头脑中的鲜明形象与要记忆的内容可能并不具有某种内在联系,但通过这种有意识的联想,可以人为地将它们联系起来,赋予本来无意义的材料以意义。

奇特联想是通过夸张的情节、大胆的想象、离奇的场面对所识记的知识进行加工,从而实现深刻、持久的记忆。奇特联想具有新颖独特、荒诞离奇、超脱现实、非逻辑性的特征,因联想的奇特性而给人留下深刻的印象。在记忆比较难的材料时可以尝试使用奇特联想。

（2）谐音。

谐音是指利用相似的声音线索进行记忆的一种方法，具体来说，就是把某些知识按照其他同音汉字去理解，使原来没有意义的音节变为有意义的语句，达到生动有趣的效果。在使用此法时要求除了发音相似外，还应保证充分利用形象来表现所要记忆材料的意义，或人为地赋予某种意义。

（3）多感官链式记忆法。

多感官链式记忆法就是指每个单一的学习材料都要使用多感官经过"看清、熟读、释义、书写、再现"五个连环的动作来完成，大幅提升记忆效率。

第一步：看清——第一眼要看清、看准所记单个材料的形象，给大脑输送一个清晰而准确的信号。例如，记汉字，第一眼就要看清、看准汉字是由哪些笔画组成的，以及每个汉字的结构和排列次序，用时 3～5 秒。

第二步：熟读——紧接着第一步，在看清、看准的前提下，立即连续诵读（或默念，或拼读）所记单个材料的音（拼音或念名称）。诵读或拼读的次数为 2～3 遍，用时 3～5 秒。

第三步：释义——紧接着第二步，在连续诵读之后，立即诵读和理解所记材料的释义。诵读的次数为 2～3 遍，用时 10 秒左右。

第四步：书写——紧接前三步，把看、读的材料连续写 3 遍。要边写、边念、边想义，用时 15～20 秒。

第五步：再现——即回想，紧接前四步，眼睛离开材料，将前四步所记单个材料的形、音、义，回忆默背一遍，使三者在大脑里形成一个完整的概念。如回忆不清，立即重复一遍，重新建立印象，用时 3～5 秒。

以上五步连环，使单个材料的多个因素（形、音、义等）在 25～45 秒内，同时动用眼、口、手、耳、脑等多感官协同工作，可以极大地提升记忆的效率。

3. 组织策略

组织策略主要指学生在学习过程中有效组织不同层级和特点的学习内容。常用的组织策略有列表、列提纲和画思维导图。通过组织策略，在相关知识之间建立联系，综合起来进行对比和总结，同时也便于大脑对知识讲行深度加工和提取。

（二）元认知策略

1. 元认知策略分类

（1）计划策略。

完整的计划策略大致包括预测结果、确立目标、决策分析、时间分配、评估有效性、拟定细则等环节。计划策略在整个元认知策略，甚至在一切学习策略中，都占据很重要的位置。因为计划无论大小，总是涉及学习活动的全局，而始终保持全局观，恰恰是策略性学习的关键。而且，没有学习计划就没有评价学习效果的标准，也没有卓有成效的评价活动。

（2）监视策略。

元认知监视策略是指在认知过程中，根据认知目标及时检查评价认知活动的结果与不足，如检查学习内容是否被领会，知识的预备度或熟练度是否不足，策略的选择是否有效，目标设定是否过高或过低。有监视然后才有调节。元认知监视策略具体包括阅读时对注意加以跟踪、对材料进行自我提问、考试时监控自己的速度和时间等。

（3）调节策略。

元认知调节策略是根据监视的结果，找出认知偏差，及时调整或修正目标的策略。例如，在学习活动结束时，评价认知结果，采取相应的补救措施，修正错误，总结经验教训等。在实际运用中，调节策略在监视策略使用后能更有效。

2. 元认知的培养

（1）自我提问法。

自我提问法就是在元认知训练中，向学生提供一系列自我观察、自我监控、自我评价的问题表单，促进学生进行自我反省，从而使学生掌握问题解决的方法。例如，美国数学家波利亚就解决数学问题的四个阶段，提出了以下供学生自我提问的系列问题：

第一，理解问题阶段问：未知条件是什么？已知条件是什么？已知条件足以确定未知量吗？多余还是不足？

第二，拟定计划阶段问：过去见过这种题吗？若见过是否它以稍许不同的方式出现？我能应用一个具有相同或相似未知条件的熟悉问题解答当前题吗？如果不能解答当前题，应问：我能从已知条件中产生什么有用的东西？使用了所有的条件和数据了吗？

第三，执行计划阶段问：能清楚地认定每一步都是对的吗？能证明它是对的吗？

第四，回顾步骤问：我能检验结果的正确性吗？我能检验推理过程吗？我能运用这个结果或方法于其他问题吗？

（2）相互提问法。

相互提问法，即将学生每两人分为一组，给每个学生一份类似于上述自我提问的表单，要求学生在尝试解决问题的同时根据提问表单相互提问并做出回答。研究表明，相互提问法能有效地促进学生的思考与竞争，发展元认知。

（3）知识传授法。

知识传授法是不同于以上训练的另一种方法。它主要是通过传授学习理论的有关知识，特别是关于元认知的知识，使学生通过学习认识到元认知在学习中的重要性，自觉地将元认知运用于学习中，生成适当的学习策略，提高学习效果。

以上几种元认知训练，都能一定程度地提高学生的元认知水平，特别是对于复杂困难的问题，元认知的训练就更为有效。

总之，对学生元认知的培养若能从以上方面全面进行，通过多种途径共同发挥作用，其效果就会更加明显。

(三) 资源管理策略

资源管理策略是指对各种学习资源进行管理的策略，主要包括时间管理策略、学习环境管理策略和社会支持管理策略等。

1. 时间管理策略

时间管理策略通常是指对时间的高效利用的策略，主要包括统筹安排学习时间，高效利用学习时间，对时间管理效果的评价、调控和反思等。

(1) 统筹安排学习时间。

统筹安排学习时间主要指科学合理地制订学习计划，包括年计划、月计划、周计划、日计划等。在制订时间计划时要根据任务的轻重缓急进行排序，可以将这些任务分到既紧急又重要、不紧急但重要、紧急但不重要、既不紧急又不重要四个象限。需要强调的是，把主要时间放在重要但不紧急的任务上是统筹安排学习时间的关键，这样可以有效避免主要时间被不重要的任务占用，大幅提升学习效率，有效预防学习倦怠。

(2) 高效利用学习时间。

高效利用学习时间主要包括管理好课堂时间，利用好零碎和业余时间等。

第一，课堂时间管理。学生学习的主要场所是课堂，提高课堂时间利用率是关键。学生在学习中要避免注意力不集中、分心、走神等情况的发生。同时，积极参与课堂活动，紧跟教师的思路，积极思考和回应教师的提问。

第二，有效利用零碎和业余时间。大学生如果能合理利用零碎时间和业余时间进行自学，不仅能有效地巩固、补充和延展课堂所学的知识，也能有效地促进大学生个性化的学习。

(3) 对时间管理效果的评价、调控和反思。

在时间管理计划实施过程中和实施后需要对时间管理效果进行评价、调控和反思，并据此做出进一步的修改和调整。大学生特别要反思和评价自己在哪段时间学习效率最高或者最低，在什么时间段注意力最集中或者最容易分散，在什么时间段记忆效果最好或者最差等。大学生对自己在不同学习时间的效率进行监控和评价后，对原来的时间计划进行调整和修正，使之更加符合自身的需要和实际情况。

2. 学习环境管理策略

充满各种干扰的学习环境容易使学习者分心，导致学习效率低下。学习环境的管理策略包括客观和主观两个方面。

客观方面，学习者应该主动去选择一个适合自己学习的良好学习环境，这个环境至少应该是安静的,舒适的,让人能专心学习的。首先,要注意调节自然条件,如流通的空气、适宜的温度、明亮的光线以及和谐的色彩等。其次,要设计好学习的空间,如空间范围、室内布置、用具摆放等。如果条件允许,应当有一个相对固定的学习场所,以减少同学间的相互干扰,创建一个相对安静的学习环境。要注意桌面的整洁,各种学习用具要摆放在固定的地方,用完后归还原处。学习时,尽量减少可能的干扰。比如,最好将手机保持静音状态,以免分心和打乱思绪。

主观方面,学习者在不能选择客观环境的前提下,就要学会调整自己的心态和情绪,提升自己的环境适应能力和抗干扰能力。

3. 社会支持管理策略

社会支持管理策略在这里主要是指利用家人、教师和同学支持的策略。

(1) 家人支持。

合理利用家人的支持可以有效地提高大学生学习效率,提高大学生在学习中情绪管理的能力。当大学生遇到学习上的困惑和困难时,应该主动向家人求助,家人可以支招并提供心理支持。

(2) 教师支持。

教师不仅传授知识,还是学生成长的引路人和促进者。在课余,学生若有什么疑问无法解答,可以经常向教师请教,虽然教师不一定能马上给出圆满的答复,但至少教师有更丰富的知识经验和人生阅历,可以在学习以及其他方面给大学生以启发和指导。

(3) 同学支持。

同学支持有助于彼此相互启发,达成对事物的全面理解。寻求同学支持可以以团体和个体两种形式进行。团体形式是指在小组合作学习活动中,通过团体成员之间的探讨解决学习问题;个体形式是指在学习过程中,向同学请教学习中遇到的问题。由于同学之间年龄相同、心理发展水平相近,同学根据自己的理解所进行的辅导可能比教师的辅导更为方便和有效。

心理测验 +-+

大学生学习策略量表

请你仔细阅读每一个句子,按自己在实际学习活动中运用每种学习策略行为的频率进行评定,评定分为五个等级,1代表"完全是这样或总是如此"、2代表"经常这样或多数情况如此"、3代表"有时这样或有时不这样"、4代表"很少这样或偶尔如此"、5代表"不是这样或从不如此",时间为20分钟。

题　项	完全是这样或总是如此	经常这样或多数情况如此	有时这样或有时不这样	很少这样或偶尔如此	不是这样或从不如此
1. 上课专心听讲	1	2	3	4	5
2. 有较强的求知欲	1	2	3	4	5
3. 制定适当的学习目标	1	2	3	4	5
4. 课前对要学的新内容有所预习	1	2	3	4	5
5. 课后及时复习当天学过的知识内容，巩固所学知识	1	2	3	4	5
6. 学习新概念时，常把学过的相关知识和观念联系起来对照比较和分析	1	2	3	4	5
7. 复习学过的内容时，常按自己掌握的水平分成主要与次要，把握要点	1	2	3	4	5
8. 经常把所学的知识归纳出纲要，以帮助记忆	1	2	3	4	5
9. 平时会有计划地对学过的课程内容进行复习和练习	1	2	3	4	5
10. 复习时，喜欢按个人的实际情况制订有效的复习计划	1	2	3	4	5
11. 常给自己提出一些问题，以确保真正地理解所学内容	1	2	3	4	5
12. 常用多种思维方法来解决问题	1	2	3	4	5
13. 几乎总是能知道自己的解答和完全正确有多大距离	1	2	3	4	5
14. 作业或测验中出现的错误，能认真分析原因加以解决	1	2	3	4	5
15. 学习成绩下降时，能冷静地分析原因，采取有效的措施，尽快赶上来	1	2	3	4	5
16. 上课时没有学会的内容，课后会请教老师和同学	1	2	3	4	5
17. 学习遇到困难时，会及时调整学习方法	1	2	3	4	5
18. 经常分析和总结近期的学习进展情况	1	2	3	4	5
19. 经常总结自己在学习中的方法和经验	1	2	3	4	5
20. 通常能按时完成教师布置的作业	1	2	3	4	5

题　项	完全是这样或总是如此	经常这样或多数情况如此	有时这样或有时不这样	很少这样或偶尔如此	不是这样或从不如此
21. 有一定的综合概括能力,把广泛的阅读内容归纳整理成有条理的东西	1	2	3	4	5
22. 过一段时间,喜欢回想一下这段时间的学习情况如何	1	2	3	4	5
23. 能根据自己的学习情况,正确评价和总结自己在学习方面的优势与不足	1	2	3	4	5
24. 遇到不顺心的事时,能克制自己,不会影响学习	1	2	3	4	5
25. 当教师所讲内容枯燥时,能控制自己注意听讲	1	2	3	4	5
26. 即使有好电影,没有完成学习计划,也不会去看	1	2	3	4	5
27. 在解答题目时,注意选择和组织有关信息	1	2	3	4	5
28. 给自己定的学习目标,多数会按时完成	1	2	3	4	5
29. 学习时对自己有信心,不过于自卑	1	2	3	4	5
30. 喜欢对没有把握的问题坚持不懈地努力	1	2	3	4	5
31. 相信自己在考试时能获得一个理想的分数	1	2	3	4	5
32. 当学习遇到挫折时,能鼓励自己克服困难	1	2	3	4	5
33. 善于在课堂上做笔记,课后整理笔记	1	2	3	4	5
34. 用自己的方法去理解一些相关的理论	1	2	3	4	5
35. 劳逸结合,该学习时学习,该休息时休息	1	2	3	4	5
36. 善于利用学习效率最高的时间	1	2	3	4	5
37. 及时总结学习中的经验和错误	1	2	3	4	5
38. 经常与同学对照来检查自己在学习方法与效率上的问题	1	2	3	4	5

续　表

题　项	完全是这样或总是如此	经常这样或多数情况如此	有时这样或有时不这样	很少这样或偶尔如此	不是这样或从不如此
39. 培养自己对学习科目的兴趣	1	2	3	4	5
40. 注意调节自己的情绪	1	2	3	4	5
41. 能够有效地利用自己的时间	1	2	3	4	5
42. 经常和老师或同学进行讨论交流	1	2	3	4	5
43. 充分合理地利用图书馆进行学习	1	2	3	4	5
44. 避开容易使自己分心的事情	1	2	3	4	5
45. 生活有规律,形成自己的作息计划	1	2	3	4	5
46. 善于选择良师益友	1	2	3	4	5
47. 学习环境嘈杂时,会换一个地方	1	2	3	4	5
48. 考试前能保持良好的心态	1	2	3	4	5
49. 完成一定的学习目标后,进行自我鼓励	1	2	3	4	5

评分方法：

《大学生学习策略问卷》由四个维度构成,共49个题项,四个维度名称和包含的题项如下：认知策略,含复述、精加工和组织策略,有1、4、5、6、7、8、12、20、21、27、33共11个题项；元认知策略,含计划、监视和执行策略,有3、9、10、11、13、14、15、17、18、19、22、23、28、34、35、36、37、38共18个题项；情感策略,是与学习动机、兴趣、态度有关的策略,包含2、24、25、26、29、30、31、32、39、40、44、48、49共13个题项；资源管理策略,含时间管理、学习环境管理和寻求帮助策略,有16、41、42、43、45、46、47共7个题项。每个题项上的分数越低,表明该个体在这个学习策略上的水平越高。

第三节　大学生学习心理问题与调适

学习是艰苦而持久的脑力劳动,新生进入大学后,由于角色的变化和学习环境的改变,许多新生会在学习上产生种种不适,加上对学习的规律认识不清,对学习的方法掌握不当等原因,部分新生会出现学习心理问题,进而影响学习效果。因此,帮助大学生正确认识学习心理,教给他们学习心理调适的方法,使大学生尽快适应大学的学习,是大学生心理健康教育和成长成才的重要内容。

心灵便利贴

"开学恐惧症"

"开学恐惧症"是一种情绪障碍,主要是学生对学校产生恐惧。由于对即将到来的学习生活缺乏必要的心理准备,学生会对学习产生畏难情绪,或对学校产生恐惧情绪。"开学恐惧症"的主要症状是情绪低落、心慌意乱、无缘无故发脾气、浑身疲劳、注意力不集中、记忆力减退、失眠等,有时还伴有头痛、胃痛等躯体不适症状。

新生和毕业班学生,心理素质和适应能力较差的学生,处理人际关系能力较差的学生,在学校经常受到老师批评和学习成绩不好的学生,过于追求完美的优秀生,这几类学生是"开学恐惧症"的易发群体。

英国曼彻斯特城市大学曾研究出一个数学公式,可辅助诊断开学恐惧症。最后得出的数值越大,说明开学恐惧度越大。公式如下:

$$[(s+c) \times (r+t) - (h+o)] \div b$$

式中,s:你在学习中获得的快乐感。(1~5分,快乐感最低的得分是5分)

c:你与同学相处的融洽程度。(1~5分,融洽感最低的得分是5分)

r:你平时容易放松吗?(1~5分,最不容易放松的得分是5分)

t:你假期旅行感觉好吗?(1~5分,感觉最差的得分是5分)

h:你选择度假时间正确与否?(1~4分,否定程度最强的得分是4分)

o:你与身边其他人的关系如何?(1~4分,关系最差的得分是4分)

b:你在前后两次出去度假的时间是否特别长?(1~4分,时间最长的得分是4分)

一、学习动机不足、过强与调适

学习动机是激发并维持个体进行学习活动的一种内部心理状态。部分大学生存在学习动机不足的问题,需要进行学生心理调适,激发他们的学习动机,从而提高学习效率。

(一) 学习动机不足

1. 学习动机不足的表现

学习动机不足是指学习没有内在的驱动力量,没有学习兴趣和求知欲,也就是学生常讲的"学习没劲儿"。学习动机缺乏主要表现在以下几个方面:

(1) 没有明确的学习目标。不少大学生没有目标,总是为学习而学习。他们没有根据个人的发展方向和所学专业的性质设定自己的学习目标。因为学生缺乏合理的目标体系，没有制定长期、中期以及短期的学习目标，所以难以进入良好的学习状态。

（2）学习计划性不强。大学生都明白学习的重要性，都抱有多学知识、学好知识的愿望，但是他们的学习心理停留在愿望的层面，没有实际的学习计划，也就无法按照自己的实际情况对每门课程的学习内容与学习时间做出合理的分配，因而影响他们学习效率的提高。

（3）学习适应困难，缺乏成就感。进入大学以后不少学生还需要老师的监督管理，未摆脱中学被动学习的模式，未能很好地适应大学的学习。当上课听不懂、学习遇到困难时不积极主动地寻求解决的办法，加上缺乏自学能力，从而导致他们的学习成绩下降，有的学生甚至放弃了学习。

2. 学习动机不足的调节

（1）提升内部学习动机。缺乏学习动机的同学，首先要了解自己的学习需要，明确自己的学习目的，才能激发学习动机，从"要我学"转变为"我要学"。其次，学习动机是对学习活动的兴趣和动力，一旦形成，就会对学习产生持久而稳定的推动力，不易受到外界因素的干扰。在知识的内部寻找乐趣，发现学习本身的意义，成为自主的学习者，关注自己发展的需要，才能体验到掌握知识或技能后的获得感。

（2）确定合适的任务目标。合适的目标是指学生通过努力可以实现的目标。明确而合适的学习目标，有助于激发个体的学习动机，获得强烈的成功体验。从大学生的认知结构和认知水平来看，已经基本具备分析问题和解决问题的能力，确定了合适的学习任务目标之后，积极付诸行动，目标一定能达到。

（3）学会正确的归因。人总是喜欢寻找自己或他人之所以取得成功或遭受失败的原因，这就是归因。在追寻学习成功或失败的原因时，大学生最好将原因归结于不稳定但可以控制的因素。例如，当学习成功的时候归因于努力程度，就可以促使自己为下一步的成功继续努力；而当暂时失利时，也能够对自己说，我的努力程度还不够，还要继续努力。

（4）感受成功，激发学习的积极性。大学生以他们对学习意义的理解来解释教师提出的目标，并对目标承担责任。最新的研究结果表明，学生和教师共同制定的学习目标更容易实现。学习目标上的共识反映了师生关系中共同努力的意向。例如，教师要求学生认真复习英语，并取得四级证书，当完成这一目标时，学生的英语实际水平大大提高，学习的成就感也得到了提升。

（5）以积极心态对待学习。以积极的心态对待学习，正确认识学习的价值和目标，重视规划学业与人生；在学习中遇到挫折与困难时，用自身的意志战胜惰性，调整心态，积极寻求应对挫折和困难的办法；改进学习方法，提高学习效率与学业自我效能感，提高学业的自我价值与社会价值。

心灵便利贴 ━━

耶基斯-多德森定律

最佳动机水平随任务的性质不同而不同。如图 6.1 所示,对于比较简单的任务,效率随动机提高而上升,中等偏高最佳;对于比较困难的任务,效率随动机增强而下降,中等偏低最佳。随着任务难度不断增加,动机的最佳水平有随之下降的趋势。

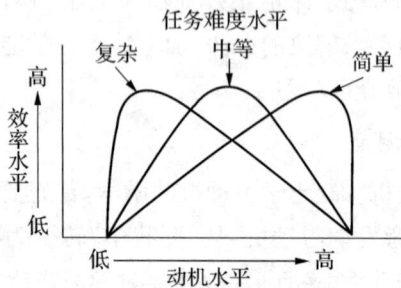

图 6.1 耶基斯-多德森图

(二)学习动机过强

1. 学习动机过强的表现

学生学习期望过高,自尊心过强,渴望学习成功而又担心学业失败,受表面学习动机的驱使,渴望外在的奖励与肯定,特别是由于学业优秀带来的心理满足感等原因使学生更看重自己的学业,因而造成学习强度过大,引发心理疲劳和考试焦虑,主要表现在以下方面:

(1)成就动机过强。部分大学生成就动机过于强烈,急于取得成就并超过他人,树立的抱负与期望远远超过自己的实际能力与潜力。这类大学生过高地估计了自己的实力,当面临失败和挫折的时候容易导致心态不平衡。

(2)奖励动机过强。这类大学生对奖励考虑过多,一心只想获得奖励,避免受到惩罚。他们努力学习的目标只为获得奖励,对学习过程没有兴趣。其原因来自社会、家庭和学校不恰当的强化。

(3)学习强度过大。学习时间安排不当,加之课业负担过重,使大学生的学习时间过长,生理、心理得不到应有的调整与恢复,从而产生一种生理和心理的疲劳现象。从生理上看,过度的学习易造成肌肉痉挛麻木、眼球发疼发胀、腰酸背痛、动作不准确等。从心理机制看,感官活动机能下降、注意力分散、思维迟钝、情绪烦躁,致使学习错误增多、学习兴趣减弱、学习效率下降,严重的将会造成大学生心理的失衡和学习行为的畸变。这类大学生往往比较要强,做任何事情都力求完美,只认定一个目的,时常使自己身处高压环境,结果适得其反。

2. 学习动机过强的调节

(1) 端正学习动机,提高需要层次,正确对待外部诱因。

(2) 正确认识自己的潜质,制定恰当的学业目标与学业期望,调整成就动机,不好高骛远。与此同时,大学生在学习中要脚踏实地,循序渐进。

(3) 转换表面的学习动机为深层学习动机,淡化外在奖励特别是学业成就的诱因,正确对待荣誉与学习成绩。

(4) 培养广泛的兴趣爱好,积极参加各类文化娱乐活动,注意劳逸结合,重视综合素质的提高,培养多种特长。

(5) 端正学习态度,树立远大理想,保持旺盛的学习热情,坚持不懈,便会取得预期效果。

二、学习倦怠及调适

学习倦怠是因学业压力和负荷过重而产生的情绪、态度和行为的损耗或衰竭现象。学习倦怠由情绪耗竭、去个性化和低成就感三部分构成。

(一) 情绪耗竭的表现及矫治

情绪耗竭是指一种过度的付出感以及情感资源的消耗过度、殚精竭虑的感受。情绪耗竭源于学生在学校学习中面临一些过度的要求时表现出的一种超负荷和耗竭的情绪。它是学习倦怠的核心,也属于学习倦怠的应激成分。

1. 教师改变教学管理方法以改善学生情绪耗竭状态

(1) 降低学生的学业负荷,减轻他们的心理压力。

过重的学业负荷会导致学生心理压力增大,使他们失去对学习的兴趣与热情,情绪和生理都产生耗竭感。为减轻学生心理负担,在教学中要渗透情感教育和心理教育;帮助学生根据自身实际制订学习目标和学习计划;向学生提供学习资源和新的学习方式,使他们可选择最能满足自身需求的学习资源和最适合的学习方式。

(2) 关注不同层次学生,帮助学生制定合适的学习目标。

学习的目标应由不同层次的目标群所组成,它分为总目标、阶段目标、课程目标和课时目标。学习总目标是指学生学习全过程的学习目标,要经过较长时间才能实现,又叫长期目标。阶段目标,是根据学习过程中各个阶段而制定的,它是学习总目标的进一步具体化。课程目标也称学科目标,是一门学科的教学在总体上要达到的基本要求。课时目标是每一节课应达到的具体要求,即学生在学习每一节课时,都要明确这一节课的目标任务,以及应掌握的基本知识和技能。这些目标应一步比一步具体,形成有递进关系的目标系统,使学生从一个目标向另一个目标迈进。帮助学制定合适的学习目标,也是激励学生学习积极性的有效教学措施。

(3)提高学生的情绪调控能力。

情绪的调节和管理能力反映出个体面对变化的情境要求时所表现出来的灵活性、变通性等人格特征,也被称为自我弹性人格。高自我弹性者集中表现了情绪表达和管理的最优化倾向。倦怠的核心是情绪耗竭,在大学生的心理健康教育中可以对学生进行普遍的情绪管理辅导,以缓解情绪耗竭状况,降低学习倦怠,提高学生的心理健康水平。

2. 父母改变教养方式,给予学生更多的情感支持

父母的教养方式,尤其是父母给予子女的情感支持,对学生的自我效能感、自我能力的肯定有着正向引导的作用,学生感受到父母给予的支持越多,对自己学习投入也就越多,学习自信心越强,情绪状态越积极,对学习的倦怠感也就越少。

3. 个体应采取积极应对方式降低情绪耗竭感

当个体在学习中出现情绪耗竭现象时,应有意识地进行自我调整。大学生要学会调整自己的情绪,去寻找情绪耗竭的原因,找到原因后才能对症下药。例如,自己已经很努力了,但是成绩依然不见成效,挫败感很强,那么就要积极主动地寻求老师、同学的帮助。注意平时多和同学交流,多问、多观察其他同学好的学习方法,以改进自己的学习。

(二)去个性化的矫治

去个性化主要是指对他人的消极、冷淡、过分隔离、愤世嫉俗的态度和情绪情感,具体表现为学生以玩世不恭和冷漠的方式与态度回应周围的人际关系。

1. 教师无条件积极关注

无条件积极关注是人本主义心理学家罗杰斯提出的重要概念。他认为,积极关注对自我概念的形成有重要影响。在自我概念形成的过程中,教师给予无条件积极关注,帮助学生形成积极的自我概念有助于他们树立信心,克服困难。

2. 建立和谐的师生互动关系

在教学活动中,师生之间良好的互动关系,能使学生充分享受学习、交往和发展的乐趣,能激发学生积极主动探索的欲望,使教学过程真正成为一个师生密切合作、积极开拓和探索的双向认识过程。在教学过程中建立和谐的师生关系,还有助于培养学生对学习的兴趣,增强学生对学习的信心。

(三)低成就感矫正

低成就感指自我效能感下降,个体倾向于对自己做出消极评价。在学习倦怠中具体表现为学习效能感低,并伴有挫败感,常对自己所取得的成绩不满意。

1. 帮助学生掌握科学的学习方法

不科学的学习方法或者不当的学习方法，会让学生在学习的过程中感到力不从心，从而阻碍学生学习的进步。而科学良好的学习方法的掌握也是提高自我效能感的重要途径。当发现学生的学习方法存在问题时，教师应积极地帮助学生分析问题，并寻找适合学生的学习方法。

2. 让学生更多地体验成功

每个班级都会有学生在学习上常常遭受挫折和失败，他们更需要学习的成功体验。教师应从学习任务安排、学习目标设定等方面进行改进，让学生在教学中更多地体验成功的喜悦，而非失败的痛苦。

心灵便利贴 +

习得性无助

习得性无助是指通过学习形成的一种对现实的无望和无可奈何的心理状态。"习得性无助"是美国心理学家塞利格曼于 1967 年在研究动物时提出的，他用狗做了一项经典实验：起初，把狗关在笼子里，只要蜂音器一响，就对狗施加难以忍受的电击，狗关在笼子里逃避不了电击，于是在笼子里惊恐哀叫。多次实验后，蜂音器一响，狗就倒在地上惊恐哀叫。后来，即便实验者把笼门打开，狗也不逃避，而是在电击之前就先倒在地开始呻吟和颤抖。本来狗可以主动地逃避，却绝望地等待痛苦的来临，这就是习得性无助。为什么狗连逃避的本能都没有了呢？因为它已经知道这样做是无用的。

无助感的主要心理特征有低成就动机、低自我概念、低自我效能感、消极定势。

+ +

（四）个人自助矫治

个体还要学会一些心理自助的方法，以缓解情绪状况。常用方法有以下几种。

1. 运动调整

当面对压力，出现焦虑、抑郁等情绪时，运动是调整情绪的有效方法。在运动过程中，个体体内的内啡肽物质的分泌会使个体体验到愉快、平和的正性情绪，从而有效地进入一种与焦虑相反的松弛状态。运动调整法要求一周至少运动 3 次，每次 20 分钟以上；可选择一些轻松有趣或自己感兴趣的运动项目。如果可以，最好结伴运动，以相互鼓励与支持。

2. 改善睡眠

因压力大而出现焦虑、无助的个体往往会有睡眠不佳、失眠等症状。处于焦虑状态的个体，如果睡眠质量下降，个体会感到精力不足。同时，对失眠的担忧，更加重个体的焦虑。因此,个体首先要学会一些改善睡眠的方法。

第一,适当地进行体育运动。在晚上睡觉前进行半小时的运动,特别是快走或慢跑,可使个体感到舒适与放松,有助于睡眠。

第二,睡前在床上不玩手机、不吃东西。只在你想睡觉时才上床,把床与睡眠紧密地联系起来,将床只当成是睡觉的地方。

第三,睡觉前不要进食刺激性的食物,如喝酒、喝茶、喝咖啡等。在睡前半小时喝一杯热牛奶,有助于睡眠。

第四,如果在床上躺了 15～20 分钟仍未入睡,那么可以起床做一些其他的事情,但此时不要做过于激烈的运动,可做一些简单和轻松的事情,如看看书和杂志。当你有了睡意时再重新上床。

第五,使自己的身体与心理处于较为放松的状态。不要过于担心失眠问题,接受自己偶尔失眠的状态,可在入睡前 1～2 小时通过洗热水澡、听轻音乐等方法让自己松弛,也可自己通过放松的方法或调整呼吸的方法使自己的身体达到松弛。

3. 放松法

(1) 简单放松法。

找到一个让你心情平静和放松的目标,如你喜欢的一件物品,或默念"放松、放松",在练习的过程中,将注意力集中在自然、放松的呼吸上,想象自己的身体逐渐放松。

(2) 渐进性肌肉放松法。

渐进性肌肉放松法的基本原理是:紧张你的肌肉,保持这种紧张感 3～5 秒,并注意这种紧张的感觉,之后放松 10～15 秒,最后,体验放松时肌肉的感觉。在放松训练中,一般是从下向上放松,即从脚趾到头顶的放松。通过这种全身主要肌肉收缩—放松的反复交替训练,可以稳定个体的情绪。长期坚持训练,可以使个体总是处于一种心态较平静的状态,对个体的性格及生活适应均有积极的意义。

4. 情感释放法

释放不仅是要向外宣泄和表达,还包括向内深入的体验。个体可以通过放声痛哭、向知己倾诉等方式把不良的情绪适当地排解出去,也应该学会把生活中点滴的积极情感与美好感受深入地体会和吸收进来。大学生要开放自己的情感世界,与环境、与他人、与整个世界都有情感交流和联系。

5. 音乐疗法

音乐疗法是一种系统化的介入过程。音乐能直接触及人的心灵深处,影响情绪、身体以及行为,对个体身心压力的缓解大有帮助。当个体情绪低落时,可听一些节奏欢快、明朗的音乐,在音乐的感染下,痛苦的情感体验和生活经历逐渐转化为一种悲剧式的审美体验而得到升华。音乐对生理也会产生影响,比如,可以刺激和增加人体激素性物质,可以调节植物神经等。

除此之外,还可以每天适当地晒晒太阳、练练瑜伽等,都能使个体获得舒缓、平和、愉快的情绪体验。因此,在条件允许的情况下,个体可以尝试多种方法来调适自己的情绪。

心理测验 ┉┉┉┉┉┉┉┉┉┉┉┉┉┉┉┉┉┉┉┉┉┉┉

大学生学习满意度量表

本量表可用于测量大学生的学习满意度,了解大学生对学习生活的主观感受,对提高大学生的学习满意度有一定的指导意义。

请根据自己真实的学习情况作答。在回答下列题目时,1代表"非常不符合";2代表"比较不符合";3代表"不确定";4代表"比较符合";5代表"非常符合"。答案没有对错之分。

题　项	非常不符合	比较不符合	不确定	比较符合	非常符合
1. 我认为自己所学的知识有用武之地	1	2	3	4	5
2. 大部分老师能够有效地协调和掌控教学过程	1	2	3	4	5
3. 我对学校的教学管理制度不满意	1	2	3	4	5
4. 在学校,我学到了有用的东西	1	2	3	4	5
5. 大部分老师的教学活动令我满意	1	2	3	4	5
6. 学校的大部分教学用硬件设施令我满意	1	2	3	4	5
7. 学校的学习资料能够为我所用	1	2	3	4	5
8. 大部分老师的教学方式符合我的个人期望	1	2	3	4	5
9. 学校对上课时间有适当安排	1	2	3	4	5
10. 我在学习上有干劲儿	1	2	3	4	5
11. 我与大多数老师沟通起来比较容易	1	2	3	4	5
12. 学校的学习资源丰富	1	2	3	4	5

评分方法:

问卷共有12个题项,分为3个维度,分别是学业满意度、教学满意度和硬件设施满意度。学业满意度维度指学生对学习过程及结果的满意程度,包括第1、4、7和10题;教学满意度维度指学生对教师的教学及教学过程的满意程度包括第2、5、8、11题;硬件设施满意度维度指学生对学校的教学制度及教学设施的满意程度,包括第3、6、9、12题。

除了第3个题项反向计分外,其余11个题项均为正向计分。各维度的得分为其所包括的所有题项的得分总和。被试在某个维度上的得分越高,说明他在这方面的满意度越高。

第四节　心理知识拓展

一、电影"心"赏——《最贫困的哈佛女孩》

千锤百炼，圆梦哈佛

一位名叫丽兹的女孩，生活的家庭环境十分恶劣。母亲吸毒，父亲没有工作，生活极度贫困。而她对父母没有抱怨，反而很爱他们。她很聪明，却不能像普通家庭的孩子那样每天正常去上学，后来她被送进可怕的收容所，在那里度过了她的少年时代。16 岁时，母亲的离世让她受到很大的打击。从此，她更加努力，拼命学习，希望通过学习可以改变她的命运。最终，她通过努力进了一家福利性学校，开始了还算正常的学习和生活。她没有家，每天睡在地铁里，靠到餐厅打工养活自己。她不停地学习，不放弃任何时间和地点，最终，她赢得奖学金进入哈佛大学。

颓废的生活，无法捡拾的亲情，同学的歧视和欺凌，起初，她觉得自己也是个不安分子和受害者，但是当丽兹见到她妈妈怀揣着梦想直到去世都没有实现时，她明白了，她做出改变的时间要么是现在，要么就永远不可能了。丽兹凭借自己坚定的意志，不向生活低头，不向命运屈服，仅用两年时间完成了高中四年的课程，并以优异的成绩考入了哈佛大学。

"沉舟侧畔千帆过，病树前头万木春"，命运掌握在自己手中，只要我们有梦想，有积极的心态，有正确的人生观、价值观，能用乐观、积极的生活态度和顽强不懈的意志诠释人生，最终梦想一定可以实现。

二、心理训练营

学习方法的干预

学习方法就是指在学习活动中所运用的手段和策略。学习方法主要包括学习目标的制定、学习时间的分配、学习中具体的技能技巧等方面。

（一）对学习方法进行干预所使用的方法

干预中用到了行为主义的强化，利用实例示范的方法、榜样法和艾宾浩斯的遗忘曲线帮助记忆。

（二）训练方案的实施

干预方案一：如何给自己设定目标

目标：学会制定每天的学习目标，按着目标完成每天的任务。

干预过程：

第一步，帮助学生分析自身的目标管理中存在的问题，主要通过与学生进行谈话，了解学生给自己制定的学习目标。

第二步，通过运用柏拉图式的谈话技术，让学生明白自己在学习目标上存在的问题，激发其改变的兴趣。

第三步，帮助学生制定学习目标，让其按照实施，使其体验达到目标的快乐。

第四步，让学生逐渐学会自己制定适合自己的学习目标。

干预方案二：时间管理

目标：学会合理利用自己的时间，做到高效率地利用有限的时间。

干预过程：

第一步，准备一个计时器和一个学习任务列表。

第二步，在十分钟内全心全意完成这个学习任务，十分钟一到就休息两分钟。

第三步，总结这样做的好处，引导其在日常学习中也可以这样做。

第四步，制订时间安排计划。

干预方案三：学习技能的培养

目标：学会学习的技巧，做到事半功倍。

干预过程：

第一步，学会专注。专注练习，给学生一组单词，让学生记忆，依次增加难度，重复地进行几天。

第二步，听课方法的指导。在老师讲课时要在心里跟着重复老师说的每一句话。做好课前预习和课后复习。课间要注意休息。

第三步，记忆的方法指导。教给学生记忆的规律和提示记忆法。

第四步，各科学习方法指导。

第七章

正视爱情,助力成长

我需要三件东西:爱情、友谊和图书。然而这三者之间何其相通！炽热的爱情可以充实图书的内容,图书又是人们最忠实的朋友。

——蒙田

案例导入

一位男生来到咨询室,面色憔悴,身上还带着一些酒味,在咨询师的引导下,男生慢慢叙述起自己的苦恼。上大学后,见同学陆陆续续都谈了恋爱,自己也主动追求一名女生,为她买花、买早餐,送小礼物等。最初女生不答应,认为两人在性格上不合适,但是经过一段时间的坚持,女生答应了自己的追求。建立恋爱关系之后,两人几乎每天都在一起,上课坐在教室的角落,也不参加班级活动,和其他同学的关系都比较疏远,好像这个世界只属于他们两个人。期末考试时,两人都出现了挂科现象。同时,女朋友对自己越来越不满意,争吵的频率越来越高,终于有一天女朋友主动提出了分手。他感到非常痛苦,几天没吃东西,晚上也睡不着,也曾偷偷地哭泣,甚至想到自杀。

案例分析

爱情是很难用语言描述的,也没有绝对的标准。该同学在恋爱中投入非常多的时间和精力,将所有注意力都放在两人的关系中,没有建立自己的人际关系,并且耽误了学业。但爱情从来都不是生活的全部。当两人关系出现问题时,该同学感受到更多的失落和难过,因为在这个过程中他已经迷失了自我。大学生的恋爱就像青涩的果子,从追求异性、建立恋爱关系、正式交往到关系破裂,都存在不确定性。很多学生在面对如何选择适合的恋人,如何处理恋爱中出现的矛盾与冲突,如何解除关系等问题时,不知道该如何处理,甚至运用错误的处理方法,从而带来了严重的后果。

处于青春期发展中后阶段的大学生，性机能迅速成熟，男女情感上的吸引力大大强化，产生了相互倾慕、热烈的爱情。随着性观念趋向开放，大学生恋爱已成为一种普遍的现象，恋爱行为也已逐渐趋向公开化。

第一节 爱情的真谛

爱情是人类永恒的话题，跨越文化和历史，千百年来深深影响着人们的婚姻质量和幸福。心理学家埃里克森认为，人类对于爱情的需求主要出现在成年早期，大学生群体正处于这一年龄阶段。对于很多大学生而言，恋爱已经是大学时代的一门必修课。

从政治家、思想家到心理学家，不同时期的不同专家学者对恋爱的诠释都有着不同的答案。根据《现代汉语词典》的解释，恋爱是指男女依恋相爱。恩格斯认为"恋爱是人们彼此间以相互倾慕为基础的关系。"英国性心理学家霭理士在《性心理学》一书中认为："恋爱是一种吸引的情绪与自我屈服的感觉之和，其动机出于一种需要，而其目的在于获得可以满足这需要的一个对象。"我国心理学家黄希庭认为："男女双方培养爱情的过程称为恋爱，处于恋爱状态的男女会产生特别强烈的互相倾慕。"从古至今，有数不胜数的诗人和作家用美丽、纯洁等一切美好的辞藻讴歌爱情，总结出一个又一个的爱情真谛。

一、爱情的含义

爱情是什么？每个人的心中也许都有一个属于自己的爱情词典。爱情是人类情感中最复杂、最微妙、最神奇的一种，对爱情既有诗意的赞颂，也有痛切的抱怨、百般的感慨和不解的疑惑。心理学家认为，爱情的本质是男女双方基于一定的客观现实基础和共同的生活理念，在各自内心形成的最真挚的彼此倾慕，互相爱悦，并渴望对方成为自己终身伴侣的最强烈持久、纯洁专一的感情，是具有生物性、社会性、精神性、审美性和谐统一的人类两性关系。其中，生物性表现为人的性欲、性满足、性行为，是人的生物本能和生理基础；社会性表现为人的交际、尊重、赞同、相互认可、自我价值观等，是个体社会化的重要特征；精神性是人对美好爱情的精神向往和道德追求；审美性是爱情的艺术象征，表现为好感、欣赏、美感、偏好、艺术观念等。因此，爱情的本质是这些特征和谐统一的两性关系。

二、真爱的基本特征

爱情作为男女之间的一种特殊情感，是主观感情和客观义务的统一，因而它有着不同于其他人与人之间关系的显著特征。

(一) 平等互爱性

恩格斯曾说：爱情要以"互爱为前提"，这是爱情平等互爱性的集中体现，男女之间平等地互相爱慕是构成美满幸福爱情的首要条件。爱情是男女双方心灵的和谐，是双方共同的意愿。爱情的双方应立足于平等自主这一基点，没有了平等性，也就无所谓爱情。

(二) 专一排他性

爱情的专一性使人全身心投入、集中精力爱其所爱，不允许他人介入，彼此成为对方的唯一。忠贞爱情，专一排他是衡量爱情的重要标尺。真正的爱情，它需要男女双方专一排他，彼此都全身心地投入，既不允许第三者插入他们的爱情关系，也不允许恋爱双方的任何一方同时与其他人建立恋爱关系。

(三) 强烈持久性

所谓爱情的持久性，就是指爱情就其本性而言具有终身的性质，以选择终身伴侣为目的选择和确定恋爱对象。婚姻的缔结，就是用一种社会形式把具有终身性的爱情固定下来，并组成一定形式的家庭。爱情虽然具有持久的属性，但是爱情又是人类精细而又脆弱的精神产品。

(四) 能动性

爱情的能动性是指爱情在人类社会发展中发挥的强大推动作用。爱情作为婚姻家庭关系的基础，其社会作用也是不容忽视的。幸福的爱情是家庭和睦的源泉，更是社会安定团结的重要构成要素。

三、爱情的基本理论

爱情的现象可以去理解、去描写、去解释、去研究……但爱情的美只能在过程中得以体会，是一种充满了想象与超越现实的生命体验。

(一) 爱情三元理论

美国著名心理学家斯滕伯格的爱情三元理论是目前最重要且令人熟知的理论。他认为爱情包括三种成分：亲密、激情和承诺。

亲密是指与伴侣间心灵相近，互相契合，互相归属的感觉，属于爱情的情感成分；激情是指强烈地渴望与伴侣结合，促使关系产生浪漫和外在吸引力的动机，也就是与"性"相关的动机驱力，属于爱情的动机成分；而承诺则包括短期和长期两个部分，短期的部分是指个体"决定"去爱一个人,长期的部分是指对两人之间亲密关系所做的持久性承诺,属于爱情的认知成分。

随着认识的时间增加及相处方式的改变,上述的三种成分将有所改变,爱情的三角形会因其中所组成元素的增减,其形状与大小也会跟着改变(见图 7.1)。三角形的面积代表爱情的质与量,据斯滕伯格的说法:"三角形越大,爱情就越丰富"。

斯滕伯格进一步提出,在三种成分下有八种不同的爱情关系组合,其分别为:亲密、激情和承诺都缺失的无爱;亲密程度高但激情和承诺非常低的是喜爱;有着强烈的激情,但缺乏亲密和承诺的是迷恋;只有承诺,没有亲密和热情的是空爱;当程度高的亲密和激情一起发生时,人们体验的就是浪漫的爱;当两性之间的关系有亲密也有承诺,而缺乏性爱吸引时,彼此的关系已经升华为亲情式的信任和依赖,仿佛携手走过漫漫人生的银发夫妇的伴侣之爱;缺失亲密的激情和承诺会产生一种愚蠢的体验,叫作虚幻的爱;当亲密、激情和承诺都以相当的程度同时存在时,人们的体验的是"完全的",称作圆满的爱。

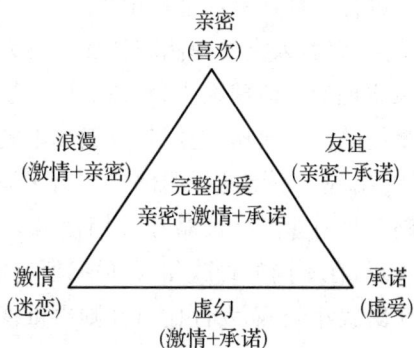

图 7.1　爱情三元理论结构图

(二) 依恋风格理论

心理学研究认为婴儿时期与人建立的依恋关系,会使个体形成一个持久且稳定的人格特质,这项特质对个体在与异性建立亲密关系时自然流露出来。他们认为童年的人际亲密关系对后来的爱情互动形态可能存在因果关系。

心理学家 Hazan 和 Shaver 将成人的爱情关系视为一种依恋的过程,即伴侣间建立爱情联结的过程,就如婴幼儿在幼年时期与双亲建立依恋性情感连接的过程一般,他们根据三种婴幼儿倾向,提出爱情关系的三种依恋风格,即安全型依恋:与伴侣的关系良好、稳定,能彼此信任、互相支持;逃避型依恋:害怕且逃避与伴侣的亲密;焦虑或矛盾型依恋:时常具有情绪不稳、极端反应的现象,善于忌妒且希望跟伴侣的关系是互惠的。

Hazan 和 Shaver 研究发现,三种不同爱情依恋风格在成人中所占比例为安全依恋约占 56%,逃避依恋约占 25%,而焦虑/矛盾依恋约占 19%,与婴儿依恋类型的调查比例相当接近,而且成人受试者的爱情依恋风格,可以从他们对其与父母关系的主观知觉来加以预测。因此,他们认为成人的爱情依恋风格,可能是从婴幼儿时期就开始发展的一种人际关系取向。

（三）进化心理学

进化心理学家从进化论角度对人类的择偶观和择偶行为进行了研究。这种取向的观点认为，人类的择偶观和择偶行为具有进化基础。最有代表性的是 Buss 提出的性策略理论。该理论认为，在历史发展过程中，男性、女性为了获取资源或配偶而赢得最终的生育成功，他们各自面临不同的"适应性问题"，在解决各自不同的问题的过程中，出现了不同的择偶偏好或行为方式。从理论上讲，男女分别进化了不同的"性策略"，且有短期性策略和长期性策略。Buss 等人对此进行了大量的实证研究。研究发现，在不同的种族和人群中，所有的男性都比女性更强调未来配偶的身体吸引力和年龄较年轻，而女性比男性则更重视未来配偶的经济能力、雄心和勤奋等特征。

（四）爱情投资模型

Rusbult（1980，1983）从社会交换的角度来研究人类的爱情关系，他认为恋爱就是一种投资，男女亲密关系中的承诺是由满意度、替代性及投资量等因素共同决定，双方在爱情互动过程中各有得失，个体在与他人发展爱情关系的时候会以一种理性的方式评估自己的得失，根据成本与收益的情况来确定与对方建立一种什么样的关系。根据投资模型的预测，个体在亲密关系中，如果满意度较高而替代性的品质较低，随着投资量的增加，会使个体对亲密关系做出较多的承诺，也使得彼此的关系更为稳固。

四、恋爱的心理发展阶段

（一）对异性的敏感期（初中阶段）

处在初中阶段的青少年，身体的迅速发育，引起了男女性别的不同生理和心理的急剧变化。尤其第二性特征的出现和性意识的觉醒，对异性之间的性别差异非常敏感，在异性面前时常会感到羞怯和不安。此阶段，往往男女学生界限分明，彼此疏远、相互回避，甚至恢复到孩提时的性疏远期。

（二）对异性的向往期（高中阶段）

高中阶段的青少年，随着性生理上的发育成熟，性心理开始发展，男女生情窦初开，产生了异性之间的相互吸引，出现彼此希望接触的意愿。处于此阶段的青年男女，开始特别注意自己的容貌和风度，希望引起异性的注意和兴趣，博得他（她）们的好感和青睐。生活中，他们开始关心周围发生的爱情方面的趣闻轶事，喜爱阅读和观看以爱情为主题的文学作品和影视音乐作品。经常与同龄人谈论男女爱情问题，并利用各种机会与异性接触交往。部分高中生开始递纸条、写情书，明确地向对方求爱。但是,这一时期的青少年,由于其生理和自我意识的不成熟性,他们向往的异性对象,基本上是泛化的、不稳定的,缺乏专一性,是一种不成熟的恋爱心理。所以,有人又称此阶段为泛爱期。

(三) 恋爱择偶期(成年早期)

青少年期个体所萌发的对性及异性的好奇,到了成年早期逐渐发展为一种强烈的愿望。进入大学的男女青年,性心理已逐步成熟,社会阅历不断丰富,恋爱观开始形成,对异性的向往逐渐专一,开始相互寻求和选择自己的配偶对象,建立和培育双方的爱情,进入成熟的恋爱心理。目前的高校大学生,年龄一般在 17～24 岁,正处于"异性向往期"向"恋爱择偶期"的过渡时期,也是一个人的恋爱心理开始形成和逐步走向成熟的重要时期。

第二节　大学生恋爱观

大学生谈恋爱是非常普遍的现象,恋爱也成了许多大学生生活的重要组成部分,恋爱的经历和感受对大学生的学习、生活、个人发展和成长有着重要影响,所以培养学生形成正确科学的恋爱观非常必要。

一、大学生恋爱的心理动机

从总体上说,大学生的恋爱动机分为理性动机与非理性动机。理性动机是指大学生的恋爱出于爱情与婚姻的动机;非理性动机是指大学生的恋爱除了爱情与婚姻以外的其他动机。

(一) 理性动机

大学生恋爱的理性动机是指在充分了解爱情真谛的基础上,基于对美好爱情的向往,以恋爱双方共同促进、共同发展为目标,以婚姻家庭为目的的恋爱交往动机。大学生恋爱的理性动机是一种积极动机,它有助于大学生正确处理恋爱中的问题。

(二) 非理性动机

非理性动机是一种消极动机,它不仅影响大学生的心理健康水平,也影响大学生的学业。

1. 排遣寂寞

部分大学生因孤独与寂寞,将恋爱当作排解内心孤独寂寞的途径。这属于"情感寄托型"的恋爱动机,缺乏独立意识和自立能力,易受挫。

2. 从众心理

大学生在共同的校园里学习、生活和交往，加上思想观念的相似性，促使他们在恋爱问题上表现出明显的从众趋向。

3. 逆反心理

心理学中有一个很有趣的爱情心理叫作"罗密欧与朱丽叶效应"，就是当出现干扰恋爱双方爱情关系的外在力量时，恋爱双方的情感反而会加强，恋爱关系也因此更加牢固。学校和家长对大学生恋爱的阻力有时候反而会成为促使大学生追求爱情的推动力。

4. 炫耀心理

有些大学生会把拥有一个理想的男女朋友当作炫耀的资本，或者把恋爱中富有挑战意味的大胆行为当作彰显个性和标示成熟的标志。

5. 补偿心理

补偿心理由功利型的恋爱动机所引发，即希望从恋爱对象那里获得社会地位、经济等方面的补偿。

二、大学生恋爱的常见问题

（一）单恋

单恋，也称单相思，是指一方对另一方一厢情愿地倾慕与热爱，是青少年"爱情错觉"的产物。大学生的单恋现象比较常见，一般与个体的个性特征有关，比如内向、敏感、富于幻想、缺乏自信、不善表达。单相思者往往由于对倾慕的对象一往情深，希望得到对方爱情的动机十分强烈。在这种心理支配下，常常会把对方的言行举止纳入自己主观需要的轨道来理解，造成对对方认知的偏差。这种具有臆想性的恋爱情结和幼稚的行为方式，会令人沉浸在幻想的情爱中不能自拔，如果不及时纠正，可能严重影响人的知觉和理性判断，甚至导致精神错乱。

（二）暗恋

暗恋常见于性格内向的大学生。暗恋具体表现为不表露内心的体验，对方根本不知道有这回事，甚至对方还不认识自己，而自己执着地暗恋着对方。暗恋者往往对所恋对象朝思暮想，遇见对方时又紧张回避，形成痛苦、压抑、焦虑、失望等不良情绪，严重的还会影响大学生的生活和学习。

（三）多角恋

所谓多角恋，是指同时与多个异性建立恋爱关系，企图同时占有数个异性的感情，将爱情当作游戏。多角恋爱历来被认为是典型的爱情不专一、朝三暮四，视爱情为游戏，把自己的幸福建立在牺牲他人感情基础之上的行为。

（四）失恋

恋爱不一定都能成功，有恋爱就有失恋，失恋是恋爱过程的中断、结束，即爱情挫折。根据中国计划生育协会发布的《2019—2020年全国大学生性与生殖健康调查报告》，71.28％的大学生经历过失恋的痛苦，43.60％的大学生感到比较痛苦或非常痛苦。男生感到痛苦的比例和程度都高于女生。无论是什么原因产生的爱情挫折对大学生的心理、生活、学习都将产生严重的影响，越是热恋，越是看重爱情的位置，失恋时就越痛苦，挫折感就越强。失恋对每个人来说都是一件痛苦的事，有人一旦失恋就灰心丧气，整天愁眉苦脸，不思茶饭，走进死胡同而不会转弯，精神不振，有的甚至痛不欲生，走上自杀的道路；有的人在一次恋爱失败后，就余悸在心，再也不敢谈恋爱了，甚至不愿或不敢再与异性接近，封闭自我；还有心理变态者在失恋后，会采取卑劣的手段去威胁或迫害对方，如写信进行人身攻击、恶意诽谤，更甚者使用武力或化学药品毁损对方容貌，甚至行凶杀人。虽然心理变态者在大学生中较为少见，但应引起高度关注。

三、大学生恋爱心理误区

（一）只问过程，不问结果的随意心理

现代大学生里流行着这样一些观点"不求天长地久，只求曾经拥有"，一些大学生把恋爱当作一种感情体验与及时行乐，并不以婚姻作为最终目标，在一起的最大动机就是排解寂寞，两人之间没有共同的奋斗目标，也没有对未来的长期规划，只享受恋爱的过程。这种行为实质是只强调爱的权利，而否认爱的责任。

（二）学业、爱情两难全的矛盾心理

大学生恋爱消耗了彼此的时间和精力，对学业的影响因人而异。恋爱中的大学生大多难以正确处理好学业与爱情的关系，更多是坠入情网不能自拔，当学习与情感要做出时间与行为上的选择时，在恋爱中的学子会情不自禁地把感情放在首位，从而学业和自身发展不同程度地会受到影响。互相鼓励、共同进步的情侣为数不多。

（三）性爱的盲目心理

中国计划生育协会发布的《2019—2020年全国大学生性与生殖健康调查报告》显示，大学生对婚前性行为的态度，64.58％的大学生表示可以接受，随着年级的增长，大学生对婚前性行为、偶遇性行为的接受度不断提高，大一学生接受婚前性行为

的比例是 47.68%，大四学生的比例为 86.56%。大学生发生婚前性行为具有轻率性和盲目性，出现这一现象的主要原因是缺少性健康教育。2019—2020 年全国大学生性与生殖健康调查问卷中设置了 9 道性知识题，5 万多名大学生的平均得分只有 4.16 分（满分 9 分），低于及格线。性知识的缺乏使部分大学生面临未婚先孕、人工流产和性病等生殖健康问题的威胁。这些伤害让部分大学生特别是女学生承受着巨大的心理压力，甚至产生轻生的念头。大学生在校期间迎来性活跃时期，也可能会经历第一段恋爱关系和性关系，学校面向大学生开展科学的性与生殖健康教育尤为重要。

（四）失恋的挫败心理

恋爱中的诸多因素会导致双方分手，部分大学生失恋后归因不当，自我认知发生偏差，认为自己失恋的原因是家庭经济条件不够好，相貌上不够帅气或漂亮等，从而产生严重的自卑和焦虑心理。有的大学生失恋后长期陷在悲伤、失望的阴影中而无法自拔，甚至产生轻生或报复的念头。此外，大学生恋爱中还存在补偿心理、游戏心理、占有心理、及时行乐心理或攀比心理等。正是因为大学生恋爱存在的这些问题，使大学生恋爱的成功率很低。恋爱失败后积极调整不够，引起一系列的不良问题，影响大学生的健康成长。

第三节　大学生恋爱心理调适

弗洛姆认为，爱情不是一种与人的成熟程度无关，只需要投入身心的感情。如果不努力发展自己的全部人格并以此达到一种创造倾向性，那么每种爱的试图都会失败。如果没有爱他人的能力，不能真正谦恭地、勇敢地、真诚地和有纪律地爱他人，那么人们在自己的爱情生活中也永远得不到满足。恋爱成功与否，与"爱人"的能力有关，不主动培养爱人能力的人，大多都有着恋爱失败的经历。

一、培养爱的能力

（一）选择爱的能力

培养爱的选择能力要先了解大学生的择偶标准。我国学者孙守成等人根据大学生择偶的目标取向把择偶标准分为三类：

第一类是精神满足型。这类大学生选择恋人以理想、信念、价值、事业、能力等标准来衡量对方的水平，或以气质、性格、兴趣相投作为共处的基本条件。他们对外貌、金钱、家庭背景等并不在意，而是以达到高层次的精神满足为标准。虽然这种高尚的择偶标准在大学生中占大多数，但还要经受住社会现实的考验。当大学生情侣离开校园走向社会，担当家庭责任的现实问题直接摆在面前时，理想化的爱情能否维持还很难预测。

第二类是以获得纯粹感官满足为目的的爱情。它是一种对"情欲之爱"的追求。择偶者着重注意恋爱对象的外表（身材、皮肤、相貌）和风度的吸引力。这类爱情很难维持长久，原因在于天长日久的相处会失去新鲜感而降低外表的吸引力，是虚幻之爱。

第三类是以社会地位、经济条件等为标准的现实之爱。其实质是一种相互交换，互惠的理性考虑。现实的择偶标准分为物质、虚荣和利用三种类型。物质型指以经济条件为追求目标，为满足物质需要而恋爱；虚荣型则看重地位、成就等荣誉性的东西；利用型择偶更具指向性，往往是为了达到某一明确目的，达到目的后则将恋爱对象抛弃。

三类择偶标准都客观存在，但纯粹持一种标准的人很少，大多数人择偶是在三种标准的混合中寻找理想对象。而且大学生的择偶标准并不是一成不变的，许多大学生也并不完全按照一个既定的框架去筛选周围的异性。

（二）表达爱的能力

如何恰到好处地表达爱，最重要的是要准确地把握对方的个性特点和心理状态，并根据自己的特点，选择最佳的表达时机和恰当的表达方式。

选择最佳时机，首先要选择对方和自己都轻松愉悦的时候；然后再选择合适的地点，应是一个能私下面谈的地点，一个不会给对方和自己造成心理紧张和不适的地点。

选择恰当的方式，即选择自己最擅长，对方又最容易接受的表达方式。求爱的表达方式多种多样，如面对面的语言表达、书信表达、电话表达、网上聊天表达、信物表达等。

男女间的爱情达到一定程度，渴望用语言、行为，尤其是身体的接触来表达自己的感情。马克思曾说过："在我看来，真正的爱情是表现在恋人对他的偶像采取含蓄、谦恭甚至羞涩的态度，而绝不是表现在随意流露热情和过早的亲昵。"含蓄而文明的爱的表达方式，不但符合社会道德要求，而且有助于爱情的健康发展。距离产生美，过分亲昵的行为，粗俗甚至野蛮的示爱，反而会引起对方的反感，给纯洁的爱情蒙上一层阴影，甚至造成恋爱挫折。

（三）接受爱的能力

大学生不仅要勇于、善于追求爱，掌握表达爱的能力，还要学会如何接受他人给予的爱。很多人没有充分的心理准备，当爱突然来临时，不知所措，不敢接受属于自己的爱,以致造成终生的悔恨。爱是双向的,不仅仅是付出,同时也是收获。一个人只有领悟到了他人的爱,才有可能给他人以更多的爱。一个人面对异性的爱情表白,及时准确地做出判断,并做出接受、谢绝或再观察的选择,这也是一种爱的能力。大学生要具有接受爱的能力,就应懂得爱的真谛,有健康的恋爱价值观,知道自己喜欢什么,需要什么,适合什么,坦然地做出选择,能承受拒绝求爱所引起的心理扰乱。

（四）保持爱的能力

在恋爱磨合期,过去对方最吸引人的特质,现在可能无法接受。过去曾欣赏的沉静、理智特质,现在看来却是沉默愚昧、不解风情;过去被她的情感丰盈、活泼伶俐所吸引,现在巴不得她闭上嘴巴停止唠叨。在蜜月期,人人都以为找到了完美的梦中人,在磨合期却觉得自己过去瞎了眼才会爱上眼前这个人。

在磨合期,个体都想努力改造对方,希望对方变得完美,希望对方和自己心中的"理想形象"保持一致,这是亲密关系中痛苦的来源。因此,个体应该理性面对恋爱中的矛盾和冲突,用实际行动解决在恋爱中遇到的困难和挫折,同时学会包容彼此,降低期望,改善自身缺点,做到"己所不欲,勿施于人"。

（五）拒绝爱的能力

每个人都有爱和被爱的权利,每个人又都有拒绝被爱的权利。面对别人的追求,如果觉得对方不是中意的人,要果断地加以拒绝,以免陷入更深的痛苦。拒绝爱要注意两个方面:一是在一份不合适的爱情到来时,要果断,勇敢地说"不",因为爱情来不得半点勉强和将就。如果优柔寡断或屈服于对方的穷追不舍,发展下去对双方都不利。二是要掌握恰当的拒绝方式。虽然每个人都有拒绝爱的权力,但应尊重每一份真挚的感情。不顾情面、处理方法简单轻率,或将对方的情书公开,甚至恶语相加,会使对方的感情和自尊心受到伤害。

如果在恋爱过程中,发现双方在一起并不合适,应当立即提出分手。分手是痛苦的,若处理不当,容易造成不良的后果。要选择适当的时机提出中止恋爱,避免直接果断表明态度,要善用委婉的语言,保护对方的自尊。要充分地分析对方可能会出现的情绪和行为,并做好相应准备。例如,对方可能会觉得受到了侮辱和欺骗,这时提出分手方要冷静,避免轻视、刺激对方,避免对方产生报复行为。如何适当地拒绝也是对一个人道德情操的检验,恋爱中止后,不说对方的坏话,不损坏对方的名誉,都是恋爱道德的表现。

（六）处理恋爱中矛盾冲突的能力

恋人之间的矛盾冲突是不可避免的,必须妥善处理。处理不好,伤害感情;若处理得好,可以增进相互的了解和彼此的感情。

首先应当从内心确立这样的观念:人与人之间的矛盾、冲突不是无法解决的,可以依靠理智加以调和、消除。因此，当恋人之间发生矛盾时，要尽量局限在以理智为主导的争论范围内，避免演化为以情绪为主导的争吵。能够冷静地倾听对方、让对方充分地表达，并且能设身处地地理解对方的看法、情感与动机，将有利于矛盾的解决。在争吵中，可以既坚持自己正确的想法，又承认自己确实存在的局限与谬误之处。在言语上尽量准确、具体地描述自己的见解、动机、情感体验，批评对方时有理有据、对事不对人。这样才可能创造出一种平等的、互相尊重的解决问题的气氛，双方才能尽快沟通，达成和解。

其次要学会主动妥协。双方在经过一番争论之后，要提出可行的解决办法。这个办法应当最大限度地有利于双方并被双方所接纳。当然，双方的所有要求与愿望并不能总是全部得到满足，这时就需要双方学会放弃，本着务实的态度容忍小部分利益或优势的丧失，保证大部分的利益在新的关系中得以保存。这种相互间的妥协十分必要，要学会主动妥协，这样对方便会心软，争吵可能很快就平息了。

再次要注意保密。既然两人相爱，争吵是在"二人世界"进行的，争吵后就应注意保密。不要到同学朋友中去炫耀以满足自己的虚荣，这样容易引发对方的不满。

（七）提高失恋的承受能力

恋爱难免遭遇挫折，单相思、爱情错觉和失恋等挫折对大学生的心理承受能力是一种考验。当爱情受挫后，要用理智来驾驭感情，分析原因，总结经验教训，寻找解决问题的方法和途径，在新的追求中确认和实现自己的价值，从而提高自己的心理承受能力和思想水平。要做到失恋不失德、失恋不失态、失恋不失志。失恋不失德，即失恋后要保持恋爱道德。失恋是不幸的，但恋人做不成，还可做朋友。谩骂、殴打、在网上恶意攻击、造谣诬蔑或者将两个人之间的隐私公之于众的做法是极其错误的，有的还须承担法律责任。面对恋爱挫折，要冷静分析、理智处理、尊重对方的选择。失恋不失态，即恋爱受到挫折后，保持一种平和、理性的心态，不能一蹶不振，总想着被异性拒绝的悲伤情景而整天垂头丧气，更不能做出自残、自杀等伤害自己的行为。失恋不失志，即失恋后不能丢掉理想和志向，应当把人生的主要精力投放在学业上，不要因失恋而荒废了学业。对于大学生来说，树立"留得青山在，不怕没柴烧"的观念，尽早从痛苦中解脱出来，在追求学业中寻求新的乐趣，提高承受挫折的能力，会使人生更加丰富、充实和有意义。其次，爱情受挫，可尝试以下办法释放痛苦。

1. 感情宣泄

不要过分地隐藏或压抑失恋带来的痛苦，要找适当的方式进行宣泄。通常宣泄的方法有：① 眼泪缓解法。在悲痛欲绝时大哭一场，可以使情绪平静。专家认为，眼泪能把有机体在应激反应过程中产生的某种毒素排出去。② 运动缓解法。适当的体育运动有助于释放激动情绪带来的能量。③ 转移注意。心情不佳时，可以做些自己感兴趣的事，主动置身于欢乐、开阔的环境，或有意识地潜心于自己感兴趣的事情中，用新的兴趣来冲淡、抵消郁闷。恩格斯20岁那年曾经失恋，为尽快摆脱失恋的痛苦,他开始了翻越阿尔卑斯山到意大利的旅行,沿途雄伟的山川、广袤的原野,使他心胸格外开阔,让他觉得世界如此宏大,生活如此多彩,自己的痛苦不过是沧海一粟,很快他就从失恋的阴影中走了出来。④ 倾诉。向可信任的父母、亲友、同学、老师等诉说自己心中的烦恼,也可以写日记或写信。如果感觉心中的积郁实在太深,无法排解时,也可以找心理咨询师进行心理咨询。

2. 自我说服

失恋时可以通过自己说服自己的方式,有意识地在头脑中强化理性的信念,说服自己失恋并没有失去所有。例如,失恋不等于我整个人都是失败者,我仍具有爱的能力;一个人不爱我不等于其他人都不会爱我;爱情并不等于人生的全部;痛苦并非一无是处,痛苦的经验可以帮助人成熟;等等。

3. 正视现实

爱情是双向的、相互的,以互爱为基础,失去任何一方,恋爱即告终止。一个有理智的大学生,应勇敢地正视这个残酷的现实,爱情不是同情、怜悯,不能强求。爱情不是生活的唯一内容,不必为之耗费所有精力甚至放弃宝贵的生命,在生活中还有远比爱情更重要、更有意义的事。

4. 换位思考,宽容对方

一般说来,恋爱关系的终止双方都负有一定责任。如果认清并勇于承担自己的那部分责任,就不会怨天尤人,而是平心静气地面对现实。设身处地为对方着想,将有助于理解对方终止恋爱关系的原因,有助于接受失恋的现实。即使确实是对方的错,但不理智的报复不能挽回早已消逝的爱情,不仅毁掉了别人,同样毁掉了自己的毕生幸福!真正爱对方,就应当为对方着想,尊重对方的选择。爱一个人,并不一定要得到对方,默默地把这份感情埋在心底,化作真诚的祝福,这也是高尚而美好情怀的表现。莎士比亚说:当爱情的波涛被推翻后,我们应当友好地说一声"再见"。

5. 化挫折为动力

当把爱的痛苦转化到对事业、学业上的追求时,就是无比巨大的力量,就会创造辉煌的业绩,实现自身价值,获得心理的快慰。任何时代都有人饱尝失恋的痛苦,甚至大部分人都要经历失恋的痛苦才能获得真正的爱情。其实,经过失恋的洗礼,个体会变得更加坚强与成熟,更加懂得如何去追求真正的爱情。居里夫人在初恋失败的痛苦中毅然走上赴巴黎求学的道路,成为科学巨匠,因此她的初恋失败被后人称为"一次幸运的失恋"。

6. 时间是治愈心理创伤的良药

过往不能回头,那么就微笑地接受。当心里实在不舍从前情深意浓美好感觉时,不必着急,也不必绝望,痛苦会随时间的流逝不知不觉地慢慢消散。

爱情的失败是人生的一次挫败,但人不能被爱情击败。生活中还有比爱情更值得追求的东西，比如学业、理想和抱负。在奋斗中大学生将会忘却失恋的痛苦，实现他们的人生价值。

总之，失恋是痛苦的，但只要失恋不失志，从失恋中奋起，那么，不仅可以避免失恋后的心理失衡，还可以使自己成长得更快更好。

二、理想的爱情生活模式

研究发现大学生的理想爱情生活模式有以下特点。

（一）理解与包容

理解与包容从长远来看，是促使关系顺利发展不可缺少的因素。在短暂的关系中，那些微小的很有个性的缺点，在长期相处中就会变得难以忍受，双方必须互相理解，包容对方的缺点，只有这样才有助于恋爱关系的长久与融洽。

（二）平等相处

随着时代的发展与社会进步，古代男尊女卑的观念已经不合时宜，夫唱妇随模式也不再适合现在的年轻人。恋爱中的大学生都希望彼此能够平等相处、互相尊重，不希望自己受制于对方。

（三）保持适当的空间与距离

爱得适当是一种甜蜜，爱得过多，爱得没有距离，爱得没有自由，爱就会变成一种痛苦。爱情是渴望独立、渴望距离的，因为除了爱情之外，人们还有亲情、友情、同学之情等情感需求和支持。爱情的独立建立在对爱人充分信任的基础上，只有这样，爱情在超越时空时才经得起考验。

（四）平淡中有浪漫

浪漫是爱情中不可缺少的元素，是平淡生活中不可缺少的调味剂。浪漫就好比做菜加糖一样，放一点点很提味，加多了太甜，反而失去了本味。但浪漫也要建立在现实的基础上，平平淡淡才是真。在现实平淡的生活中增添一些浪漫的色彩，让爱情更加美丽动人。

（五）真诚付出

相爱也是一种付出，是无怨无悔、心甘情愿、无所索求地为心爱的人付出一切。生活在象牙塔里的大学生对自己的爱情充满着美好的期许，他们不会过多地苛求金钱物质方面的给予和索取，而是默默为对方真诚付出。

心理测验 ·+

恋爱态度测试

指导语：下列题目均有 A、B、C、D 四个选项，每个选项后的括号内有项目的得分（0～3 分），请在每题中选择一项你认为最适合的填在题后的括号内。

（1）你对未来妻子要求最主要的是（男性选择）：　　　　　　　（　　）

    A. 善于理家做活，利落能干(2)

    B. 容貌漂亮，风度翩翩(1)

    C. 人品不错，能体贴帮助自己(3)

    D. 顺从你的意思(1)

（2）你对未来丈夫要求最主要的是（女性选择）：　　　　　　　（　　）

    A. 潇洒大方，有男子风度(1)

    B. 有钱有势，社交能力强(1)

    C. 为人诚实正直，有进取心，待人和蔼可亲(3)

    D. 只要他爱我，其他都不考虑(2)

（3）你认为完美的结合应是：　　　　　　　　　　　　　　　（　　）

    A. 门当户对(1)

    B. 郎才女貌(1)

    C. 心心相印(3)

    D. 情趣相投(2)

（4）对最佳恋爱时间的考虑是：　　　　　　　　　　　　　　（　　）

    A. 自己已经成熟，懂得人生的意义和爱情的内涵，并且确定了事业上的主攻方向(3)

    B. 随着年龄的增长，自有好伴侣光临，"月老"不会忘记每个人的(2)

    C. 先下手为强，越早越主动(0)

    D. 还没想过(1)

（5）你希望自己是怎样结识恋人的：　　　　　　　　　　　　（　　）

    A. 青梅竹马，情深意长(2)

    B. 一见钟情，难分难舍(1)

    C. 在工作和学习中逐渐产生恋情(3)

    D. 经熟人介绍(1)

（6）你认为推进爱情的良策是：　　　　　　　　　　　　　　（　　）

    A. 极力讨好取悦对方(1)

    B. 尽力使自己变得更完美(3)

    C. 百依百顺，言听计从(2)

D. 无计可施(0)

(7) 你希望恋爱的时间是: （　　）

    A. 越短越好,最好是"闪电式"(1)

    B. 时间依进展而定(3)

    C. 时间要拖长些(2)

    D. 自己无主张,全听对方的(0)

(8) 谁都希望完整全面地了解对方,你觉得了解他(她)的最佳途径是: （　　）

    A. 精心布置特殊场面,连连对恋人进行考验(0)

    B. 坦诚相待地交谈,细心地观察(3)

    C. 通过朋友打听(2)

    D. 没想过(1)

(9) 你十分倾心的恋人,随着时间的推移,暴露出一些缺点和不足,这时候你:

（　　）

    A. 采取婉转的方式告知并帮助对方改进(3)

    B. 无所谓(1)

    C. 嫌弃对方,犹豫动摇(0)

    D. 内心十分痛苦(2)

(10) 当你初步踏进爱河之中,一位条件更好的异性对你表示爱慕时,你于是:

（　　）

    A. 说明实情(3)

    B. 对其冷淡,但维持友谊(2)

    C. 瞒着恋人和其来往(0)

    D. 听之任之(1)

(11) 当你久已倾慕一位异性并发出爱的信息时,你忽然发现他(她)另有所爱,你怎么办? （　　）

    A. 静观待变,进退自如(2)

    B. 参与角逐,继续穷追(1)

    C. 抽身止步,成人之美(3)

    D. 不知道(0)

(12) 恋爱进程很少会一帆风顺,而你对恋爱中出现的矛盾、波折怎样看?

（　　）

    A. 最好平顺些。既然已经出现了,也是件好事,双方正好趁此了解和考验对方(3)

    B. 感到伤心难过,认为这是不幸(2)

    C. 疑虑顿生,就此提出分手(1)

    D. 没对策(1)

(13) 由于性情不合或其他原因,你们的恋爱搁浅了,对方提出分手。这时候你：　　　（　　　）

    A. 千方百计缠住对方(1)

    B. 到处诋毁对方名誉(0)

    C. 说声再见,各奔前程(3)

    D. 不知所措(1)

(14) 当你十分依赖的恋人背信弃义,喜新厌旧,甩掉了你,你怎么办?　（　　　）

    A. 当自己眼瞎认错了人(2)

    B. 你不仁,我不义(0)

    C. 吸取教训,重新开始(3)

    D. 痛苦的难以自拔(1)

(15) 你爱途坎坷,多次恋爱均告失败,随着年龄增长进入"老大难"的行列,你：　　　（　　　）

    A. 一如从前,宁缺毋滥(1)

    B. 讨厌追求,随便凑合一个(1)

    C. 检查一下选择标准是否实际(3)

    D. 叹息命运不佳,从此绝望(0)

(16) 你认为恋爱作为人生一个极其重要的环节,其最终所达到的目的应当是：　　　（　　　）

    A. 找到一个情投意合的爱侣(3)

    B. 成家过日子,抚育儿女(2)

    C. 满足性的饥渴(0)

    D. 只是觉得新鲜有趣儿,没有明确的想法(1)

    结果说明:将你所选字母后的数字相加,总分在42分以上说明你的恋爱观正确,总分在33~41分说明你的恋爱观基本正确,总分在32分以下说明你的恋爱观需要调整。

第四节　素质拓展培养实践

一、电影"心"赏——《山楂树之恋》

    故事发生在20世纪70年代,静秋是个漂亮的城里姑娘,因为家庭成分不好,"文革"时受到打击,静秋一直很自卑。静秋和一群学生去西村坪体验生活,编教材。她住在队长家，认识了"老三"。老三爱上了静秋，很爱，静秋怕他欺骗她，起初常常躲避。英俊又有才气的老三是军区司令员的儿子，却是极重情谊的人，甘愿为静秋做任何事，给了静秋前所未有的鼓励。他等着静秋毕业，等着静秋工作，等着静秋转正。等到静秋所有的心愿都成了真，老三却得白血病去世了。

二、心理训练营——善良地拒绝他人的求爱

每个小组分别由两名同学轮流扮演表达爱情的人（角色 A）与谢绝爱情的人（角色 B），其他同学做观察员，来评比扮演角色 B 的表达能力，并对他（她）的不足给予帮助。

（1）两个男女生一组，以便角色扮演时效果最好。

（2）小组内的每一个同学都至少扮演一次角色 A，也扮演一次角色 B。

（3）小组内的评比标准：是否可以有效地并在不使角色 A 感到尴尬的前提下，谢绝爱情的表达。

谢绝他人的求爱时，一定要牢记：

（1）尊重对方，不用带有伤害或刺激性的语言。

（2）言行一致，不要嘴上拒绝，而在行动上仍保持紧密的接触，如单独吃饭、看电影等。

（3）态度要坚决果断，语气干脆，以避免让对方误以为你的拒绝只是一种矜持的表示。

第八章

积极心理,幸福人生

> 人类一切努力的目的在于获得幸福。
>
> ——欧文

案例导入

"你幸福吗?""我姓曾"

2012年中秋、国庆双节前期,中央电视台推出了《走基层·百姓心声》特别调查节目"幸福是什么?"。央视走基层的记者们分赴各地采访包括城市白领、乡村农民、科研专家、企业工人在内的几千名各行各业的工作者,"幸福"成为媒体的热门词汇。"你幸福吗?"这个简单的问句背后蕴含着一个普通中国人对于所处时代的政治、经济、自然环境等方方面面的感受和体会,引发当代中国人对幸福的深入思考。

一位清徐县北营村务工人员面对记者的提问时,首先推脱了一番:"我是外地打工的,不要问我。"该位记者却未放弃,继续追问道:"您幸福吗?"这位清徐县北营村务工人员用眼神上下打量了一番提问的记者,然后答道:"我姓曾。"这段对话也让收看该期节目的观众忍俊不禁,热议连连。

案例分析

这看似简单的问题,更有其存在的价值。单纯来讲,这是一个闭合式问题,你幸福吗? 你可以直接回答"是"或"否"。只是是否之间的重量会在顷刻间压住你,只要深思,这样的问题会在很多时候让人沉默。

第一节 积极心理学概述

积极心理学是一门从积极角度研究传统心理学主题的新兴学科，是心理学领域的一场革命，也是人类社会发展史中的一个新里程碑。积极心理学的形成是以Seligman 和 Csikzentmihalyi 在 2000 年 1 月发表的论文《积极心理学导论》为标志，它采用科学的原则和方法来研究幸福，倡导心理学的积极取向，以研究人类的积极心理品质，关注人类的健康幸福与和谐发展。

积极心理学是心理学的一个分支：研究能使个人和社区繁盛的力量和美德。积极心理学家希冀"发现和培养天才和能力"，并"使正常的生活更充实"。人本主义心理学家亚伯拉罕·马斯洛、卡尔·罗杰斯和埃里希·弗洛姆倡导过与人类幸福有关的理论和实践。他们关于人类繁盛的理论从积极心理学家的研究那里找到了实验支持。积极心理学研究者有马丁·塞利格曼、埃德·迪纳、米哈里·奇克森特米哈伊、C. R. 斯奈德、克里斯·彼得森、苏德中、芭芭拉·弗雷德里克松等。

一、积极心理学的产生背景

积极心理学是相对于消极心理学而言的。所谓的消极心理学主要以人类心理问题、心理疾病诊断与治疗为研究中心，如在过去一个世纪的心理学研究中，我们所熟悉的词汇是病态、幻觉、焦虑、狂躁等，而很少涉及健康、勇气和爱。消极取向的心理学模式，缺乏对人类积极品质的研究与探讨，由此造成心理学知识体系上的巨大"空档"，限制了心理学的发展与应用。在这种背景之下，积极心理学研究人员呼吁：心理学应该转换为研究人类优点的新型科学，必须实现从消极心理学到积极心理学模式的转换，研究人类的积极品质，关注人类的生存与发展。

Kennon M.Sheldon 和 Laura King[1] 在《为什么需要积极心理学》中指出："非常遗憾，心理学家对如何促进人类的繁荣与发展知之甚少。一方面是对此关注不够；另一方面，更重要的是他们戴着有色眼镜妨碍了对这个问题的价值再认识。实际上，关注人性积极层面更有助于深刻理解人性。"

心灵便利贴 ┼┼┼┼┼┼┼┼┼┼┼┼┼┼┼┼┼┼┼┼┼┼┼┼┼┼┼┼┼┼┼┼┼┼┼┼┼┼

塞利格曼当上美国心理学会主席后的某一天，与五岁的外孙女尼奇在园子里播种。他看到尼奇将种子抛向天空，手舞足蹈地假装在播种。塞里格曼虽然写了大量有关儿童的著作，但实际生活中他与孩子并不亲密，他平时很忙，有许多任务要完成。

---

[1] Kennon M.Sheldon，Laura King.Why Positive Psychogy is necessary.Amrican Psychogist，2001.

图 8.1 塞利格曼（1942— ），美国心理学家，曾获美国应用与预防心理学会的荣誉奖章，终身成就奖，1998 年当选为美国心理学会主席

塞利格曼正想制止外孙女，女儿看到了这一切，对他说："爸爸，我能与你谈谈吗？"塞利格曼问："想谈什么？"女儿说："爸爸，你还记得我 5 岁生日吗？我从 3 岁到 5 岁一直都在抱怨，每天都要说这个不好那个不好。但当我长到 5 岁时，我决定不再抱怨了，这是我从来没做过的最困难的决定。如果我不抱怨了，你可以不再那样经常郁闷吗？"

塞里格曼产生了一种闪电般的震动，仿佛出现了神灵的启示。他太了解女儿的成长，太了解自己和自己的职业。他认识到，是女儿自己矫正了自己的抱怨。培养女儿意味着看到她心灵深处的潜能，发扬优秀品质，培养她的力量。培养孩子不是盯着他身上的短处，而是认识并塑造她身上的最强部分，即她拥有的最美好的东西，将这些最优秀的品质变成他们幸福生活的动力。

这一天也改变了塞里格曼的生活。他过去的五十年都在阴暗的气氛中生活，心灵中有许多不高兴的情绪，而从那天开始，他决定让心灵充满阳光，让积极的情绪占据心灵的主导。塞里格曼将这种关心人的优秀品质和美好心灵的心理学，定位为积极心理学。

二、积极心理学的研究方法

在研究方法上，积极心理学采取了更加包容的态度，积极心理学吸收了传统主流心理学的绝大多数研究方法和研究手段（如量表法、问卷法、访谈法和实验法等），并把这些研究方法和研究手段与人本主义的现象学方法、经验分析法等有机地结合起来，如在研究人的积极进展时就采用了大量的演绎推理，甚至还用文化解释学的方法来论述个体的发展历程。积极心理学在 2004 年还以美国精神疾病诊断标准 DSM（第四版）为模型建立了自己的 CSV 标准（Character Strengths and Virtues：A handbook and Classification），这使积极心理学从一开始就让心理学界看到了一张熟悉而又亲切的脸。

想更幸福吗？留在那一刻

（马特·科林斯沃斯在 TED 的演讲节选）

众所周知，人类为了各种各样的理想而奋斗。但是我认为，归根到底，人们想要的是幸福。亚里士多德把幸福称为"至高无上的精神享受，所有奋斗和追求的终极目标"。根据这个观点，我们之所以渴望一间大房子或一辆豪车，或者一份好工作。本质上讲，并不是因为这些东西对我们特别有价值。而是我们期待这些财富能给我们带来幸福。在过去的 50 年里，美国人的物质生活达到了前所未有的高度，我们更幸福了，平均寿命更长了。仅仅几年时间，廉价而又实用的科技产品使我们的生活看起来像科幻小说一般，虽然客观上我们的物质生活水平有了极大程度的提高，但是我们的幸福感却一点儿也没有增加，也许是传统意义上增加幸福感的方法其实对幸福感并没有什么大的影响。

近年来，越来越多的人对幸福感产生了浓厚的兴趣。很长一段时间，大家都在争论到底是什么带给人们幸福感，事实上这场争论已经持续了数千年之久，但是看起来这些争论都没有令人信服的结果。如同生活中的很多领域一样，科学研究是可以回答这个问题的。其实，在过去的数年里，关于幸福的研究取得了一些突破性进展。比如，我们通过人口统计学了解到，外界因素（如收入和教育、性别和婚姻状态）对幸福感有一定的影响。但是，令人感到矛盾的是，上面提到过的这些都不是决定性因素。的确，多挣些钱是好事，大学毕业肯定比中途辍学好很多，但是这些对幸福感的影响都微乎其微。

这不禁让我们陷入思考中，什么才是幸福感的决定性因素呢？我觉得这个问题我们还没有百分之百肯定的答案，但是我认为我们已经找到很可能是答案的观点，就是也许幸福感是取决于生活中各式各样的瞬间感受。这就好像我们正面对的日常生活中，我们正在做的事情，我们和谁在一起，我们正在考虑什么，对我们的幸福指数有很大影响。不仅如此，还有很多因素，事实上几乎是不可能作为研究的素材。

几年前，我找到一种研究幸福感的方法，可以随时随地地研究人们的日常生活，并在全世界范围内开展，这些我们曾经想都不敢想的事情，我们把它命名为trackyourhappiness.org.它能通过 iPhone 实时监测大家的幸福指数。它的工作原理是什么呢？基本上，我会随机联系他们，问他们一些关于即时感受的问题。这么做的原因是，如果我们可以观察到他们的幸福指数，在这一天之内的上升或下降，并且尽量找出大家在做什么，他们和谁在一起，他们在想什么，和其他所有能描述我们生活的因素，这些因素是如何跟幸福指数联系在一起的，我们也许能通过它去发现那些真正能对幸福感产生重大影响的因素。我们很幸运地通过这种方式收集到了大量的资料，比我预期的还要多的资料，前所未有的多，来自超过 15 000 名志愿者的超过 65 万的即时信息。不但人数众多,而且分布广泛。志愿者分布在不同的年龄层,从 18 岁到 80 岁,不同的收入阶层、教育层次、婚姻状态等,这些志愿者来自超过 80 个国家的 86 个不同行业。

……

我希望,随着时间的流逝,通过追踪人们的即时幸福指数和他们的经历。在日常生活中,我们可以找出那些真正影响幸福感的因素。最后,我相信,对幸福的科学理解将会为我们创造一个美好的未来,不仅仅是更富有、更健康,也更加幸福。

第二节　积极心理学的主要内容

一、积极主观体验

积极情绪是积极心理学研究的一个主要方面,它主张研究个体对待过去、现在和将来的积极体验。在对待过去方面,主要研究满足、满意等积极体验;在对待当前方面,主要研究幸福、快乐等积极体验;在对待将来方面,主要研究乐观和希望等积极体验。

事实上,对幸福研究的独特性在于它超越了时间与地域的限制。任何时代,任何地方,所有人都在不断地追求幸福。柏拉图为开讲"美好生活"而建立学院,而他的杰出弟子亚里士多德则为了表达自己对生命繁荣的观点而开设讲堂。中国的孔子周游列国去传播他追求的理想。无论是现在还是过去,所有宗教和哲学无不涉及关于幸福的问题。近年来,自助学(self-help)大师有关如何获得幸福的书籍,已经在从印度到印第安纳,从耶路撒冷到吉达港乃至世界各地的书店都占据了显著的位置。

虽然研究如何获得幸福的热情和实践在世界各地从未停止过,而对积极心理学的需求却从未像当今社会这般迫切。在物质生活水平不断提高的同时,抑郁症的蔓延也在加剧。人民日报健康客户端发布的《2022 国民抑郁症蓝皮书》用户调研结果显示,62.36% 的人经常感到抑郁,情绪压力和亲子关系是引发抑郁症的主要社会环境因素,其次为亲密关系和职业发展。而且,抑郁症发病群体呈年轻化趋势。蓝皮书调查数据显示,18~24 岁抑郁症患者比例高达 35.32%;在抑郁症患者群体中,50% 为在校学生,其中 41% 曾因抑郁休学。蓝皮书还透露,有一半的抑郁症学生患者会通过朋友倾诉、父母沟通或其他渠道进行求助,但仍有 46% 的学生没有寻求任何帮助,近 30% 从未想过寻求专业心理医生的帮助。

积极心理学家米哈伊·西卡森特米哈伊(Mihalyi Csikszentmihalyi)问过这样一个问题:"我们这么富有,为什么我们还不开心呢?"当人们的基本物质需要未得到满足的时候，解释为什么不幸福是非常容易的。但在当今的社会中，大多数人不幸福的原因已经不能用基本物质需要没有得到满足来解释了。越来越多的人想解决一个悖论——"财富带给我们的好像并不是幸福"，而他们都开始在积极心理学中寻找答案。

心灵便利贴 ‧+

幸福是什么？

（Robert Waldinger TED 演讲稿）

在我们的生命进程中，是什么使我们保持健康和快乐的？要是现在打算对未来最好的自己进行投资，你会把你的时间和精力放在哪里呢？

最近有一个对"千禧一代"的调查，询问他们最重要的生活目标是什么，超过80％的人认为，对他们来说一个重要的生活目标是变得富有。在那些同样年轻的成年人中，另外有50％的人还有一个重要的生活目标，是变得有名。我们始终如一地被告知要去工作，更加努力来获得更多成功。给我们的印象是，我们需要这样做，为了过上好的生活。

整个生活图景，人们是如何选择以及那些选择是如何起作用的，我们几乎不可能了解到。大多数我们对人类生活的了解是通过询问大家对过去的记忆，而且据我们所知，这绝不是事后诸葛亮。我们遗忘了生活中很多发生过的事情，而且有时候记忆是完全富有创造性的。然而，当生活随着时间的流逝而呈现出来时，要是我们观察整个生活，要是我们可以对人们做一下研究，从他们青年一直到老年，来看一下什么是真正使人们保持快乐和健康的？我们这样做了。

哈佛大学对成人发展的研究，可能是历史上对成人生活研究中时间跨度最长的一个。75年间，我们跟踪了724位男性的生活。年复一年地询问他们的工作、家庭生活、健康状况，当然是在对他们的生活发展不知情的情况下询问的，像这样的研究是非常罕见的。不过这类研究几乎都会在10年内失败，因为许多人退出研究，或者研究经费用完了，或者研究者分散了精力，或是他们去世了。然而，幸运的来临以及几代研究者持之以恒的精神使这项研究得到了继续。我们跟踪研究的724名男性中大约有60位还活着，仍然参与在研究中，他们大多已经九十几岁了。而且现在我们开始研究2000多名这些男性的孩子们。我是这项研究的第四任主管。

自从1938年以来，我们追踪调查了两组男性的生活。在研究开始时，第一组被试是哈佛大学二年级的学生，在第二次世界大战期间他们都完成了学业，然后大多数人离开了大学服役于战争；我们所追踪的第二组被试，是一群来自波士顿贫民区的男孩。他们被选中做研究，主要是因为他们是来自一些最有问题的和最贫困的家庭，在20世纪30年代的波士顿，大多数人住出租房，许多房屋没有冷热水供应。当他们参与研究项目时，所有这些青少年都接受了访谈。他们进行了健康检查，我们去了他们家，对他们的父母也做了采访。然后这些青少年长大成人了，进入社会的各个领域。

他们成了工厂的工人、律师、砖匠和医生,还有一位成了美国总统。一些人酗酒成瘾,一些人得了精神分裂症。有些人一路从社会的最底层走向了最高层,而一些人是在相反的方向上发展。这项研究的创始人在他们最疯狂的梦想中也不会想象到75年后的今天我会站在这里,来告诉你们这项研究仍然持续进行着。

每两年,我们致力于这项研究的工作人员打电话给我们的被试,询问我们是否可以发送给他们另一份关于他们生活的调查问卷。许多波士顿市中心的被试问我们:"为什么你们要坚持研究我?我的生活并不那么有趣。"哈佛大学的被试没有问这类问题。为了可以最清楚地了解他们的生活,我们不仅仅只是发送给他们调查问卷,我们在他们的起居室采访他们,从他们的医生那里得到了健康记录。对他们进行抽血化验,做脑部扫描。与他们的孩子交谈,在他们与妻子谈论内心最深的关注点时我们进行了录像。在大约10多年前,我询问他们的妻子,是否愿意加入我们成为研究中的一员,许多人回答说:"你知道吗,终于轮到我了。"

因此,我们了解到了什么,从这些成千上万的关于这些被试生活的信息中,我们可以学习到什么呢?我们所学习到的不是关于财富、名誉或工作是否努力。从75年的研究中我们可以最清楚地了解到的是:好的人际关系可以使我们更快乐和健康。

关于人际关系我们学习到了三大课题:第一个是社会联系真的会对我们有益,而且孤独是有害的。与家庭、朋友、团体有更多社会联系的人会更开心、身体更健康、寿命也更长,相较于那些有较少社会联系的人群。而且孤独感是有毒的,人们与想联系的人越是隔离就会越不开心。他们的健康状况在中年早期就会走下坡路,很快脑功能会减退,而且会比那些不孤独的人寿命更短。令人悲伤的是,在一段给定的时间里,5位美国人中就有1位认为他们是孤独的。

而且我知道在人群中的你可能也会孤独,在婚姻中也会孤独。因此,我们所学到的第二大课题是孤独不关乎你交友的数量,也不关乎你是否在恋爱或婚姻中,而重要的是亲密关系的质量。生活在冲突中确实对我们的健康有害。有严重冲突的婚姻,比如没有足够爱的婚姻,会对我们的健康非常有害,可能比离婚更糟。生活在优质、温暖的人际关系中是具有保护作用的。有一次,我们追踪调查了被试直到他们80多岁,我们想回顾一下他们的中年生活来看一下我们是否能预测哪些人将成为一名健康快乐的老人,而哪些人则不能。当我们收集了所有关于他们在50岁时的资料,不是他们的胆固醇指数预示了他们会如何变老,而是他们对人际关系的满意程度。50岁时最满意他们人际关系的人们在80岁时是最健康的。而且健康、亲密的人际关系似乎可以为我们缓冲掉一些由于变老而带来的"明枪暗箭"。我们调查中,最幸福相伴的男性和女性在他们80多岁时在他们身体上有更多疼痛的时日里,他们的心态仍保持同样开心。然而,那些处于不开心人际关系中的人们,当他们表示有更多身体上的疼痛时,这种疼痛被不良情绪加重了。

我们学到的关于人际关系和健康的第三大课题是,好的人际关系不只是保护我们的身体,它还保护我们的大脑。结论是,当你在80多岁时与另一人保持在一个安全的人际关系中是具有保护作用的，当有需求时人们可以在人际关系中真实感觉到可以依赖另一个人，这些人的记忆会保持更清晰和长久。有一些人在人际关系中真切感受到不能依赖另一个人，那些人的记忆会较早衰退。然而那些好的人际关系，不需要始终平稳不变。我们调查中有些八十多岁的老年伴侣会相互斗嘴，日复一日，然而只要他们感觉到是可以真正依赖另一个人的，当他们困难时，那些争论对他们的记忆并不会造成伤害。

所以，亲密的人际关系对我们的健康和幸福是有益的，这条至理名言如山峦般古老。为什么这很难做到而且很容易被遗忘呢？嗯，因为我们是人类，我们真正喜欢的是一种快速修复，一些得到后可以使生活变好和一直维持下去的东西。人际关系是凌乱而复杂的，是处理家人和朋友关系的繁重工作，它并不性感或迷人，它也是终其一生的课题，永无休止。在我们75年的研究中，退休时最幸福的人，是那些积极帮助新员工来接替老员工的人。就如最近那个调查中的"千禧一代"，我们被试中的许多人，当他们年轻时，真的相信名誉财富和高成就是他们过上好生活需要追逐的。然而，一而再再而三地在这75年间，我们的研究表明，过得最好的人是那些依赖于家庭、朋友、团体之间人际关系的那些人。那么你是怎样的呢，比如说在你25岁、40岁或60岁时，依赖的人际关系究竟是怎样的呢？事实上，可能无极限，可能简单得就像用面对面的时间来代替看视频的时间，或者一起做些新鲜的事情来激活一段生锈的关系，长距离散步或者夜间约会，或与数年未说过话的亲属取得联系，因为那些再平常不过的家庭战争会对心怀怨恨的人带来很大的伤害。

一个多世纪以前，马克·吐温回顾自己的一生，写下了：生命如此短暂，我们没有时间去争吵、道歉、伤心、斤斤计较。我们只有时间去爱，一切稍纵即逝。好的人际关系为你创造好的生活。

你知道乐观的奇妙吗？

世界上悲观的人倾向于认为别人比自己乐观。乐观的人寿命更长，赛利格曼测试了70个心脏病人，17个被测试为最悲观的病人中，有16个没有经受住第二次心脏病发作而去世了，而19个被测试为最乐观的人中，只有一个人被第二次心脏病的发作夺去了生命。乐观是抵抗疾病的第一道防线。研究表明，具有乐观性格的人在保险公司销售人员中，往往是销售业绩冠军。乐观的小学生将来很少得抑郁症，走向社会后，在工作成绩和社会地位方面均超过悲观的人。

乐观与悲观的对比：

现代竞争社会，虽然比较的是一个人的能力和动机，但同时也是一个人乐观精神的较量。谁笑到最后谁笑得最好。

即便是将动物和人置于绝望的环境中，人为地让他们无法逃脱失败或惩罚，仍然有四分之一的个体永不放弃。这就是说，群体中天生地存在乐观差异，少数个体是最为乐观的。

如果父母悲观,孩子通常也具有悲观的性格。乐观可以通过教育而形成,一个悲观的人通过心理训练可以转化成为乐观的人。

我们的学校和社会倾向于认为一个人的成功取决于能力和动机欲望,如果一个人拥有天分并且很努力地投入学习或工作,他就一定会成功。但赛利格曼的积极心理学研究表明,当一个人天分意愿都很充足时,失败也可能发生,这仅仅因为这个人是一个悲观的人。

悲观的人的特征是相信坏事都是自己的过错,发生的坏事一定会持续很久,并且会毁掉一切。而乐观的人遇到同样的厄运时,会认为现在的失败是暂时的,每次失败都有它的原因,不是自己的错,可能是环境、坏运气或其他因素带来的后果。比如,面对考试失败,悲观的人往往认为都是自己不好好复习,能力差,这次考不好意味着永远考不好了,自己不是上大学的料。你可不要小看这个小小的区别,它往往可以决定一个人一生中的成功,身体与心理健康,甚至寿命。

塞里格曼的一个博士研究生给老鼠注射了癌细胞,将老鼠安排于不同环境中。第一组老鼠可以通过逃避(如触碰开关)而成功地摆脱电击(乐观组),第二组则在第一组成功逃避电击时候被电击,因为前者碰到开关则同时接通了它们的电击线路,它们无论如何也逃避不了电击。第三组老鼠在没有危险的环境中。结果第一组老鼠中患癌症的大约只有四分之一,第二组为四分之三,而最后一组有二分之一得癌症。这说明积极有效地应对危险可以提升免疫力。

+·

二、积极人格特质

积极人格特质是积极心理学得以建立的基础,因为积极心理学是以人类的自我管理、自我导向和适应性为理论假设的。积极心理学家认为,通过对个体各种现实能力和潜在能力加以激发和强化,当激发和强化使某种现实能力或潜在能力变成一种习惯性的工作方式时,积极人格特质也就形成了。积极人格有助于个体采取更有效的应对策略。积极心理学具体研究了24种积极人格特质。

(一) 智慧和知识:创造力、好奇心、开放思想、热爱学习、有视野(洞察力)

1. 创造力

创造力是一种产生新思想,发现和创造新事物的能力。创造力代表一种能激发新想法和产生创新性解决方案的能力,而且这种想法或做法既有用又有价值。大学生处于创造性思维上升阶段。罗晓路[①](2006)研究发现:大学生有较强的创造潜能,

---

① 罗晓路.大学生创造力特点的研究[J].心理科学,2006(1).

其创造性人格突出表现为富有挑战性；创造性思维核心品质的新颖性表现突出。

2. 好奇心

有强烈的求知欲，爱提问，爱探究，对各种事情都很感兴趣，对事情的来龙去脉感到好奇；对任何事物无偏见，具有开放的好奇和对事物的兴趣；对新事物敏感，也非常愿意接受新事物。

3. 开放的思想

喜欢用不同的方法解决问题；做出一个决定时，会考虑每个选择的好处和坏处；愿意听取别人的意见，做决定前喜欢征求别人的意见，做最后决定前会考虑所有的可能性，经常能想到令所有人都满意的解决问题的办法；善于依靠证据做决定，面对证据能够改变观点。

4. 热爱学习

每当有机会学习新事物时都会积极参加，阅读或学习新东西时总是废寝忘食；当想学习新事物时尝试找出有关它的资料；喜爱图书，喜欢阅读，善于从报刊、电视、网络等媒体上获取信息，喜欢参观博物馆类的地方和任何有学习机会的地方；善于从日常生活中学习知识、掌握技能、增长见识、积累经验。

5. 有视野（洞察力）

善于透过现象看本质，能够清楚地看清事实、讲通道理、找到意义；即使在困难的情况下，也可以做出正确的判断，知道什么事情是重要的；常能提出较好的建议，善于找到解决冲突的办法，很少做出错误的选择；能够对事物的走向给出准确判断，善于了解和解决生活中重要和复杂的事情。

（二）勇气：真诚、勇敢、坚持、热情

1. 真诚

总是信守诺言，不会为了摆脱麻烦而说谎，诚实待人；自己做错了事，即使很尴尬也会承认错误；诚恳正直，对自己的感觉和言行负责；努力使自己真实的需要和情感不被误解。

2. 勇敢

遇到挑战、威胁、挫折时不退缩，意志坚定；在面对困难时，尽管感到害怕和恐惧但依然勇敢面对；遇到重大事件或面对顽固病魔时，能坚忍、镇定地应对，甚至乐观和阳光地面对；即使存在反对意见也为自己认为正确的事情辩护；即使不被大多数人支持也按自己的信念行动。

3. 坚持

说到做到，坚持完成已经开始的事；接纳有挑战性的工作或事项，有信心并成功地完成它；勤奋、用功，做事锲而不舍；十分有耐心，一旦制订了锻炼或学习计划就会

坚决执行;做事时不分心,有恒心,享受学习过程的愉悦感和满足感。

4. 热情

做每件事情都带着激情和灵感,这种热情状态很富有感染力;善于与各种类型的人相处,总是感到精力充沛,总是很活跃,很容易与别人亲近,认为生命是令人激动的;无论做什么都会全心全意、竭尽全力,不三心二意或半途而废。

(三) 仁慈与爱:友善、爱、社会智能

1. 友善

朋友不开心的时候,会聆听和安慰朋友;当知道有人生病或遭遇困境时,会为他们担心;当别人有困难时,会很关心别人,经常帮助别人,即使很忙也不会停止帮助那些需要帮助的人,即使别人不向自己求助也会常常帮助别人;一向对人友善、仁慈。

2. 爱

珍惜与别人的亲密关系,特别是那些互相分享和关怀的关系;拥有爱和被爱的能力;内心拥有爱,同时,自己也被别人接纳、喜欢、亲近、需要。

3. 社会智能(社交智力)

在大多数社交场合中,谈吐和举止十分得体,能够了解和理解自我,准确地找到自己的位置,知道如何才能适应不同的社会情境,能充分地把自己的优势和兴趣利用起来;能够了解和理解他人的动机和感受,接受别人的思想和情感,很容易识别他人心情的变化;主动与人交往,朋友多;与他人建立信任,别人不会因为自己的权威而害怕自己,也不会因为别人反对而觉得自己被挑战;善于欣赏、赞美、激励他人,有良好的社交技巧,能够很好地协调人与人之间的关系。

(四) 正义:公平、领导力、团队精神

1. 公平

对人一视同仁,对事公正,不会让自己的偏见影响任何决定;当在团队工作时,会让每个人都有平等的机会,即使不喜欢某些人,也会公平地对待他们,即使某件事情做得很好,也会让别人有机会去尝试,认为每个人的意见都同样重要,即使是朋友,仍会要求他与其他人一样遵守规则。

2. 领导力

有宏观决策能力和筹划能力,善于从大局出发,制定长远发展规划和终极目标;能够坚持信念,有雄心、有信心、有精力、有毅力;善于鼓励团队成员参与决策和管理,从不批评和打击团队队员的积极性和工作热情;善于协调关系、化解矛盾,善于营造良好的氛围和组内关系。

3. 团队精神

融入团队,有凝聚力,有归属感,为团队建设尽心竭力;忠于团队,自觉维护团队利益,并积极、主动、认真、负责做好本职工作;尊敬领导,但不会愚昧而自动地顺从他人,有自己的想法和思维,但会考虑大局;尊重团队目标,虽然有时大团队目标会与自己的目标不同,但仍然尊重并重视团队的目标。

(五) 修养与节制:宽容、谦虚、谨慎、自律

1. 宽容

宽容那些犯错误的人,原谅别人的过失,给他人第二次机会;宽恕那些得罪过自己或欺负过自己的人;在原谅了欺负自己的人后,心理会从负面消极状态(如报复或回避)转移至正面积极状态(如友善、宽宏大量或乐善好施,心中不存怨恨)。

2. 谦虚

为人低调,不招摇,不寻求成为他人关注的焦点;做事低调,不张扬,不炫耀,比较喜欢让自己的成就说话;不认为自己很特别,常常虚心向别人请教。

3. 谨慎(审慎)

做事之前考虑周到,深思熟虑,仔细评判利弊得失,小心地做出选择;做事过程注重细节,认真细致,确保准确无误;小心慎重,不随意冒险,不做自己认为以后会后悔的事,也不说将来会令自己后悔的话。

4. 自律

自觉控制自己的欲望和冲动直到恰当的时机;自觉控制、调节自己的情绪;守纪律,自觉规范自己的感觉与行为,自觉遵守法律法规,自觉遵循道德规范,注重礼仪。

(六) 心灵的超越:审美、感恩、希望、幽默、信仰

1. 审美(欣赏美和完美)

善于发现美,善于发现周围环境及日常生活中美好的人和事;欣赏美,懂得欣赏大自然、艺术、科学等各领域的美。

2. 感恩

花时间表达自己的感谢,如感谢父母养育抚育之恩,感谢老师辅导教育之恩,感谢别人支持帮助之恩;意识到美好的事物并心怀感谢,这种感激可能是对非个人或非人类的,如感谢自然界赐予阳光、空气、水以及花草树木、鸟兽鱼虫之恩,感谢团体、组织、祖国的接纳护佑之恩;会欣赏他人的优点和品德;留意到发生在自己身上的好事,但不会视为理所当然。

3. 希望

有远大理想和切合实际的目标;有追求,知道自己要什么并做好充分准备;乐观

积极,以积极心态看待现实生活;认为好事总会发生,对未来充满信心,相信幸福掌握在自己手中。

4. 幽默

看到生活光明、轻松的一面,认为生活充满乐趣和有趣的事;善于用自嘲、滑稽、俏皮、笑话等方式逗大家笑,善于营造轻松、愉悦、欢快、开心的氛围;善于有分寸地开玩笑,但绝不嘲笑、侮辱、戏弄他人,不是攻击性幽默。

5. 信仰

至少有一种信仰,使自己有所追求、有所寄托;有信念,有人生理想和人生目标,相信每个人每件事都有更高、更深奥的目的和意义,这种信念能够塑造一个人的行为,让一生过得精彩而有意义。

2009年,孟万金、官群编制《中国大学生积极心理品质量表》,量表涵盖认知维度(创造力、好奇心、热爱学习、思维力)、人际维度(真诚、勇敢坚持、热情)、情感维度(感受爱、爱与友善、社交认知)、公正维度(团队精神、正直公平、领导能力)、节制维度(宽容、谦虚、审慎、自制)、超越维度(心灵触动、希望与信念、幽默风趣)6个维度,20个积极心理品质。

心灵便利贴

关于积极

积极一词很容易令人产生误解,其实积极的意义是相对的,它不是一个固定结果和最后结局,积极是一个行为过程,包括过程的体验。

积极与个人处境有关,是个人选择一种最能适应的环境和能发挥最高潜能的行为,是一个人把所有力量都运用到了极限而问心无悔的人生态度。一个身患绝症的人和一个处于创作状态的作家,虽然所面临的人生状态如此不同,但在积极状态上是一样的,他们都可能是积极的。只不过前者是与疾病做斗争而感受到生命的勇气,后者是陷入创作高峰体验而感受到生命的激情。两者之比,没有量的规定,但在质的规定上是一样的。

积极只能与消极相比,或者与心理不健康相比,而不能与另一个积极评价相比。积极是指主观上的感受,包括一个人的认知、情绪和行为。积极只能与自己的过去感受相比,我们不能比较两个人的积极,科学家和工人都有自己的积极,前者是实验室中对科学的献身,而后者可能体现在对工作的敬业。积极是一个带有价值导向的概念,而不是一个科学的概念。某一文化进程中对于何谓积极品质会具有不同的看法。一个优秀的人在什么方面表现出色,是一个复杂的问题。过去,我们认为节约、贞洁、谦卑、沉默是积极的品质,而现代社会则更注重创新、自主、主动和外向。

大多数人对积极的理解有偏差。人们倾向于认为,积极是指一个人通过努力取得了成功，取得了显赫社会地位或经济地位。谈到积极，首先想到的是社会精英，如名演员、企业家、体育明星等，这种积极不是人的内在积极，而是外在积极。我们所说的积极是人的一种出色的心理素质和生活态度。

积极状态虽然不排除外在的指标，一个处于积极状态的人可以拥有外在的高成就，但积极状态主要不是指这些外在的东西，这只是一个人奋斗和机遇的结果，是一些与人性无关的数字。积极状态是指一个人所具有的出色的综合心理素质，是积极的人生态度。这种心理素质促使一个人热爱自己，热爱他人，热爱这个世界，拥有快乐和幸福。

积极也不总是指一个人征服外部世界，积极有为地把每一个事情都去办好。神经症的人有时过于追求完美，他们的欲望超越了自身能力范围，在需要和改造世界面前过于有为，用主观意愿取代现实的客观。比如，当一个强迫症的病人屡屡为是否关家中的煤气而焦虑不安时，他觉得事事都是有为的，只要我把事情做到尽善尽美，就一定会万无一失。可是，这种脱离现实的有为，恰恰可以理解为过分的欲望，是不合理的，它不是真正的积极，只会产生矛盾和冲突。真正的积极有时包括一种无为，一种面对现实的客观和如实接受，接受该接受的，做自己能做的，看上去很无奈，但它却是最佳的积极，因为此时此景，没有比这一行为更好的主动。

三、积极的社会环境

马斯洛、罗杰斯等人指出，当孩子周围环境的教师、同学和朋友提供最优的支持、同情和选择时，孩子就最有可能健康成长和自我实现。相反，当父母和权威者不考虑孩子的独特观点，或者只有在孩子符合一定的标准才给予被爱的信息，那么这些孩子就容易出现不健康的情感和行为模式。

不同文化对人的生活满意度的判断有很大的差别。在个人主义文化为主的国家，当判断自己有多快乐时，会理所当然地参照他们的情感，经常感受到快乐是生活满意度的一个预测因子。相反，集体主义文化下的人们则倾向于参照一定的社会标准来判断他们是否快乐，并且在评估生活时，会考虑到家庭和朋友的社会取向。因此，在不同文化中，人们认为与生活满意度相关的因素也是有差别的，这或许源于文化对人们的价值观和目标所带来的影响。

第三节 大学生积极心理品质的培育

一、大学生积极心理培育的意义

（一）有利于促进大学生全面发展

马克思认为，人的发展是"人以一种全面的方式，也就是说，作为一个完整的人，占有自己的全面的本质"。积极心理品质是新时代大学生全面发展的重要内容，更是新时代大学生全面发展的心理表现。因此，高校在开展心理健康教育时应以积极心理学相关理论为指导，为大学生成长成才和全面发展注入积极的正能量。

（二）有利于促进大学生知、情、意、行协调发展

积极心理学所涉及的内容主要涵盖情感情绪体验、自身人格优势及组织系统建立三个方面。大学生积极心理品质的培育包括引导大学生构建积极的自我认知，养成积极的意志品质和积极的行为。只有具备积极心理品质，大学生才能做到从认知上认同到情感上认同，最终实现由"知"到"行"的转化。高校心理健康教育要重视大学生积极心理品质的培育，促进大学生知、情、意、行协调发展。

（三）有利于促进大学生认同社会主义核心价值观

大学生积极心理品质中包含的仁爱、友善、正义、谦虚、谨慎等心理表现，与社会主义核心价值观对个人的要求一致。对一个民族、一个国家来说，最持久、最深层的力量是全社会共同认可的核心价值观。新时代大学生要立志成为实现中华民族伟大复兴中国梦的强大力量，必须加强对核心价值观的认同，并做到内化于心，外化于行。

二、大学生积极心理培育的途径

（一）大学生积极心理品质的自我建构

大学生积极心理品质的自我建构包括积极的自我认知、积极的情绪体验、积极的意志品质和积极的行为养成。

一是积极的自我认知。大学生积极的自我认知源于积极的自我意识、高自我效能感以及自我"性格优势"。大学生可以在与他人对比、他人评价、自我反省的过程中更好地认识自己，通过挑战分心任务、转移注意力等方法训练自控力，以培养积极的

自我意识。同时，通过分解任务、观察学习、积极的自我对话循序渐进地提高自我效能感。积极心理学强调对人的全面理解，用接纳的思维思考自身的性格特点，尤其是性格内向的大学生，要学会发现自身的性格优势，如善于倾听、认真细心、专注等。

二是积极的情绪体验。积极的情绪体验能扩大大学生的视野，激活他们的积极行动，提高他们的主观幸福感，并且改善他们的身体机能。大学生积极的情绪体验可以通过不合理信念的修正、适当的宣泄、自我放松的练习等途径来实现。

三是积极的意志品质。在挫折、激励和实践活动中培养大学生积极的意志品质。大学生要树立正确的挫折观，当挫折发生时，要面对它、正视它、解决它，并坚信挫折是可以克服的。同时，大学生可以运用多种激励方法激发自己的需求动机，提高自己的意志水平；可以通过积极参加社会实践，培养自立自强、艰苦奋斗、责任与担当的意志品质。

四是积极的行为养成。大学生是否具有积极的心理品质最终通过积极的行为来体现。大学生积极的行为养成有赖于家庭、学校、社会的合力，有赖于大学生个人知、情、意等积极心理品质的综合促成。

（二）构建积极的社会支持系统

积极的社会支持系统包括家庭、学校和社会充满积极力量的外部支撑体系，为新时代大学生积极心理品质培育提供良好的社会环境氛围。

一是家庭。家庭是社会最微小最基本的社会细胞，父母是子女的首任教师，也是终生教师。父母对子女所负的责任是多方面的，不仅要给予子女物质支持，还要给予情感支持。积极的教养方式有利于子女形成积极的情绪、健康的人格和良好的人际关系。同时，积极的家庭环境还需要建设良好的家庭文化，家庭成员之间平等、互助，彼此尊重和理解，多采用非暴力沟通的方式进行交流，才能促进子女养成诸如仁慈与爱、自信、乐观、创新等积极的心理品质。

二是学校。学校是大学生接受系统教育的场所，也是培育大学生积极心理品质的主阵地。高校在进行积极心理品质培育过程中，要充分运用育人因素和优良的校园环境，形成教育合力。高校要利用好教学课堂这一主要场所，有计划、有目的地帮助大学生树立正确的三观，并根据不同年级大学生的心理发展特点，制定差异化的心理品质培育目标，培养创造力、好奇心、热爱学习、开放思想等积极心理品质。同时，高校还应创设良好的校园环境，良好的物理环境和文化环境对大学生积极心理品质的形成有着潜移默化的作用。

三是社会。社会环境是大学生积极心理品质培育的宏观环境，建立高校和社会协同育人机制，共同推动大学生积极心理品质的形成。

培养大学生积极的心理品质，既需要家庭、学校和社会等外部因素的通力合作，更需要调动大学生自身的主观能动性，进行自我建构。

心灵便利贴 +·

总体幸福感量表(GWB)

*1. 你的总体感觉怎样(在过去的一个月里)?

    1 精神很不好 2 精神不好 3 精神时好时坏 4 精神不错 5 精神很好
6 好极了

2. 你是否为自己的神经质或"神经病"烦恼(在过去的一个月里)?

    1 极端烦恼 2 相当烦恼 3 有些烦恼 4 很少烦恼 5 一点都不烦恼

*3. 你是否一直牢牢地控制着自己的行为、思维、情感或感觉(在过去的一个月里)?

    1 非常混乱 2 有些混乱 3 控制得不太好 4 一般来说是的 5 大部分是
的   6 绝对的

4. 你是否对于悲哀、失去信心、失望或有许多麻烦而怀疑还有一些事情值得去
做(在过去的一个月里)?

    1 极端怀疑 2 非常怀疑 3 相当怀疑 4 有些怀疑 5 略微怀疑 6 一点也
不怀疑

5. 你是否正在受到或曾经受到一些制约、刺激或压力(在过去的一个月里)?

    1 相当多 2 不少 3 有些 4 不多 5 没有

6. 你的生活是否幸福、满足或愉快(在过去的一个月里)?

    1 非常不满足 2 略有些不满足 3 满足 4 相当幸福 5 非常幸福

7. 你是否有理由怀疑自己曾经失去理智,或对行为、谈话、思维或记忆等失去控
制(在过去的一个月里)?

    1 是的,非常严重 2 有些,相当严重 3 有些,不严重 4 只有一点点 5 一
点也没有

8. 你是否感到焦虑、担心或不安(在过去的一个月里)?

    1 极端严重 2 非常严重 3 相当严重 4 有些 5 很少 6 无

9. 你睡醒之后是否感到头脑清晰和精力充沛(在过去的一个月里)?

    1 无 2 很少 3 不多 4 相当频繁 5 几乎天天 6 天天如此

10. 你是否因为疾病、身体的不适、疼痛或对患病的恐惧而烦恼(在过去的一个月里)?

    1 所有的时间 2 大部分时间 3 很多时间 4 有时 5 偶尔 6 无

11. 你每天的生活中是否充满了让你感兴趣的事情(在过去的一个月里)?

    1 无 2 偶尔 3 有时 4 很多时间 5 大部分时间 6 所有的时间

12. 你是否感到沮丧和忧郁(在过去的一个月里)?

    1 所有的时间 2 大部分时间 3 很多时间 4 有时 5 偶尔 6 无

13. 你是否情绪稳定并能把握住自己(在过去的一个月里)?

    1 无 2 偶尔 3 有时 4 很多时间 5 大部分时间 6 所有的时间

14. 你是否感到疲劳、过累、无力或精疲力竭(在过去的一个月里)?

　　1 所有的时间　2 大部分时间　3 很多时间　4 有时　5 偶尔　6 无

15. 你对自己健康关心或担忧的程度如何(在过去的一个月里)?

　　非常关心 1、2、3、4、5、6、7、8、9、10 不关心

16. 你感到放松或紧张的程度如何(在过去的一个月里)?

　　紧张 1、2、3、4、5、6、7、8、9、10 放松

17. 你感觉自己的精力、精神和活力如何(在过去的一个月里)?

　　无精打采 1、2、3、4、5、6、7、8、9、10 精力充沛

18. 你忧郁或快乐的程度如何(在过去的一个月里)?

　　非常忧郁 1、2、3、4、5、6、7、8、9、10 非常快乐

说明：

　　总体幸福感量表(General Well-Being Schedule)由美国国立统计中心制定,共33个题目。本量表是国内段建华对美国量表的修订,即采用该量表的前18项对被试进行施测,单个项目得分与总得分的相关在0.48~0.78,分量表与总表的相关为0.56~0.88,内部一致性系数在男性为0.91,在女性为0.95。

计分：

　　按选项0~10累积相加,其中带*的选项为反向题。全国常模得分男性为75分,女性为71分,得分越高,主观幸福感越强烈。除了评定总体的幸福感,本量表还可以分为6个因子。这6个因子是:对健康的担心、精力、对生活的满足和兴趣、忧郁或愉快的心境、对情感和行为的控制、放松或焦虑。对应的题项分别为:对健康的担心:10、15;精力:1、9、14、17;对生活的满足和兴趣:6、11;忧郁或愉快的心境:4、1、18;对情感或行为的控制:3、7、13;放松或焦虑:2、5、8、16。

丹麦人的幸福密语

　　在遥远的北方,有这样的一个国家:住在那里的人们冬天会被大风吹到口眼歪斜,半年见不到太阳,要猛磕维生素D,个人收入的一半还要缴所得税。试问,你会觉得它和"幸福"这个词,有半毛钱的关系吗?

　　可是,处于该国的人民拥有春夏秋冬大长假,托班、大学学费免,女性生育各种歇,老公也能一起休,生蚝个个大又肥,自然环境棒棒嗒。你的心中,又该做何感想呢?

　　没错,这个国家,就是丹麦!关于"做个丹麦人有多幸福"这个传说,可不是空穴来风。在联合国的《世界幸福报告》中,丹麦的幸福指数连续四年位居榜首,丹麦人,也因此成为公认的、全世界最幸福的人。

　　一直很奇怪,在一个天气极其糟糕,甚至承担了全球最高税率的国家,"本有可能成为一个连狗都会抑郁的地方",丹麦人为什么幸福?这是全世界很多人心中的疑问,一本席卷全球的幸福小神书——《丹麦人为什么幸福》解决了我们所有的疑问。

这本书常年位居全球各国图书畅销排行榜,在英国刚一上市就冲进亚马逊总榜第三,是英国各大书店的畅销冠军。

作者名叫迈克·维金,是丹麦哥本哈根幸福研究院的首席执行官。他花费数年,探究了丹麦人的幸福原因,并道出了他们如此幸福的秘密。它只有一个字,严格说来是一个词,一个超神秘的词:HYGGE。这个词虽然神秘,却堪称当年全球最热的词汇之一。它不仅是英国柯林斯词典 2016 年度热词,还入选了牛津年度词汇。"HYGGE"这个词,来自北欧语言,原意是"福祉"。

但现在,作为形容丹麦人幸福秘密的词语,它却没有明确的解释,而更像是丹麦人生活方式的统称,是丹麦人享受生活中每一件美好小事的情怀。所以,为了让大家了解丹麦人为什么幸福,迈克在书中总结了 HYGGE 理念的要素,从饮食、家居等多个角度,为读者介绍了幸福感的秘诀。"这并不是丹麦人独有的,HYGGE 属于每个人,全世界的人都有机会感受到。"

提升幸福感秘诀之一:要有温暖的光。"HYGGE 是寒冷冬天和阴冷雨天的解药,是冰冷黑暗中的光亮和温暖。"对于丹麦人来说,最能让他们感觉到幸福的,要属温暖的光了。这是因为,在丹麦,从十月份到次年五月份,光照都极度匮乏。所以,他们最迷恋的东西,就是蜡烛和灯具。作者在书中,举了一些令人震惊的数据:"当丹麦人被问到是什么最能让他们感觉到 HYGGE 的时候,超过 85% 的人都提到了蜡烛……根据欧洲蜡烛协会的数据,丹麦人均燃烧的蜡烛超过欧洲其他所有地方。"而丹麦人也愿意在家中,营造最舒适的灯光氛围,无论他的生活是富裕,还是拮据。

那么,我们又该如何营造具备幸福感的照明空间呢?作者在书中分享了一些小方法:① 点蜡烛。想要 HYGGE,再没有比点燃蜡烛更快的方式了。若有需要,也可以选择带香味的香薰蜡烛。但是,记得在用后,要给房间通风换气。② 布置暖光的小角落。可以在房间的合适角落,布置一些别致的灯带,或是放置几盏小灯,让整个空间,都被暖暖的灯光占满。现在市面上也有很多造型别致的小灯具,都可以成为增加我们幸福感的发光小装饰。

提升幸福感秘诀之二:要吃好多好多甜食。一提到甜食,大家的第一反应肯定是:发胖!然而,幸福的丹麦人却超爱它们。"HYGGE 是指善待自己,宠爱自己,纵容自己,给自己一个逃离健康生活需求的时刻。糖果很 HYGGE,蛋糕很 HYGGE,香脆的爆米花也很 HYGGE,尤其是我们共享一碗的时候……那些会让你有点罪恶感的食物才是 HYGGE 的组成部分。"作者在书中指出,根据《糖果欧洲》发布的一篇报道,丹麦人每年人均消费 8.2 千克糖果,是欧洲人均消费的 2 倍。

那么,我们又该如何美美地享受到 HYGGE 式的一餐呢?作者给出了几个小建议:① 奖励自己一份甜食。"你不能买到幸福,但是你可以买走蛋糕,这两者几乎是一样的。"所以,如果你感觉不开心,不妨奖励自己一块美味的蛋糕,一颗甜甜的糖果,或者一杯香气四溢的热奶茶。这不仅符合科学依据:甜食会使脑中的血清素增加,因此产生愉悦感,更是全人类的本能:"当我们出生时,首先尝到的是甜甜的母乳。因此，喜欢甜食是与生俱来的，它对我们的生存有益。"② 尝试一下"慢食"。所谓慢食，是指享受缓慢制作一道食物的过程。花上某个周末的一个下午，试着亲手为自己、为家人、为朋友，慢慢做一顿饭吧。作者还说，我们可以创办自己的"美食俱乐部"：约上三五好友，大家分工合作，一起准备一顿饭。无论最终的成品如何，最重要的是，好好享受做饭的过程。"花几个小时去炖一锅香气扑鼻的肉……锅在炉子上煨着，汤咕嘟咕嘟作响，肉香四散，而你在角落看书，仿佛时间已静止不动。这就是 HYGGE 的本质。"

提升幸福感秘诀之三：要有一个布置温馨的家。"70％的丹麦人，说他们最 HYGGE 的体验是在家里。"因此，丹麦人也倾向于把钱和时间花在装饰家居上。不难想象，如果有一个温馨的家，即使不大，即使是租来的，就算宅着，也能享受到满满的幸福。

在书中，作者也提供了一个让我们的家秒变"北欧风"的物品清单：① 一个"舒适角"。"这个舒适角，是房间的某个特定的地方，在那里，你可以舒服地裹着毛毯，喝着咖啡，看一本书。"这个舒适角也许很小，但小小的空间，却让我们很有安全感，很安心踏实。作者说，这可以追溯到人类早期的洞穴时代。小空间更保暖，对于躲避大型动物也更加合适。而现在，我们可以用温暖的灯光，自己喜欢的摆件，让房间的某个角落，成为豪华版的"洞穴"。② 植物。"丹麦人觉得有必要把整个大自然都请进室内。任何你能找到的纯天然的物件，叶子、坚果、树枝……都有可能是很 HYGGE 的。"所以，可以在家中摆上几盆绿植，现在流行的琴叶榕、小小的多肉植物，都是不错的选择。③ 书架。"谁会拒绝一个摆满了厚厚的书的书架呢？读一本好书能够陶冶身心，这是 HYGGE 这种生活方式的基石。"④ 毛毯和靠垫。"在任何 HYGGE 的家庭，毛毯和靠垫都是必备品。蜷缩在毛毯里是非常 HYGGE 的。"在夏天，开着空调或者吹着电扇，纵使不冷，也要轻轻盖着毛毯看书，这样会感到很温馨。而且，不妨准备几个自己喜欢的花色的靠垫，"没有什么比把头靠在一个舒服的垫子上更安逸的了。"

提升幸福感秘诀之四：为自己准备一个幸福"急救箱"。作者说，当我们能量不足，情绪低落，懒得做计划，也不想出门，只想一个人静静地待着的时候，可能会用得上这个 HYGGE 式的幸福"急救箱"。这个急救箱里，装着那些能让我们产生幸福感的物品。

为此，作者也提供了一个参考清单，我们也可以根据自己的情况进行增删：① 蜡烛。② 美味可口的巧克力。每天或者每周如仪式般品尝一点点。③ 你最喜欢的茶。④ 你最喜欢的书。可以让我们慢慢品读的那一本。⑤ 果酱。最好是自己亲手做的。⑥ 旧时信件。重温旧信，能让人回到过去的时光。⑦ 一个笔记本。上面写着我们经历过的难忘瞬间，以及以后渴望拥有的美好。⑧ 纸和笔。想想生命中感恩的人，手写一封信给他们。⑨ 音乐。还记得自己曾经单曲循环 N 遍的那张 CD 吗？⑩ 相册。选择自己最喜欢的 100 张照片，打印出来，放入相册。

正如作者所说，HYGGE 可以被品尝到、听到、触摸到、看到和嗅到。它可能是窗外的一阵风，嘴角上的糖霜，老房子熟悉的木质气味，或是摸起来让人踏实的粗布质感。最重要的是，我们要打开自己的心，去感知生活中微茫的幸福。

第四节　心理知识拓展

一、电影"心"赏——《天使爱美丽》

艾米莉是巴黎一家餐厅的年轻女招待。她有着别人看来不幸的童年——父亲给她做健康检查时，发现她心跳过快，便断定她患上了心脏病，从此艾米莉与学校绝缘。随后，因为一桩意外，母亲在她眼前突然死去。这一切都毫不影响艾米莉对生活的豁达乐观，她对这个世界永远充满好奇和善意，对爱人和朋友又不失狡黠顽皮。1997年，戴安娜王妃的去世让她倍感人生的孤独脆弱，艾米莉从此开始了一系列助人计划，包括自闭忧郁的邻居老人、被老板刻薄对待的菜摊伙计、遗失了童年器物的旧房东、爱情失意的咖啡店同事。正如影片的名字一样，艾米莉的确是一个如天使般存在着的人，她不断地去帮助别人，暗地里为别人打抱不平，用很细腻的方式追求自己的爱情。她让人觉得她的心灵是一尘不染的，觉得她纯洁得像个天使一样。

二、心理训练营

优点大轰炸

每个人都具有积极的心理品质，只是很多时候，我们更容易看到自己身上的缺点。本活动通过一系列的环节，使同学们发现自身优点，发掘别人身上的优点，培养和强化积极心理品质。

（1）活动分组。每6～8人分为一个小组，组内成员可以是随机挑选，准备好纸和笔。

（2）热身活动。请每位组员在纸上书写自我介绍的内容，字数不少于100字，然后读给全组同学听。

（3）优点轰炸。每次选出1名组员，请剩下的人用优点＋事例的形式，对该组员进行轰炸。注意：在说优点时，一定要举一个轰炸对象的真实事迹。例如，我认为小A的优点是有爱心，因为她经常和同学们一起去福利院帮助残障儿童和老人，给他们关心和温暖。如此类推，直至每个组员都被轰炸。

（4）重新认识自己。结合自己的自我介绍和组员对自己的评价，请每位组员重新认识自己，重新写一个自我介绍，然后向大家重新做一个自我介绍，并分享自己的心得体会。

第九章

大学生心理素质拓展训练

第一节　心理素质拓展概述

一、心理素质拓展训练的基本内涵

　　素质即人所具有的维持生存、促进发展的基本要素，它是以人的先天禀赋为基础，在后天环境和教育的影响下形成并发展起来的内在的、相对稳定的身心组织结构及其质量水平，主要包括身体素质、心理素质和社会文化素质等[①]。心理素质是人在先天素质基础上，经过后天的教育、环境的影响而形成的一个人心理品质的综合。广义的心理素质包括智能素质、动机品质、气质与性格、自我意识等，表现为个人的适应能力、自控能力和交际能力（岳晓东 1999）[②]。

　　21 世纪社会所需要的人才素质结构包括独立的人格意识，合理的知识结构，顽强的意志，良好的道德品质，勤奋踏实、积极进取的学习态度，团结协作的精神与协调指挥的能力，优秀的创造思维品质等 20 个方面。这些积极品质是高素质人才的主要特征，是高校的培养目标，而这些也正是素质拓展训练的努力方向。

　　所谓"拓展"，即指能够强烈影响人的素质成长的四个互动过程：激发、调整、升华和增强。素质拓展活动就是要拓展大学生所需要的各种心理和身体素质。

　　大学生心理素质拓展是通过精心创设特殊情境中的一系列融合运动、趣味和心理等元素的活动，使参训者的创新能力、沟通能力、团队协作能力、应变能力、学习能力、创新能力、领导能力、激励能力等 8 种基本能力得到提高。具体说来，即是将使参训者达到如下目标：

　　（1）树立责任意识、自强意识、学习意识、创新意识、成才意识、创业意识，明确人生目标。

---

　　① "素质教育的概念、内涵及相关理论"课题组.素质教育的概念、内涵及相关理论[J].教育研究,2006 (02):3-10.

　　② 樊富珉,王建中.北京大学生心理素质及心理健康研究[J].清华大学教育研究,2001(04):26-32.

（2）以理想信念教育为核心，感受人性的美好，树立正确的世界观、人生观和价值观。

（3）树立自信心和自尊心，增强团结合作的团队意识，提高团队工作效率，增强情感沟通和表达能力，建立合作双赢的意识和良好的人际关系，营造和谐的工作环境。

（4）树立明确的生涯目标，敢于挑战自我极限，具有克服困难的自信心、勇气、毅力和果断、主动、自制的意志品质。

（5）增强自我控制与决断能力以适应不断变化的外部环境，培养健康的心理素质、积极进取的人生态度和服务社会的奉献精神。

（6）突破思维定式，培养创造性思考问题的能力，从书本走向"现实"，进入虚拟的自然的社会、组织、团队，为未来走向社会做积极的人生和工作设计。

二、心理素质拓展训练的发展历程

拓展培训源于西方英文 OUTWARD-BOUND。二战时，大西洋上有很多船只由于受到攻击而沉没，大批船员落水。由于海水冰冷，又远离大陆，绝大多数的船员不幸牺牲了，但仍有极少数的人在经历了长时间的磨难后得以生还。令人震惊的是，少数幸存者竟然不是人们预想的小伙子，而大多数是一些年老体弱的人。人们发现生存的关键在于这些人有良好的心理素质。当时，德国人库尔特·汉恩提议，利用一些自然条件和人工设施，让那些年轻的海员做一些具有心理挑战的活动和项目，以训练和提高他们的心理素质。之后，其好友劳伦斯在 1942 年成立了阿德伯威海上训练学校，以年轻海员为训练对象，这是拓展培训最早的雏形。

二战以后，在英国出现了一种叫作 OUTWARD-BOUND 的管理培训，利用户外活动的形式，模拟真实管理情境，对管理者和企业家进行心理和管理两方面的培训。新颖的培训形式和良好的培训效果，使拓展培训很快就风靡了整个欧洲的教育培训领域，并在其后的半个世纪中发展到全世界。

心理素质拓展是德国哈恩博士于 20 世纪第二次世界大战前建立的一种心理训练方法，其目的是给儿童在学校教育课程之外一个自由表现自己的场所。第二次世界大战开始后，素质拓展被广泛运用于军队士兵的训练并产生了良好的效果。

20 世纪 70 年代，美国马萨诸塞州哈密尔顿韦恩哈姆高中校长皮赫将素质拓展纳入学校教育体系，并制订了素质拓展计划，最后发展为体育课程大纲在学校实施。与此同时，素质拓展也被引入其他课程中，现在已经成了美国学校教育的一个重要组成部分。20 世纪 90 年代中期，心理素质拓展被引入我国，早期作为商务公司的团队精神及个人能力的提升训练被广泛使用，由专门的人力资源培训公司运作。随着素质拓展训练作用的不断发挥，从 20 世纪 90 年代末开始，心理素质拓展基地如雨后春笋般冒出来，目前全国大大小小的素质拓展基地不计其数。近些年，学校教育工作者逐渐意识到这种心理素质拓展训练对大学生素质能力提升的良好效果,将素质拓展引入高校,作为大学生素质能力提升的实训课程,对大学生的素质能力提升起到了积极作用。

三、心理素质拓展训练的基本特征

心理素质拓展训练具有综合活动性、群体性与个体性的统一、趣味性、反思性、生成性和普及性六大特征。

(一) 综合活动性

没有活动就没有训练,心理素质拓展训练的所有项目都以体能活动为引导,引发出认知活动、情感活动、意志活动和交往活动,有明确的操作过程,要求学员全身心地投入。

活动的综合性体现在两个方面:一个完整的素质拓展训练涵盖开发潜能、认识自我、熔铸团队精神、增强意志力等几个方面,由一系列的项目有机组合而成;一个项目包含多方面的训练内容,比如穿越电网,可以培养团队精神,也可以磨炼学员的意志,激发潜能。

(二) 群体性与个体性的统一

心理素质拓展训练以团队为活动对象,一般活动人数在 10 人以上 60 人以下,分成若干小组,小组成员在 10~20 人。在培训师之间的团队配合下,也可以组织大型的团队训练,人数可达到几百人。

关注群体的同时,拓展训练也关注个体。在非特殊性的情况下,拓展训练更加关注个体的心理行为状况。在训练项目类型上,可分为个人挑战项目、双人协作项目、团队合作项目。在群体性的活动中,个人的参与机会均等。部分存在心理问题的学员可能会羞于表现,这时可以充分利用个体均等参与的原则,以群体的力量支持和鼓励这类学员参与。

图 9.1　素质拓展活动

(三) 趣味性

心理素质拓展训练活动的一个明显的特征是具有趣味性,很多活动带有游戏的色彩。素质拓展中有很多充满趣味的项目,使参与者在训练中产生愉快感,返璞归真,如同孩童一样,在追逐和嬉戏中充分释放和排解积压已久的心理压力,并且这些游戏大都需要团队成员相互协助完成,这从另一方面也加强了参与者之间的相互联系。

心理素质拓展的很多项目从幼儿游戏中延伸而来,与游戏相比,其相同点是都有活动过程中的快乐体验;不同的是,素质拓展训练重在反思和总结。

(四)反思性

心理素质拓展训练注重对活动的反思和总结。在每个活动或整场活动结束后,培训师会组织学员进行总结和交流。对拓展项目过程中的体验进行反思,获得某种感悟。这种总结和交流打破了传统的教育模式,培训师并不灌输某种知识或者训练某种技巧,而是充分尊重学员的主体地位和主观能动性,让学员自己表达和领悟,培训师只是做一些启发。这个过程也促进了学员的自我教育,让学员感悟更加深刻。

(五)生成性

素质拓展训练的活动具有生成性。首先,有的活动从幼儿游戏和日常生活中生成而来;其次,活动中会生成对活动的反思,不同的培训个体对相同的活动会有不同的反思;第三,一个既定的活动可以生成不同的玩法,不同的玩法下学员的目标不同,在活动过程中学员可以创意生成出新玩法。

(六)普及性

心理素质拓展训练具有很强的普及性。首先,项目内容丰富多彩,很多项目无须借助器材,简便易行;其次,在活动对象上,老少皆宜,各个行业的成员均可以参加;第三,在活动场所上,有室内室外之分,可以根据场地选择不同的项目,灵活便利;第四,可参与的人数多,一次活动可以由十几、几十个人甚至上百个人参加;第五,训练的时间短,一次培训,短则可以只开展一两个活动项目,系统的培训一般也不会超过 6 天。这些特点有助于心理素质拓展训练的普及。

第二节　心理素质拓展训练实施过程

一、心理素质拓展训练人员构成

心理素质拓展训练人员由培训师、裁判员和参训学员共同组成。

(一)培训师

培训师是整个素质拓展训练的领导者,在拓展训练中负责进行引入项目、解说规则、发出指令并控制现场气氛。

1. 培训师需要具备的素质

（1）优秀的策划能力。

（2）善于组织人员开展活动及调动活动气氛的能力。

（3）能够有效解决突发事件的应变能力。

（4）普通话标准，指令明确的语言能力。

2. 培训师的基本任务

（1）设计整合拓展训练项目，并确定分享点。

（2）训练中负责解说规则、发出指令并控制现场气氛，尤其注意掌握项目的进展。

（二）裁判员

裁判员负责协助培训师准备活动道具，维持现场纪律，监督学员犯规行为，记录各参赛组的成绩，并将各项成绩及时反馈给培训师。裁判员需对整个拓展项目和流程熟悉，尤其是项目规则。

（三）学员

学员是心理素质拓展训练的直接参与者。在拓展训练过程中，学员应该认真听从指挥，积极参与拓展项目和分享，在团队中发挥自己的作用。

二、心理素质拓展训练实施过程

一次完整的心理素质拓展训练一般包含热身游戏、团队组建、破冰项目、主体拓展项目和团队分享五个步骤。

（一）热身游戏

热身游戏环节，通过活动让参训学员放松身心，并且通过集体小游戏带动活动现场的气氛，调动学员的参与度，让学员的注意力集中在正在进行的活动上，为接下来的拓展项目做铺垫。一般采用用时较短、操作简单、集体参与度高的项目。

（二）团队组建

根据培训学员的人数，采用报数、卡牌、扫码等方法将所有培训学员分成人数均等的若干队伍。团队组建后，在规定的时间内让各队成员集体讨论选出自己队伍的队长、画出带有团队 Logo 的队旗，形成一个能振奋士气、集中凝聚力的口号，设计一个队形，并选择一首不低于四句歌词的队歌。在规定的讨论时间结束后，让各队进行展示,团队展示的过程中要求所有队员全部参与,并做到整支队伍整齐一致。在团队组建过程中,要注意以下几点:强调个体融入团队,感受团队文化的建设过程,形成归属感和团队意识;鼓励学员发挥集体智慧,推动团队建设进程,使每个成员能适应团队工作的方式并感受团队的凝聚力。

(三)破冰项目

团队组建好后,为了激励各团队之间的竞争意识,打破团队成员之间由于人际陌生而导致的沟通不畅,让团队队长和团队成员有机会观察团队的成员结构,增进团队成员的彼此了解,使团队配合更加默契。一般在正式进行拓展项目前,培训师会组织各队开展破冰活动。破冰又称融冰,目的是打破人际交往间怀疑、猜忌,就像打破严冬厚厚的冰层。选择破冰项目要注意项目的难度,破冰项目不宜选择难度过大的项目,否则会打击学员的信心,影响学员对拓展项目的热情,但是破冰项目也不宜过于容易,否则很难调动团队成员的积极性,也不易建立竞争意识。破冰项目的选择还要注意把握时间,一般而言,破冰项目的体验时间不应该比主体拓展项目所需的时间长,只要达到团队成员积极参与、彼此沟通的效果,就可以进行主体拓展项目了。经过破冰项目后,团队凝聚力会显著增长,团队成员间会进一步熟悉,为接下来以团队为单位进行拓展培训奠定基础。

(四)主体拓展项目

图9.2 拓展项目——穿越电网

主体拓展项目要选择挑战性强的训练项目。素质拓展项目种类众多,有的需要专业的道具设备,有的则可以就地取材;有的属于团队合作项目,有的属于个人挑战项目;有的可以培养和锻炼团队成员的人际交往技能,有的可以促进学员的创新意识……总体而言,素质拓展项目大多都是需要学员智力与体力并行,通过团队成员彼此沟通,相互配合,彼此鼓励,进而克服困难,寻找到解决问题的方法,齐心协力才能完成的。

素质拓展主体项目的选择依据如下。

1. 依据培训目的

可以依据培训目的选择拓展主体项目。培养学员的团队合作能力,可以选择"有轨电车""无敌风火轮"等要求所有队员齐心协力的项目;培养学员挑战自我,勇往直前的勇气,可以选择"信任背摔""踊跃硫酸池""高台演讲"等要求成员突破恐惧,战胜自我的项目。

2. 依据参训学员的特点

除了依据培训目的，也可以根据学员的特点选择拓展主体项目。如果参训的都是体能较差的女生，就不要选择"穿越电网""重走人生路""毕业墙"等对体能要求高的训练项目，可以选择"高台演讲""你是我的眼""搭桥过河"等对体能要求低的训练项目；如果参训学员之间彼此熟悉、人际关系融洽，选择拓展项目时就没有必要再选择以促进沟通为主要目的的培训项目。

（五）团队分享

团队分享是训练完成后的总结、分享、反馈环节。在每个训练项目完成后，队员对参训项目中的协作、沟通、信任情况进行总结，分享每个人在活动中的心理感受，反思在活动中的资源整合利用程度。通过整合和分享活动本身，会反馈给每位队员新的体验和行为模式，并将在项目中获得的所有感悟应用到学习、生活和工作中，达到促进自我成长的目的。团队分享是素质拓展训练中一个非常重要的环节，是素质拓展训练区别于一般游戏的根本特征。

三、心理素质拓展训练实施注意事项

心理素质拓展训练大多为户外项目，在实施过程中要注意以下事项：参训学员听从培训师的指挥；学员要穿着宽松舒适的服装；在进行高空等危险项目时要做好安全保护措施，学员不能在培训师不在场的情况下进行危险动作；在进行"毕业墙"等体能消耗较大、身体运动幅度较大的项目前，要进行热身运动，拉伸韧带和肌肉，避免在拓展训练中受伤；素质拓展器材要定期检修以保证安全。根据特定的项目，还需关注特定注意事项。

第十章

素质拓展训练项目

第一节 热身游戏汇编

热身游戏一：钱币抱团

该游戏由培训师主导，培训师把在场的所有同学设置为钱币，比如男生币值5毛，女生币值1块。然后，培训师会喊道"今天我要去市场买东西"，所有同学同声问道"买什么"，培训师会回答一样东西比如"西红柿"，所有同学再集体问"多少钱"，培训师会回答一个金额，比如"3块5"，所有同学要迅速根据各自的币值组合成一个个3块5的组合，如果有同学没有成功组成3块5，就将受到惩罚。该游戏一般会进行4～6轮，并且培训师喊出的物品越来越贵，金额越来越高，难度也越来越大。该游戏能调动同学的参与性，每个人都产生危机意识，如果不去和别人配合，就可能受到惩罚。在进行该游戏时，裁判员要配合培训师检查同学们有没有形成正确的组合，并帮助维持现场纪律。

热身游戏二：战略物资

培训师假设一个情境，现场的所有同学是我方军队的后方补给部队，前方大部队如果有什么需要，我方部队需迅速准备好大部队需要的物资，保证军队的供给。培训师会大声说"前方战略物资需要"，同学们同声回应"需要什么"，培训师可以随便说出一样同学们有的东西，让他们迅速准备好交到培训师手里，限定准备时间，比如5秒钟，如果5秒之后没有准备好，集体受罚。比如培训师可以说"需要一只蓝色的袜子"，同学们就要迅速反应，找到穿蓝袜子的同学，脱下他的袜子，交给培训师。这个游戏中，培训师所要求的物品，必须是同学们能找到的，游戏可以分5～6轮进行，需要的物品越来越难取，比如第一轮需要眼镜、第二轮需要外套、第三轮需要鞋带……该游戏能够促进同学之间的沟通和合作，调动同学的参与积极性。

热身游戏三：大风吹

该游戏中，培训师会大声说"大风吹"，同学们同声回应"吹什么"，培训师随意说出一个同学或东西的特征，所有同学要迅速反应，整齐有序地站到这个标的后面排队，并且要求排在第一个的同学的手要触到标的，后面的同学依次把手放到前一个同学的肩膀上。比如同学们问"吹什么"，培训师说"吹穿白鞋子的同学"，那么现场同学就要迅速反应，找到穿白鞋子的同学，并依次在他后面排队，穿白鞋子的同学可能很多，也可以形成以他们为队首的很多支队列。然后，培训师会每轮增加难度，标的越来越少，队伍只能越排越长。比如第一轮，吹"穿白鞋子的同学"，可能有 10 位同学都穿了白鞋子，都可以成为标的作为队首，所有同学就可以站成 10 队；第二轮吹的是"穿红衣服的同学"，如果现场只有 3 位的话，就只有 3 个标的，只能沿着这些同学排成 3 队；第三轮吹的是"身高超过 1 米 8 的同学"，如果现场只有一位，那么所有同学都必须沿着他站成一列。培训师会限定时间，比如 5 秒钟，之后，没有按规定站好的要受到惩罚。这个游戏中，培训师喊出的标的，必须是同学们能找到的。该游戏能调动同学的参与热情，促进彼此间的互动。

热身游戏四：兔子舞

该游戏来源于兔子舞，培训师让所有同学排成若干纵队，并按培训师指定的动作把每支纵队连成整体，比如后面一位同学把双手搭在前面同学的肩膀上，或者前面同学抓住后面同学的一只脚，然后跟着兔子舞的音乐，按照左左、右右、前、后、前前前的节奏一起向前走 20～50 米，中途纵队不能断裂，否则全队受到惩罚。该项目比较消耗体能，是一个比较好的热身项目，同学在彼此熟悉的同时，也能拉升筋骨，相当于运动前的准备动作。培训师要注意控制指定动作的难度和行进距离的长短。

热身游戏五：板凳多米诺

培训师组织同学侧身站成圆圈，面对前一个同学的背，然后缩小圆圈，所有同学听培训师指挥，向下坐到后一位同学的腿上，然后大声数数，看看大家能坚持多长时间。还可以增加游戏难度，坐下来坚持一段时间后，再让同学向后躺到后面一位同学的身上，再坚持一段时间。这个游戏能让同学体会到相互支撑的力量，懂得在活动中彼此相互支持的重要性；同时通过游戏也能增进彼此之间的熟悉度，为接下来进行难度更大的任务做准备。

热身游戏六：优点大爆发

该游戏中培训师组织同学在地上面对面坐成一个圆圈，然后按顺序让同学依次站到中间进行自我介绍，并说出自己的 3 个优点，其他同学依次来到中间握住该同学的双手，并说喊出他的名字，说出他的优点，告诉他"我喜欢你，我欣赏你"。比如一位女生站到中间说，"我叫李小红，我的优点有善良、自信、乐观"，那么其他同学要依次走到她面前，握住她的双手，告诉她："李小红，你是一个自信、乐观、善良的女孩子，我喜欢你，我欣赏你！"所有同学都要经历一遍。这个游戏能够增加同学的自信，促进同学之间的沟通，拉近彼此之间的距离。

热身游戏七：松鼠和大树

该游戏中，同学扮演不同的角色，担任不同角色的任务。培训师首先通过 1、2、3 报数的方式把所有同学分为 3 组，报到 2 的人扮演松鼠，报到 1、3 的人扮演大树，扮演大树的人两两一组对面而立，伸出双手形成一个圆圈作为一棵大树，扮演松鼠的人，要站在大树形成的圆圈中间，每棵大树只能容纳一只松鼠。培训师和不够组合的同学作为临时人员。当培训师喊"猎人来了"，扮演松鼠的人就必须迅速离开原来的大树，重新选择其他的大树，而临时人员这时候要作为松鼠迅速抢占大树，落单的人要受到惩罚。当培训师喊"着火了"，扮演大树的人就必须离开原来的同伴，重新组合成一棵大树并圈住松鼠，这时候临时人员又要迅速作为大树抢占搭档，落单的人要受到惩罚。当培训师喊"地震了"，扮演大树和松鼠的人都要全部打散并重新组合，扮演大树的人也可以扮演松鼠，扮演松鼠的人也可以扮演大树，临时人员也要插入队伍当中，落单的人要受到惩罚。该游戏是一个比较好的团体游戏，同学通过扮演不同的角色，赋予不同角色所对应的行为反应，通过外在环境的不断变化，致使"大树"和"松鼠"都面临脱离群体的危机，所以他们一定要想尽办法，归属群体。这个游戏让同学意识到群体的重要性，同时促进彼此的互动熟悉。

热身游戏八：握手 123

该游戏中，培训师要把同学分为偶数排，比如分为 4 排，第一排和第二排面对面站立，中间间隔 1 米，第三排和第四排面对面站立中间间隔 1 米，培训师会说一段话，这段话里面包含数字，当同学听到数字 1 时，第一排的同学要迅速反应，去牵对面同学们的手，第二排的同学听到数字 1 时要迅速躲闪，避免被第一排的人拉到。第三排、第四排，后面各排也是这样，听到 1 时，奇数排的人要迅速去牵对面人的手，偶数排的人迅速躲闪。当听到数字 2 时，偶数排的人要迅速去牵对面人的手，奇数排的人注意躲闪。当听到数字 3 时,所有同学要伸出手和对面的人牵手。该游戏锻炼同学的迅速反应能力。进行该游戏时请注意,游戏过程中脚不能动,只能动手去牵或者躲闪。

热身游戏九:开火车

在游戏开始之前,每个人用一个地名代替自己,地名不能重复。游戏开始后,培训师会指定一个地点,代表该地点的同学开始说"开呀开呀开火车",其他同学同声问"往哪开",该同学也会说出一个地点,比如"上海",那么代表上海的同学就要迅速反应接着开火车。请注意,火车不能往返走,去过的地方就不能再去了。如果对方稍有迟疑或者没有反应过来就输了,将要受到惩罚。这个游戏主要用趣味性的方法调动同学的参与热情,维持大家的注意力,同时也促进成员之间的沟通交流。

热身游戏十:暴风骤雨

培训师要求大家一起模仿自然界暴风骤雨将要降临的情景,所能使用的工具就是我们的肢体,通过肢体的拍击发出声响。当培训师说"开始下小雨了"的时候,大家就漫无节奏地拍手;当培训师说"开始下中雨了"的时候,大家就用力地用手拍腿;当培训师说"开始下大雨了"的时候,大家就用力跺脚;当培训师说"暴风骤雨"的时候,大家就发出运用肢体能发出的最大声音。这个游戏主要是为了调动同学的热情。

第二节 破冰项目汇编

项目一:心有千千结

方法一:培训师指导每队同学站成一个向心圆,尽量拥挤一点缩小圆圈,然后让同学用左手去拉对面同学的手,用右手去拉另外一个人的手,之后就会发现同学们的胳膊横七竖八很乱,这时候培训师要求所有同学在手拉紧不放开的情况下,解开这一团乱的手臂,恢复成刚才的圆圈。解不开或解得慢的队伍要受到惩罚。

方法二:培训师指导每队同学站成一个向心圆,然后让所有成员用右手去拉左边人的左手,用左手去拉右边人的右手,这个时候就形成一个胳膊一个胳膊交叉的圆圈,培训师让同学在拉紧手的情况下把这个圆圈恢复成正常的圆圈。解不开或解得慢的队伍要受到惩罚。

这是一个心理学团体游戏,指导大家意识到当事情变成一团乱麻,不知从何着手时,要耐下心来,动动脑筋,想一想从哪里开始做,先怎么做,后怎么做。就像手臂牵成的千千结一样,乍一看好像很乱,但是只要我们愿意去思考、去尝试,就能把这一团乱麻整理得井然有序。生活中也是如此,不要害怕困难,不要害怕复杂的局面,只要我们能够开动脑筋,勇于尝试,很多事情就能迎刃而解。

项目二:组合怪兽

组合怪兽项目是一个团队竞技项目,培训师给同学一定的时间,让各支队伍用所有的队员组合成一个具有培训师所要求的特征的怪兽,并以怪兽的形象向前行进10～20米。比如培训师会说:"现在各队要进行一次比拼,每支队伍运用自己所有的队员在5分钟之内组合成一个拥有2个头、13只脚、15只手、3条尾巴的怪兽,这个怪兽必须是连在一起的整体,5分钟之后各队要用你们组合好的怪兽,从起点行进到20米外的终点,如果中途怪兽断裂则为失败,要集体受到惩罚,速度最慢的队伍也要受到惩罚。"这个项目要求培训师掌握每组人数,不能给出不可能完成的要求,比如一个队如果有20个队员,要求他们做的怪兽只有4只脚,这样基本不可能完成,会影响项目进度,也会打击同学的信心。在这个项目进行过程中,裁判员要仔细查看各组是否按要求组合了怪兽,如有犯规要受到惩罚。

项目三:青蛙跳

这个项目中,培训师要组织每支队伍站成一个向心圆,并让队员一起念,"1234,青蛙跳,青蛙叫,一只青蛙落下水",并且每念一个字要跟随节奏点一下头,念完之后,从某一个同学开始顺时针一人一个字念"一、只、青、蛙、跳、下、水",念完这几个字之后,下面一个同学要学青蛙叫"呱",伴随叫声要做下蹲动作,之后青蛙数不断递增,要做下蹲动作的人也不断增多,中途如果出错,要重新开始,几个队伍进行比拼,看看哪支队伍能够率先正确进行到10只青蛙,最慢的队伍要受到惩罚。这个项目考察同学的记忆力和注意力集中性,所有队员都要全神贯注地注意自己什么时候该念什么,要不要下蹲,否则就会出错,影响整队成绩。这个项目主要培养同学团队意识、集体荣誉感以及自己在团体中的责任感。

项目四:萝卜蹲

所有成员站成一个向心圆,每个队伍分到一个颜色,分到什么颜色,队员在该项目中就扮演该颜色的萝卜。培训师指定一组开始,比如指定红萝卜组,那么红萝卜组的所有成员需桥手(即把手臂搭在两边同伴的肩膀上)一起念"红萝卜蹲,红萝卜蹲,红萝卜蹲完( )萝卜蹲",并且在念的过程中要一起做下蹲动作,蹲完指定另一个队伍蹲。注意每组成员在指定其他组时,所有成员必须整齐一致,如果队伍内部不一致要受到惩罚。比如红萝卜蹲完,红萝卜队有的队员喊绿萝卜蹲,有的队员喊蓝萝卜蹲,那么红萝卜队就要集体受到惩罚。该项目考查团队配合能力,同时进一步强化队员的团队意识。

项目五:千足虫

培训师要求每个队伍排成一条直线,面朝一个方向坐下,要求所有队员将双脚搭在前方队员的双肩上,在脚不离开前面队员肩膀的前提下,通过一段10～20米的区域,在此过程中不允许说话,不允许指挥。此项目是为了使团队成员拧成一股,迅速磨合,同时也为了考察团队领导者的应变指挥能力。这个项目也是一个体能消耗较多、运动强度较大的项目,有助于同学拉伸筋骨,进入运动状态。在进行该项目的过程中,培训师要注意保证安全,在遇到危险时及时喊停。

项目六:交通阻塞

培训师给每支队伍发比队员人数多一个的橡胶地垫,将各组的塑胶地垫成“一”字形在地上铺开,让各组同学全部站在地垫上,留中间一个地垫不站人,每组队员分成两边相对而站,通过中间的空格进行移动,移动的方式是只能前进一格或跳一格,不能后退,完成后两边的成员互换。该项目是一个团队竞赛项目,考查大家的问题解决能力及发散思维能力。率先完成互换的队伍获胜,用时最多的和不能完成互换的队伍将受到惩罚。

项目七:踩气球

该项目为两个队伍之间的竞赛项目,要求两个队伍成员人数均等。培训师要求两支队伍面对面站成两排,每个同学在自己两只脚上各绑一个气球,培训师示意项目开始后,可以去攻击对方成员的气球,同时也要保护自己的气球,最先把对方所有成员的气球均弄破的队伍将获得胜利,失败的队伍要受到惩罚。该项目是一个团队竞技项目,考查团队成员对自己队友的维护意识及资源整合利用能力。

项目八:老虎、猎人、枪

该项目为两支队伍之间的竞赛项目,培训师要求两支队伍背对背站成两排,间隔1.5米左右,然后给出三个令词“老虎、猎人、枪”,并给出三个与令词相对应的动作。三个词之间的关系为猎人拿枪、枪打老虎、老虎吃猎人。两支队伍各自商定自己的队伍要出什么,并在培训师示意开始后,集体喊"老虎、老虎＋自己要出的令词",迅速回头做好该令词对应的动作,看看哪个队伍能获胜,输的队伍要受到惩罚。在进行该项目的过程中,要求每支队伍的队员集体喊出己方要出的令词,并整齐划一地做出令词对应的动作,如果队伍内部不统一,比如有人出猎人、有人出枪,那么该队也要集体受到惩罚。

第三节　素质拓展项目汇编

项目一:雷区取水

项目类型:团队合作项目。

项目引入:二战期间,一队人员到德军后方的一座山上侦察敌情。有队员受伤,急需补充水分。在前方,他们发现一个水井,经过探查,水井周围布满地雷。请队员在不触雷的情况下,在最短的时间内取出尽量多的水。

项目描述:将短绳在地上围成一个圈,模拟一个雷区,将矿泉水瓶放在雷区正中间充当水源,把长绳索用作队员取水的工具,要求每个队员在规定的时间里按照团队商讨的方案到雷区去取一次水,取水队员和旁边队员在取水过程中不能触到雷区地面,否则将视作阵亡,每次只能取一瓶,要使用五种不同的方式。

活动目的:

(1) 提高学生互助和协作能力,感受在特殊情况下完成任务的分工与合作方式;锻炼分析、策划、操作能力,合理安排人力资源。

(2) 鼓励全体学生各尽其能、群策群力寻找解决问题的科学方法。

(3) 培养学生默默地为团队奉献的精神及共同努力完成任务的能力。

项目道具:长绳一根、短绳一根、矿泉水。

适合人数:15～20 人。

项目规则:在团队成员的配合下利用长绳取到水,每次只能取一瓶水,每次取水的方式不能相同,取水的过程中不能触碰"雷区"。

注意事项:注意活动过程中的安全保护。

讨论与分享:

(1) 为了取到水,都需要做哪些准备?

(2) 在失败的时候,如何做到不放弃?

项目二:突破雷阵

项目类型:团队合作项目。

项目引入:一队人员要输送急救物品给前线,在必经之路中有一片雷区,必须穿过。请队员竭尽所能通过这片雷区到达前线。

项目描述:要求所有成员在最短的时间内,在不断自我牺牲的情况下,按照顺序排完所有的雷,为后续队员打开一条通过雷区的道路。

活动目的:

(1) 培养学生有组织、有纪律地进行活动;

(2) 培养学生的创新意识,突破平时的定向思维定式,并鼓励学生勇于尝试,不断探索,对于无法预测的事件进行有效的处理。

项目道具:6 米乘以 6 米画有雷阵的场地。

适合人数:15 人左右。

项目规则:雷区每次只能进入一人,触雷一次,单脚跳跃,触雷两次则需同伴背到对岸,所有人员必须全部通过。

注意事项:场地平整,不能有障碍物;提醒同学在单脚跳跃和背人时注意安全;禁止危险动作。

项目三:有轨电车

项目类型:团队合作项目。

项目引入:现在我们面前是一片充满瘴气的沼泽地,沼泽地里有许多剧毒的虫子,我们身体的任何一个部位都不能触碰到这片沼泽地,否则就会受伤,并且如果在沼泽地滞留久了,也会被瘴气所伤。现在每个队伍有两块木板和若干绳子,我们要用这些木板和绳子快速又安全地使我们的全部队员通过这片沼泽地。

项目描述:学生站在有拉绳的两块木板上,从起点走到终点,在行进的过程中强调站在木板上的学生必须步调一致共同完成。

活动目的:培养学生相互合作的能力、获取胜利的信心;培养学生指挥协调的能力。

项目道具:木板、绳了。

适合人数:14 人以上。

项目规则:该项目可以分环节进行,比如在第一环节身体的任何一个部位不得触碰"沼泽地",第二环节在第一环节的基础上不准说话。可以有更多环节,逐渐增加任务难度。

注意事项:当发生紧急状况,比如有人跌倒时,要及时停住,保证安全;参加人员要穿舒适、利落的服装。

讨论与分享：

（1）在这个项目中，什么时候是最难的？

（2）在不能说话的时候，大家如何做到协调一致？如何运用非言语信息？

（3）当总是有队员步调不一致时应该怎么做？

（4）在这个项目完成的过程中，谁发挥的作用最大？有没有哪些人发挥的作用很小？

项目四：穿越电网

项目类型：团队合作项目。

项目引入：二战期间，在德国的西南部的一个纳粹集中营中，十几位盟军战士决定趁着夜色突围逃生，他们万分小心地连续穿越了两道封锁线，当他们到达最后一道封锁线时，后方突然响起了激烈的枪声，追兵到了。此时，横在他们面前的是一张漫天大网，上面的万伏高压电闪着火花，他们已经没有了退路，唯一逃生的方法就是从电网中穿过。关键时刻，他们依靠军人的团队合作精神高度配合成功地穿越了电网，当追兵追赶到时，他们已成功逃生。现在，全体队员面对的就是这样一个电网，在这样的生死关头，大家怎样做才能顺利穿越电网？

项目描述：在全体队员面前悬挂一张"电网"，网上的洞口大小不一，要求队员在规定时间内从网的一边依次通过到达另一边。

活动目的：

（1）培养同学组织协调、合理利用资源的能力；

（2）让同学们体会面对困难时应有的态度和做事方式；

（3）了解个人在团队中的作用。

项目道具：电网、枪战音乐、标志夹。

适合人数：10～20人。

项目规则：每个网洞只能使用1人/次；在穿越"电网"的过程中，任何人（包括保护同学）身体的任何部位及其附属物（衣服、鞋子、头发等）都不能触网。否则，正在穿越"电网"的人必须退回原处，同时，这个网洞也将被封死并不再使用；任何人不得绕过电网到另一侧帮忙；不允许做空翻、鱼跃等危险动作。

注意事项：当培训师发现同学的动作有危险，或者自己难以把握的问题时，应果断叫停；在被抬同学已经安全通过"电网"后，提醒同学，先放脚，再放头，在该名同学还没有安全站立在地上之前，任何人不得松手。

讨论与分享：

（1）活动开始前看到这张"电网"，你觉得能全员通过吗？

（2）这大小不一的网孔，你们是怎么分配的呢？

(3) 在你们通过网孔的过程中都有谁帮助了你?

(4) 这个项目除了需要体力还需要哪些能力?

(5) 在生死面前,你们有没有珍惜时间、最大限度地减少伤亡?

(6) 有没有给最后一个队员留"生路"?

(7) 在日常生活中,做事情时,你有没有只追求速度不追求质量,或者只追求质量而忽略了速度呢?

项目五:信任背摔

图 10.1 拓展项目——信任背摔

项目类型:团队合作项目。

项目引入:一艘轮船行驶在大海上,遇到了风浪,船底遭到重创,前往救助的救生艇的绳子在运送几个人员后,出现了断裂,轮船和救生艇的落差在 2 米左右,直接跳下来,很可能使救生艇侧翻。如何在最短的时间内使大家都能安全达到救生艇?

项目描述:学生依次站到 1.5 米的小平台上,背向后倒在下面学生用胳膊交叉的网上。

活动目的:挑战自我、培养责任意识;真正信任你身边的人,培养团队间的相互信任;学会换位思考;学会包容,在相互信任的同时提升内涵,加强学生的社会责任心。

项目道具:背摔台、绑带、眼罩。

适合人数:20 人以上。

项目规则:背摔者和接人者都必须严格按照教练要求的姿势。

注意事项:要求地面平整,周围没有障碍物,以保证同学的安全;地面放置垫子一套,做好充分保护;队员进行练习,熟练之后才能尝试;第一次尝试时尽量挑选比较勇敢、身材匀称、体重偏小的同学;尽量避免在暑天烈日下或其他恶劣天气下完成任务。

讨论与分享:鼓励每一位同学谈一下摔下时的感受,引导大家思考如何才能有效减少冲击力,使伤害降到最小;引导同学考虑责任和信任之间的关系。

项目六:高台演讲

项目类型:个人成长与团队合作项目。

活动引入：在西方国家，有这么一个有名的故事：希腊的斗兽场上，一个角斗士与一头狮子在决斗。当角斗士精疲力竭地败倒在地上，凶猛的狮子即将把他撕吞时，他对着狮子耳语了几句，张牙舞爪的狮子顿时夺门而逃。人们问他对狮子讲了什么，才保住了自己的性命，他说："我只说这里有一条规定，若吃了我，它必须上台对大家讲几句感言。"可见，高台演讲有多么可怕，这种恐惧心理都能吓跑凶猛的狮子，更何况人呢？在美国的调查统计中，人们把公众演讲列为仅次于死亡的第二恐怖事件。很少有人在公众面前演讲而不感到恐慌，但在现实的人生中，我们难免会遇到需要在台前表现自己的情境，所以需要大家克服这种恐惧。

项目描述：演讲设在高台上，面对台下的众人，按照既定的题目，利用规定的时间、方式进行演讲，以此来锻炼自己在特殊情境下的逻辑思维和语言表达能力。

活动目的：

（1）提高学生的听说能力；

（2）培养学生在公众面前及时做出反应的心理调控能力；

（3）提高学生在高压环境下的语言表达能力，对时间的掌控能力，对主题任务的全面掌握和分配能力，学习和倾听的能力；

（4）增强学生应对挫折和高压的容忍力和耐受力。

项目道具：高台。

适合人数：30 人以上。

项目规则：所有队员必须依次到高台上演讲；每个队员演讲时间为 6 分钟，6 分钟后必须停下来，且不得少于 3 分钟；培训师规定演讲主题；上面的同学演讲时，其他的同学要全神贯注地注视演讲的同学，并且每分钟鼓掌一次；不限制演讲的体裁和动作。

注意事项：要保证演讲同学上下高台和演讲过程的安全；要注意观众对演讲者的关注。

讨论与分享：

（1）还没上台前，你是什么心情？准备说的话打好草稿了吗？

（2）上台之后，你目视台下的观众是一种什么样的心情？有没有畏惧心理？有没有影响你的发挥？

（3）上台之后，你是否有意回避观众的目光？你是如何调整自己的视线的？

（4）你的表达流利吗？有没有重复的话语出现？

（5）前面同学的表现对你造成影响了吗？你是如何保持自己的演讲特色的？

（6）观众的掌声让你更加紧张还是有所放松？

（7）准备的内容说完了，但时间没到怎么办？

项目七:踊跃硫酸池

项目类型:团队合作项目。

项目引入:有一队科考探险队员受伤被困在山洞中,洞口被碎石堵住,现需我们队员携带能炸开山洞的"炸药"去营救。但是,营救的过程中,我们发现山洞外面有一个"硫酸池",我们只有通过"硫酸池"才能营救被困队员,"硫酸池"上有垂下来的树藤,我们要携带"炸药",利用树藤荡过"硫酸池"。每个队伍有五桶液体"炸药",由于"炸药"是易燃易爆品,所以在通过"硫酸池"的时候,"炸药"一定不能洒落,否则会引起爆炸。如果有队员中途洒落了"炸药",则全员牺牲,营救失败,要重新挑战。如果没有携带"炸药"的队员落入"硫酸池",则落地队员牺牲。用时最短、牺牲最少、携带"炸药"最多的队伍将赢得这次挑战。

项目描述:要求所有队员在规定时间内从"硫酸池"的一岸利用绳子荡到另一岸,如果中途落入池中则失败。绳子在"硫酸池"的中间,队员们要发挥自己的聪明才智取到绳子,依次荡过"硫酸池"。在项目进行时可根据实际情况设置难度,比如让队员在规定时间内用水桶带水到对岸,中途如果水洒了就算失败,并且只能有五次带水机会,最后用时最短、牺牲最少、带的水最多的队伍获胜。

活动目的:

培养学生冷静面对问题的能力;培养学生勇往直前、战胜恐惧、超越自我的精神;增强以小组为单位解决问题的能力,培养团队的合作精神;培养学生合理分配时间,合理使用人力、物力等资源的能力。

项目道具:"硫酸池"、水、水桶、绳子。

适合人数:15 人以上。

项目规则:在不掉进"硫酸池"的情况下取到在池中间的绳子,并携带一定的"炸药"依次通过硫酸池。

注意事项:

(1) 要求所有队员身上不能携带手机、钥匙等容易掉落和容易伤到自己和他人的物品;

(2) 参加活动的人员要穿舒适、利落的服装;

(3) 不得在不做保护的情况下做危险的动作。

讨论与分享:

(1) 如何取到绳子的? 还能不能想到其他取绳子的方法?

(2) 如何排列队员通过的先后顺序?

(3) 怎样选择带"炸药"的队员,为什么?

(4) 怎样把握时间?

(5) 活动的过程有哪些地方没有安排好? 再给一次机会的话,会做得更好吗?

项目八:十人九足

项目类型:团队合作项目。

项目引入:二战期间,一队伤员遭到了纳粹的围捕,他们腿部都有伤,只能相互搀扶前进,还要逃出纳粹的追捕。

项目描述:每队十人,排成一横排,相邻的人把腿系在一起,一起跑向终点,用时最短的队胜出。抽签决定比赛次序。

活动目的:"十人九足"项目体现的是团队队员之间的配合和信任,本游戏主要是锻炼大家的团队合作能力及协调能力。

项目道具:绑腿的绳子。

适合人数:10～20 人。

注意事项:

(1) 场地光滑平整,没有障碍物;

(2) 队员可以借助绳子;

(3) 注意前进时队员的安全;

(4) 培训师随时给予安全提醒。

讨论与分享:

(1) 这个活动中带给你最大的感受是什么?

(2) 我们成功(失败)的原因是什么?

(3) 以后在工作学习中会怎么做?

项目九:人体拼图

项目类型:团队合作项目。

活动导入:拼图游戏是广受欢迎的一种智力游戏,它变化多端,难度不一,让人百玩不厌。个性化的拼图,拼凑的不仅仅是一张照片,而是一个故事,一段回忆,一缕温情。每一片的单片都有它自己的位置,就像每段回忆都有它的故事,你要将它放在专属的地方,放对了就慢慢丰富起来,放错了就无法完整。如果,让你和队友把一小块一小块的图,拼成大型的美丽画卷,你能做到吗? 又如果,让你作为拼图中的一部分呢? 看看大家齐力协作的后果吧。

项目描述:在规定的时间内,所有队员用身体拼出指定的图案,比如自己队伍的Logo、学校的校徽等。

活动目的:

(1) 培养团队成员主动沟通的意识,体验有效的沟通渠道和沟通方法;

(2) 体会团队成员之间加强合作的重要性,合理处理同学关系,实现良性循环;

（3）培养创新意识；

（4）树立团队成员的全局意识和全局观念；

（5）使团队从"纸上谈兵"到现实实操。

项目道具：开阔平坦的活动场地。

适合人数：12～20人。

项目规则：所有队员必须都参与到拼图中，并能形象地拼出自己所代表的部分；拼出的图片形象具体；拼图越形象，用时越短，成绩越好。

注意事项：培训师要避免因混乱出现踩踏现象。

讨论与分享：

（1）你在拼图中起到什么作用？

（2）时间上的限制对你的能力有何影响？

项目十：你是我的眼

项目类型：团队合作项目。

项目引入：我们马上要行进一段征途，很不幸由于敌人使用了毒气弹，我们这支部队的全体官兵的眼睛暂时都失明了。我们已经申请友军援助，他们会帮助我们走过这段征途。

项目描述：所有人关上手机，全体分成人数相等的两队，面对面站立，最好将男女各分成一队，指定一组戴上眼罩，扮演盲人，另一组扮演哑人，活动结束前盲人不得摘下眼罩，哑人不得发出任何声音，以免让盲人同伴辨认出自己的身份。扮演哑人的队员领着蒙眼者通过一段设有障碍的路，要求引路的同伴只用身体接触作为引导，采用走、绕、爬、钻过等方式通过设定的障碍物，哑人按照不同障碍区的要求采用不同方式来引导盲人。

活动目的：

（1）通过"盲行"活动，使学生体验到信任是人际交往中最重要的因素，感受到责任的重要性；

（2）使学生认识到人际交往需要掌握一定的方法和技巧，在集体中学会彼此信任、互帮互助。

项目道具：眼罩、障碍路。

适合人数：10～30人。

项目规则：搭档要随机分配，不能让"盲人"选择搭档，在眼罩拿下来前不能让他看到他的搭档是谁；"盲人"要按规定正确戴眼罩，保证自己确实看不到，"哑人"要保证自己不出声，不能让"盲人"分辨出来自己是谁。

注意事项：障碍物设置明显，不要设置尖锐的障碍物；"哑人"要起到保护作用，在遇到崎岖、障碍路段时要注意保护"盲人"；项目结束时提醒同学摘下眼罩时先闭一会儿再慢慢睁开眼睛。

讨论与分享：

（1）首先请一位盲人队员；

（2）你想知道牵你手的人是谁吗？那么，去那边把他找出来好吧！可以试着握一下每个人的手，那个人有什么特征？

（3）请牵这位队员手的哑人站出来一下，哑人能谈一下自己的感受吗？

（4）下面请所有的盲人朋友去找到牵过自己手的那位哑人朋友，然后你们坐在一起交流一下。

项目十一：齐头并进

项目类型：两两协作项目。

图10.2　拓展项目——齐头并进

项目引入：一队登山爱好者在通往山顶的过程中，遇到山体断裂，路被阻断，在他们面前有一个万丈高崖。他们要想登顶就必须越过这个悬崖，庆幸的是他们有两根足够结实、足够长的安全绳。绳的一端有钩子，可以结实地勾住悬崖对面的石壁，他们就用这两根绳子搭了一个简易的绳桥。一旦有人落崖，必定粉身碎骨。怎样才能让所有的队员安全通过这万丈高崖上的绳桥呢？

项目描述：队员两两一组相向而立站在钢索上，伸出手掌相向紧对，逐步向终点进发。

活动目的：此项目要求队员具有与他人配合的能力，在不断的磨合过程中，逐渐学会在力量和速度上相互配合，培养学生的适应压力，在压力下调整自己的能力。

适合人数：20人以上。

项目规则：两两相对，手掌紧贴，手掌不可离开对方。

注意事项：要求队员穿宽松的服装、舒适的鞋子；注意防止摔倒、摔伤。

讨论与分享：

（1）一个人能在一根钢索上安全地走到终点吗？

（2）怎么才能和自己的搭档配合好？

（3）在两人中间空隙越来越宽的时候，心里感觉如何？

（4）生活中有没有遇到需要别人十分配合才能完成的工作？

项目十二:搭桥过河

项目类型:团队合作项目。

项目描述:"河"宽 20 米,每组队员都要一次性利用分到的 3 块"石垫"通过"河流",这就要求队员全部集中到 3 块"石垫"上,把空出来的最后一块"石垫"传给最前面的人,不断循环,最终到达对岸。

活动目的:本活动旨在培养团队协作能力和战略战术,训练团队内部的协调能力。

项目道具:空旷的场地、起止点标记、地垫。

适合人数:18~20 人。

项目规则:所有队员的脚必须均在"石垫"上,触地则为犯规,犯规最少、用时最短的队伍获胜。

注意事项:每块地垫的大小要保证能拥挤地容纳下 5~6 名队员。

讨论与分享:

(1) 这次活动给了你什么启示?

(2) 能成功过河,需要怎么做?

项目十三:盲人方阵

项目类型:团队合作项目。

项目引入:有一个建筑企业要建筑一栋大楼,所以进行招标,有两家盲人建筑公司都来竞标,这个建筑企业为了选出更优的合作伙伴,就给两家竞标的盲人建筑公司设置了一个竞争考察的机会。他们给两家竞标公司各发了一根 20 米长的绳子,让两家公司各出 15 名盲人员工来建造又规则又大的正方形或等边三角形,哪家公司建的形状规则且大哪家公司就能中标。

项目描述:要求所有队员在带上眼罩的情况下找到绳子,并利用绳子在最短的时间内按照培训师的要求制作相应的形状,把所有的队员尽量平均分配到形状的各边。

活动目的:

(1) 锻炼同学们在信息不充分情况下的沟通技巧以及宽容、服从、冷静的心理品质;

(2) 培养团队成员的沟通意识,提高沟通技巧和决策能力;

(3) 感受特殊情境下完成任务的合作方式;

(4) 了解团队领导者的领导风格对完成任务的影响和重要作用;

(5) 使同学理解角色定位及尽职尽责地完成本职工作的重要性。

项目道具:绳子、眼罩、开阔平坦的场地。

适合人数：12～20人。

项目规则：必须充分利用绳子的长度，形状要符合标准，所有队员相对均匀地分布在这个形状的各边。

注意事项：培训师在队员们看不见的情况下要避免队员相互间的碰撞，避免队员被绳子绊倒。

讨论与分享：

（1）在刚才的项目中，你发挥了怎样的作用？你自己的定位和角色是什么？（团队中的角色分析）

（2）散点沟通与集中沟通的效率。可以通过图形的方式来演示项目过程中的散点沟通和集中沟通的过程。

（3）团队的智慧。

项目十四：翻越王屋山

项目类型：团队合作项目。

图 10.3　拓展项目——翻越王屋山

项目引入：接到一项特殊的任务，队员必须向前方运送药品，途中遇到了一座山脉——王屋山，山体陡峭，比较危险，队员只能通过合作翻越山脉，在最短的时间内将药品运送至前线。

项目描述：参与者手脚并用，沿绳网向上攀爬，至项目顶端后转身到另一端，面向（背向）绳网下至地面。

活动目的：

（1）训练同学们的臂力和攀爬能力；

（2）锻炼同学们克服困难的毅力；

（3）培养同学们勇往直前的勇气，训练同学们克服困难的信心。

项目道具："王屋山"、保护垫。

适合人数：10～20人。

项目规则：翻越过程中保持安静，在最短的时间内全部成功翻越的一组为胜利。

注意事项：攀爬过程中注意安全，队员翻越时注意拉开间距，网孔承受的人数有限，提醒同学注意某些区域不适合翻越。

讨论与分享：

（1）在最高点的时候，你是否害怕？

(2) 是什么让你克服了恐惧,成功翻越?

项目十五:无敌风火轮

项目类型:团队合作项目。

项目引入:前面有一段沼泽地,直接步入的话会陷下去从而发生危险。但是,坦克却可以顺利地通过这段的沼泽地,因为坦克有和地面接触面积很大的履带。我们的队员现在每人可以拿到一张报纸,运用所有队员的报纸制作一个类似坦克履带的能容纳所有队员的"风火轮",要求所有队员运用这个"风火轮"一次性安全通过这段沼泽区域。

项目描述:队员集体用胶带把几张报纸粘成圆纸筒状的"风火轮",全体队员依次进入"风火轮"内行进到目的地。

活动目的:

(1) 锻炼队员的沟通与合作能力,学会良性竞争,获得双赢;

(2) 提高学生互助和协作能力,感受在特殊情况下完成任务的分工与合作方式;

(3) 锻炼分析、策划、操作能力,合理安排人力资源;

(4) 鼓励全体学生各尽其能、群策群力寻找解决问题的科学方法;

(5) 培养他们默默为团队奉献的精神及共同努力完成任务的能力。

项目道具:胶带、报纸、空旷平坦的场地。

适合人数:10~15 人。

项目规则:中途所有队员的脚必须踏在"风火轮"上,触地则为犯规,报纸破裂则重新开始,用时短、犯规少的队伍为胜方。

讨论与分享:

(1) 这个活动中,你最大的感受是什么?

(2) 如何在保持速度的情况下,保证报纸的完整性?

(3) 赢得比赛的因素有很多,最重要的是什么?

项目十六:盲目障碍

项目类型:团队合作项目。

项目引入:抗战期间,我军有一部分人被困在崇山峻岭中,大部队得到消息后立马来救援,可发现我军的眼睛被敌人的火炮熏得暂时睁不开,需要大部队人帮忙搀扶越过崇山峻岭。

项目描述:将队伍分为 A、B 两个组,项目开始,A 组将被视为盲人,戴上眼罩,A组在 B 组一对一的指挥下,穿越宽 1 米、长 15 米的障碍区。

活动目的:

(1) 增强团队合作精神,培养人际信任感;

（2）培养同学自我挑战的精神和能力，增强胆量和勇气；

（3）锻炼同学身体协调、平衡及快速反应能力；

（4）使同学认识到面临绝境时，沉着、冷静是化险为夷的制胜武器。

项目道具：眼罩、15 米障碍区。

适合人数：20～30 人。

项目规则：在穿越的过程中，指挥者与被指挥者不得有任何身体接触，通过一对一的绝对指挥系统，让整个团队顺利通过障碍。

注意事项：队员必须除去眼镜、手表、挂件等硬物，穿着松紧适度的运动服装；本活动的危险性不高，实施时不需要使用专业的保护装置，但培训师要及时制止一些危险动作，同时密切关注练习者，防止其不小心跌落受伤。

讨论与分享：

（1）当你作为盲人时，你是什么想法？

（2）完成这个游戏你觉得最重要的是什么？

（3）当你作为另一组队员时有什么想法？

（4）你有什么启发？

项目十七：球行千里

项目类型：团队合作项目。

项目描述：每名队员手中拿一截 1 米长的水管，所有队员双手拿住水管两端三分之一处，将手中的水管连成直线，不允许重叠，手指不允许阻挡球前进或者后退，每名队员在球经过自己的水管后迅速跑到队尾继续接球，直至球到达终点的桶里。

活动目的：培养学生相互配合的能力，以及在紧张氛围中解决问题、完成任务的能力；培养学生应对挫折的能力；培养学生对团队成员的包容理解、换位思考能力。

项目道具：水管、小桶、乒乓球。

适合人数：10 人以上。

项目规则：队员手持 1 米长的水管，将乒乓球连续传到（滚动）到下一个队员的水管中，最终到达终点，放入准备好的小桶中。球在运动的过程中，只能前进，不能停止或倒退。球只能在管道内运行，不能脱离至地面或接触身体部位。球通过该队员设置的管道时，该队员不能离开自己的位置，球体通过后，才可以离开。队员所持管道在接到球后，只能上下移动，不可左右横向移动。

注意事项：在跑动过程中不要跑得太快，注意脚下不要撞到其他队员。让队员把身上所有坚硬物品取出，宣布讨论十分钟，十分钟之后项目开始。

讨论与分享：

（1）如果再来一次，你们组会有怎样的创意？

（2）在小组合作过程中大家的协调程度如何？

项目十八:情绪太极拳

项目类型:团队合作项目。

项目引入:在古老的西藏,有一个叫爱地巴的人,每次生气和人起争执的时候,就以很快的速度跑回家去,绕着自己的房子和土地跑3圈,然后坐在田地边喘气。爱地巴工作非常努力,他的房子越来越大,土地也越来越广,但不管房子、土地有多大,只要与人争论生气,他还是会绕着房子和土地跑3圈。爱地巴为何每次生气都绕着房子和土地跑3圈? 所有认识他的人,心理都起疑惑,但是不管怎么问他,爱地巴都不愿意说明。直到有一天,在孙子的恳求下他才说出隐藏在心中多年的秘密,他说:"年轻时,我若和人吵架、争论、生气,就绕着房子、土地跑3圈,边跑边想,我的房子这么小,土地这么小,我哪有时间,哪有资格去跟人家生气,一想到这里,气就消了,于是就把所有时间用来努力工作。"孙子问道:"爷爷,你年纪大,又变成了最富有的人,为什么还要绕着房子、土地跑?"爱地巴笑着说:"我现在还是会生气,生气时绕着房子、土地走3圈,边走边想,我的房子这么大,土地这么多,我又何必跟人计较? 一想到这,气就消了。"那么,在现实生活中,当你遭遇误解或不公,你能控制好自己的情绪吗?

项目描述:将成员随机分成若干组,每组5~6人。针对大学校园学习、生活中出现的种种矛盾问题设立情景,如考试不及格、失恋、被同学误解等,然后,对每种情境均假设出以下三种反应,写在纸上:过激的反应是什么,积极的反应是什么,消极的反应是什么。让三组分别表演一种反应,其他小组观看。

活动目的:这是让团队成员理解情绪的一个项目。通过这个项目,同学们能够认识到对于同一件事情,可能有不同的情绪反应;认识到遇到困难、挫折或是其他不好的事件时何种情绪反应是合适的、积极的,从而帮助同学学会调控自己的情绪。

项目道具:纸、笔等。

适合人数:10人以上。

项目规则:每组成员必须根据假定的情景表演出自己的情绪反应,每组成员表达的情绪体验尽可能地多样化,还原现实生活中遇到此情景时不同人群的情绪反应,进而让我们精心地体会何种情绪反应才是积极的,既能给别人开启一扇窗,也能让自己看到更完整的天空。

注意事项:各组成员之间要相互关注其所表达的情绪反应,组别之间的情绪反应要有差异,要保证组别之间对情景反应的多样化。

讨论和分享:

(1) 你有情绪失控的时候吗? 这个时候你是怎么处理的?

(2) 生活中,面对不同的环境,你是如何保持好自己情绪的?

项目十九：毕业墙

项目类型: 团队合作项目。

图 10.4 拓展项目——毕业墙

项目引入: 在西点军校的历史上，第四十六期班上有这样一个故事。在第四十六期学员毕业的前一天晚上，第四十六期的学员执行离校前的最后一次水上巡逻任务，因为是最后一次巡逻，学员们没有认真地驾驶，导致巡逻艇撞上了在海面上的油轮。因为是深夜，没人注意到这件事情。当时所有西点军校的学员都很着急，此时要想活命就只能爬上油轮高达 4.2 米的甲板。在艇上没有任何攀岩工具，学员们靠着搭人梯的方法爬上甲板。经过这次胜利逃生之后，整个团队的凝聚力、合作精神以及学员间的感情空前高涨，团队协作能力大大增强。用学员自己的话说就是他们之间的关系成了"生死之交"。后来，学员们把事件经过报告学校，西点军校也受此启发，在学校的训练场上搭起了高达 4.2 米的墙，每一期学员以 60 人为单位必须在 15 分钟内全部爬上高墙才能获得毕业证书。后来，这面墙有了"毕业墙"的称号。

项目描述: 全队所有成员在规定的时间内翻越一面高 4.2 米的光滑墙面，在此过程中，大家不能借助任何外界的工具，包括衣服、皮带、绳子等。所能用的资源只有每个人的身体。

活动目的:

(1) 培养同学们克服困难、突破极限的能力；

(2) 培养同学们勇往直前的勇气与信心；

(3) 培养同学们互相帮助、相互配合的能力与精神；

(4) 让同学们体会前进过程中会遇到的挫折，以及取得进步的喜悦。

项目道具: 毕业墙、安全保护垫。

适合人数: 60~80 人。

项目规则: 墙体高 4.2 米，要求在不借助任何道具的情况下，团队每一个成员都要攀越过墙体。已攀越过去的团队成员只留少数在墙体上方协助，其他的进行保护。不允许已攀越成员在下边协助攀越。如果采用搭人梯的方法，必须采用马步站桩式，不要将身体靠在墙上，注意腰部用力挺直，用手臂弯曲推墙固定以保持人梯牢固。要有人专门扶持人梯同学的腰，可以屈膝用腿支撑人梯同学的臀部，同学攀越时不可踩人梯同学的头、颈椎、脊椎，只可以踩肩和大腿。让同学将衣服扎进腰带，拉人时不可以拉衣服，拉手时要手腕相扣成老虎扣，不可直接拉手或手指，不可将被拉同学的胳膊搭在墙沿上，只能垂直上提，当肩部以上超过墙沿时可以靠在墙沿上，从侧面将腿上提以帮助上去。不得助跑起跳，上墙时不可采用蹬走上墙的动作。上去后翻越墙头要稳妥。攀爬中，承受不住的同学要大声叫喊并坚持一会，保护人员迅速解救。所有同学必须参与保护，弓步站立，双手举过头，肘略曲，掌心对着攀爬者，抬头密切关注攀爬者，随时准备接应和保护。当攀爬者或者人梯跌落，保护人员保护自己的同时掌心对着攀爬者或者人梯将其按在墙上，切忌按头。当攀爬者在较高的地方倒落或者滑落的时候，保护人员应上前托住；当攀爬者在高空向外摔出时，保护人员应迅速顺势接住，轻放在垫子上。

注意事项：

（1）所有人都要摘去身上的一切硬物，如手表、门卡、眼镜、钥匙、戒指、发卡等，穿硬底鞋、胶钉底鞋的必须脱掉鞋子。

（2）对攀爬者、搭人梯者、墙上提拉者、外围保护者的安全，要求不断强调，做到安全事故防患于未然。

（3）监督墙上同学的安全，不准骑跨或者站立在墙头，注意墙后平台的范围，平台上不得超过 30 人。拓展教练监督的站位应该能控制住后面及右侧，左侧有安全人员保护。统计表明，向右侧倾斜的概率较大。

（4）地面同学少于 3 人时，教练应该站在人梯后较近的位置适当辅以力量。重点关注前 3 名和最后 3 名同学的攀爬过程，其余同学的攀爬过程可以提拉与托举并用，人梯不用过高。

（5）在搭救最后一名同学时，对下挂同学的安全要不断强调、监控，并要求同学讲出他们的安全措施，教练对此进行判断，可以否决或补充要求。

（6）最后一名同学离地，脚上举或者做其他动作，教练应站在同学侧后方，一方面避免头朝下坠落，另一方面避免脸或者头磕在墙上，如坠落顺势帮助调整姿势，接住或者揽到垫子中间，必须休息一会再次尝试。

（7）有安全隐患时应果断鸣哨或者叫停。女同学未经特殊训练一般不做中间连接。提醒同学在被队友往上提拉时不要用脚蹬墙，以免磕伤腿及面部。

（8）教练不可参与项目中，如充当倒挂者或者最后一人。如同学身体原因不适合参加，可以不参加或者沿梯子上去。

（9）当同学要搭两组人梯的时候应制止，当被拉同学出现困难而滞留空中或者下滑时，应果断提示同学再搭上一层人梯，或者提示中间同学向一侧抬腿，上面同学抱腿。最后一人的时候，无论采用什么方法都要听中间同学的感受，中间同学认为不行应立即停止，不可长时间尝试。

（10）采用倒挂时要问清同学方法和安全措施，面向墙壁倒挂时提醒同学，腰部以下不得伸出墙外，有专人拉他的双腿，注意监控。面向外倒挂时提示同学动作，如将小腿压在墙头，膝关节内侧卡在外沿，大腿压在墙面上，腿下不得放右手臂，后倒动作要慢，压腿的同学不得去拉最后一名被救者。

（11）活动中不得逗乐玩笑，不得在墙面后的平台蹦跳打闹，完成后注意照顾其他同学的安全。

讨论与分享：

（1）在这个项目里面，你们是怎么做资源分配的？

（2）第一位上去的人有何感觉？谈谈先锋的作用与榜样的力量对他人的激励。

（3）决策与及时执行对应对危机有何价值？我们在这类活动中是否需要赶早不赶晚？

（4）谁最具有奉献精神，危急时刻你们的心真正团结在一起了吗？

（5）留到最后的人，你是否害怕了，危急时刻，你真的也有这样的牺牲精神吗？

（6）最后一个人尝试各种方法的时候都遇到了困难，你们是否想过放弃？

（7）项目完成之后，你们最大的感受是什么？

参考文献

[1] 包海江,陈朝.户外拓展精英训练营——大学生素质拓展训练指导教程[M].厦门:厦门大学出版社,2014.

[2] 段国萍.素质拓展[M].重庆:重庆大学出版社,2014.

[3] 弗洛伊德.弗洛伊德谈自我意识[M].石磊,译.天津:天津社会科学院出版社,2014.

[4] 科里.心理咨询与治疗的理论及实践[M].8 版.谭晨,译.北京:中国轻工业出版社,2010.

[5] 刘庆明.高职高专学生心理素质拓展[M].北京:高等教育出版社,2015.

[6] 彭聃龄.普通心理学[M].北京:北京师范大学出版社,2012.

[7] 钱铭怡.心理咨询与心理治疗[M].北京:北京大学出版社,1994.

[8] 钱铭怡.变态心理学[M].北京:北京大学出版社,2006.

[9] 荣格.潜意识与心灵成长[M].张月,译.南京:译林出版社,2014.

[10] 孙智凭.大学生心理健康与素质拓展[M].北京:中国传媒大学出版社,2013.

[11] 王登峰,崔红.心理卫生学[M].北京:高等教育出版社,2003.

[12] 吴兆方,陈光曙.大学生心理素质拓展训练[M].上海:同济大学出版社,2010.

[13] 夏小林,李晓军,李光.大学生心理健康[M].杭州:浙江大学出版社,2011.

[14] 徐畅,庞杰.大学生基本素质训练教程——礼仪、团队、心理、拓展训练[M].2 版.北京:清华大学出版社,2012.

[15] 薛仰全,冯黎成.大学生素质拓展[M].天津:天津大学出版社,2011.

[16] 张松.大学生心理健康教育[M].武汉:武汉大学出版社,2012.

[17] 郑雪.人格心理学[M].广州:暨南大学出版社,2007.

[18] 范安平.新编心理学[M].上海:华东师范大学出版社,2016.

[19] 林崇德.发展心理学[M].北京:人民教育出版社,2009.

[20] 弗洛姆.爱的艺术[M].上海:上海译文出版社,2018.

[21] 周方道.新时代大学生积极社会心理机制研究[J].辽宁工业大学学报(社会科学版),2022,24(4).

[22] 祁进,周方道.新时代大学生积极心理品质培育的路径研究[J].锦州医科大学学报(社会科学版),2022,20.

[23] 张彬.积极心理学视阈下大学生积极心理品质培育路径[J].创新创业理论研究与实践,2021(23).